Expansion and Utilization Efficiency of
Urban Industrial Land in China

国家自然科学基金杰出青年基金项目"经济地理"
(编号41425001)和国家自然科学基金青年基金项目
"中国工业用地演化及其区域效应"(编号41601126)成果

Expansion and Utilization Efficiency of
Urban Industrial Land in China

中国城市工业用地扩张与利用效率研究

黄志基 贺灿飞 ◎著

中国财经出版传媒集团
经济科学出版社
Economic Science Press

图书在版编目（CIP）数据

中国城市工业用地扩张与利用效率研究/黄志基，贺灿飞著.—北京：经济科学出版社，2017.5
ISBN 978-7-5141-8126-5

Ⅰ.①中⋯　Ⅱ.①黄⋯②贺⋯　Ⅲ.①城市-工业用地-土地利用率-研究-中国　Ⅳ.①F429.9

中国版本图书馆 CIP 数据核字（2017）第 136612 号

责任编辑：李　雪　李　建
责任校对：王苗苗
责任印制：邱　天

中国城市工业用地扩张与利用效率研究
黄志基　贺灿飞　著

经济科学出版社出版、发行　新华书店经销
社址：北京市海淀区阜成路甲 28 号　邮编：100142
总编部电话：010-88191217　发行部电话：010-88191522
网址：www.esp.com.cn
电子邮件：esp@esp.com.cn
天猫网店：经济科学出版社旗舰店
网址：http://jjkxcbs.tmall.com
北京季蜂印刷有限公司印装
787×1092　16 开　14.25 印张　240000 字
2017 年 5 月第 1 版　2017 年 5 月第 1 次印刷
ISBN 978-7-5141-8126-5　定价：45.00 元
（图书出现印装问题，本社负责调换。电话：010-88191510）
（版权所有　侵权必究　举报电话：010-88191586
电子邮箱：dbts@esp.com.cn）

前　言

　　以土地为中心的城镇化是近20年来中国经济社会转型的重要特征。城市土地扩张不仅是经济增长的结果，同时也是推动城市经济增长的重要原因。在这一背景下，中国城市土地扩张迅速，已经成为了制约中国土地资源可持续利用的重要因素。在城市土地利用类型中，工业用地的扩张尤为迅速，城市用地结构中工业用地比例居高不下，工业用地利用效率总体低下。因此，本书拟回答的科学问题是：中国城市工业用地快速扩张的内在驱动力是什么？中国城市工业用地利用效率的主要影响因素是什么？回答好这两个问题，对于促进国土资源优化配置，以及贯彻节约集约用地、保护耕地基本国策具有显著的理论和实践意义。

　　研究转型期中国城市工业用地利用，需要首先理清其制度变迁过程。改革开放30多年来，为了保护耕地、保障发展，中国在工业用地制度安排上进行了一系列改革：一是从多方供给转向地方政府垄断供应；二是从无偿使用转向有偿使用；三是从协议出让到招拍挂出让；四是逐步实施和完善工业用地出让价格标准；五是形成以工业用地为核心的节约集约用地政策体系。但是，由于工业用地制度存在的内在缺陷，以及传统经济发展模式的诱导，中国工业用地配置也存在一些不可忽视的问题，如土地市场价格扭曲、地方政府低价供给工业用地；地方政府过量供应工业用地；工业用地利用效率低下；工业用地囤积和土地投机现象频现等。

现有文献将地方政府低价、过度出让工业用地的动机总结为两种假说：其一，地方政府以低价出让工业用地，吸引制造业投资，推进"廉价工业化"，从而促进经济发展，谓之"土地引资假说"。其二，地方政府以低价出让工业用地，吸引企业投资，进而形成人口集聚和经济集聚，促进本地三产发展，从而高价出让商住用地，进而获得高额土地出让金。地方政府使用土地出让金投资基础设施等，从而促进经济增长，谓之"土地财政假说"。可以看出，现有文献主要透过地方政府及其行为这一视角展开的，强调地方政府作为土地供给方的土地供给策略及其后果。然而，仅仅强调地方政府的角色，显然忽略了工业用地利用的另外一个行为主体——工业企业的角色，因此也就难以全面理解中国工业用地利用的完整过程和内在作用机理。

因此，本书尝试基于地方政府—企业关系视角，构建包含地方政府干预和企业政治关联在内的理论分析框架，对中国转型时期城市工业用地进行了研究。具体来说，本书从地方政府干预和企业政治关联两方面，论证了基于地方政府—企业关系视角构建的理论分析框架，对转型期中国工业用地扩张和利用效率的解释力。从宏观尺度，实证研究了地方政府干预与企业政治关联及其相互作用对工业产业用地扩张的显著影响，是对中国城市土地扩张研究的延伸与深化。从微观尺度，应用案例研究的方法，指出地方政府，企业及其互动关系对企业用地行为，尤其是企业用地可获得性的显著影响。将开发区设立视为地方政府—企业关系的核心变量，发现开发区设立是导致工业企业用地效率差异的重要原因。

本书贯彻从"理论推演"至"实证分析"的逻辑思路。全书的内容结构如下：第一章和第二章分别为绪论和文献综述部分；第三章为制度背景分析，主要对中国工业用地制度政策演化的过程进行系统梳理；第四章的主要目标是搭建本书的理论框架并提出理论假说；第五章研究了转型期中国地方政府—企业关系的演化及其用地效应；第六章至第八章是本书的实证研究部分，主要是对理论框架提出的地方政府—企业关系对工业用地的影响进行实证分析，验证理论假说；第九章为结论和展望部分。

本书是在贺灿飞教授的指导和统筹下，在黄志基博士的学位论文的基础上修改完善而成。本书的研究得到了许多老师和学者的关心和支持，其中第三章关于工业用地制度演化的梳理部分经中国人民大学经济学院刘守英教授修订，在此表示感谢；第七章关于无锡市工业企业的调研得到了南京大学地理与海洋科学学院黄贤金教授的大力支持，在此亦表示感谢；本书的出版还得到了北京大学—林肯研究院城市发展与土地政策研究中心刘志主任的大力支持，在此表示诚挚的谢意。

限于作者的学识与能力，本书研究的深度还有待于进一步深化。对书中不足之处，还望广大读者和学界同仁批评指正。

作 者
2017 年 5 月于北京

目　录

第一章　绪论 ··· 1

　　第一节　问题的提出 ·· 1
　　第二节　研究背景及意义 ·· 3
　　第三节　研究思路与方法 ·· 9
　　第四节　本书结构安排 ··· 10
　　本章参考文献 ·· 14

第二章　城市土地利用研究进展 ··· 16

　　第一节　土地要素与经济增长理论综述 ································· 16
　　第二节　中国城市土地扩张与利用研究综述 ·························· 21
　　第三节　工业用地利用相关文献综述 ···································· 38
　　第四节　文献评述 ·· 43
　　本章参考文献 ·· 45

第三章　中国工业用地制度政策的演化、特征与问题 ····················· 57

　　第一节　中国工业用地制度政策的演化过程 ·························· 57
　　第二节　中国工业用地制度政策演化的特征 ·························· 64
　　第三节　中国工业用地配置的主要问题 ································ 70
　　本章参考文献 ·· 78

第四章　地方政府—企业关系与工业用地：理论框架 ····················· 79

　　第一节　地方政府—企业关系的理论内涵 ····························· 80

第二节　地方政府—企业关系视角下的工业用地利用 …………… 95
第三节　研究假说 ……………………………………………… 102
本章参考文献 …………………………………………………… 104

第五章　转型时期地方政府—企业关系演化及其用地效应 …… 110

第一节　引言 …………………………………………………… 110
第二节　早期市场体系不发达阶段：地方保护 ………………… 111
第三节　市场化改革深化期：地方竞争 ………………………… 113
第四节　产业升级下的调整期：地方引导 ……………………… 120
第五节　小结 …………………………………………………… 125
本章参考文献 …………………………………………………… 126

第六章　地方政府干预、企业政治关联与地级市工业用地扩张研究 … 127

第一节　引言 …………………………………………………… 127
第二节　中国城市工业用地扩张的驱动因素 …………………… 129
第三节　数据来源与描述 ………………………………………… 134
第四节　实证模型与变量设置 …………………………………… 139
第五节　实证结果分析 …………………………………………… 145
第六节　小结 …………………………………………………… 153
本章参考文献 …………………………………………………… 154

第七章　微观尺度下政企关系对工业企业用地行为的影响研究 … 156

第一节　引言 …………………………………………………… 156
第二节　工业企业用地行为的微观机制 ………………………… 157
第三节　案例选择与研究设计 …………………………………… 159
第四节　制造业企业用地取得与使用行为的异质性 …………… 160
第五节　制造业企业用地行为的空间差异性 …………………… 167
第六节　小结 …………………………………………………… 173
本章参考文献 …………………………………………………… 174

第八章 政企关系、市场力量与工业企业用地效率研究 …… 176

第一节 引言 …… 176

第二节 地方政府—企业关系视角下的工业企业用地效率研究 …… 178

第三节 政府补贴是否造成了制造业企业用地效率差异？ …… 184

第四节 建立开发区真的能提高土地的产出效率吗？ …… 194

第五节 讨论与小结 …… 207

本章参考文献 …… 209

第九章 结论与展望 …… 211

第一节 主要结论 …… 211

第二节 研究展望 …… 214

第一章 绪 论

第一节 问题的提出

改革开放以来,中国取得了突出的经济发展绩效,同时也经历了快速的城镇化进程。持续经济增长和快速城镇化进程很大程度上来自市场化取向的制度变革及其带来的资源配置与激励改进,以及要素向城市集聚所形成的规模经济和集聚经济效益(陶然和徐志刚,2005)。但整体而言,过去的高速增长仍然是要素驱动型经济增长和城镇化模式,区域竞争优势的主要来源就是生产要素的低成本——无限供给的廉价劳动力、土地、自然资源和生态环境。特别是20世纪90年代中期以来,中国市场化改革取得突破性进展,对外开放程度进一步加深,中国开始实施出口导向型的工业化战略。为了吸引外资,使廉价劳动力转化为现实优势,中国利用独特的土地制度安排(即地方政府低价征用农民土地、独家供给土地予企业开发主体)(Lin and Yi, 2011),通过创办工业园区,提供优良的政策环境,低价供应土地(Yang and Wang, 2008),避开了土地稀缺性可能导致的土地高价和土地价格不断上涨,使中国在短短的十多年时间,成为"世界制造工厂",成为全球分工体系的重要组成部分,为中国经济腾飞作出了巨大贡献。

然而,这样的工业增长和城镇化模式催生了中国独具特色、极为复杂的土地利用空间重组现象,并带来了一系列结构性问题。具有发展型特征的地方政府往往通过相互竞争，相互压低要素价格，从而达到招商引资、促进地区经济增长的目的。很多地方采取补贴地价、配送土地、甚至"零地价"等优惠政策，造成了土地资产严重流失（Cartier，2001；Yang and Wang，2008）。在2003年前后的工业开发区建设浪潮中，各地制定的招商引资政策中几乎毫无例外地设置了用地优惠政策，包括以低价协议出让工业用地，按投资额度返还部分出让金等。以珠江三角洲为例，很多市县镇级地方政府提出"零地价"来争取工业发展；长江三角洲也不例外，即使在土地资源最为紧缺的浙江省，征地和基础设施配套成本高达10万元/亩的工业用地，平均出让价格只有8.6万元/亩，大约有1/4的开发区出让价不到成本价的一半（陶然等，2009）。

采取这种低价出让土地进行招商引资的做法，是一种不遵循市场经济规律的非理性行为，它直接造成了工业用地的大量供给和低成本过度扩张，不利于土地资源的可持续利用；也间接对现阶段固定资产投资规模过大过快增长，起到推波助澜的作用，不利于国民经济的健康平稳运行。根据国土资源部对2004年以来的工业用地供给总量分析，工矿用地在整个建设用地供应总量中所占的比例长期稳定在43%以上，高于房地产开发用地及其他各种类型用地，在一些地区甚至达到了50%或更高[①]。工业用地的快速扩张和蔓延式增长已经成为中国工业化进程乃至整个城镇化进程不可回避的核心问题。

更具体来说，地方政府对工业用地的过度供应，一方面，造成了城市用地出现结构性失调，工业用地占建设用地的比例在中国大多数城市均居高不下。根据贾宏俊等（2010）的统计，2002年以后的连续5年中，城市年度土地供应用于工业用途的比重一直超过40%。按照国外城市中心区的用地比例，工业用地一般不超过城市面积的10%，而中国达到21.79%，上海、苏州等发达城市甚至达到25.77%和31.79%。江苏的昆山、吴江、张家港、太仓、宜兴、溧阳等地的人均工业用地面积达40.70平方米，远远超过18.0~28.0平方米/人的国标范围。工业用地在城市建设用地中比重过高，不可避免地带来城市经济结构性失衡，一定程度上阻碍城市经济的升级和转型。

---

① 资料来源：国土资源部网站，http：//www.mlr.gov.cn/xwdt/jrxw/200610/t20061019_76886.htm。

另一方面，工业用地的过度供应，也直接导致了工业用地低效利用和空间格局无序（魏后凯等，2014）。比如，中国有些开发区土地投资额不足30万元/亩，而法国的开发区平均投资是60万美元/亩，新加坡、中国台湾等国家和地区均在100万美元/亩。村镇层面的工业用地投入和产出效率则更低。低投入导致了低产出，引发低效率的粗放型土地利用方式（赵小风等，2012）。工业用地空间格局总体失调，尽管开发区的划定在一定程度上集中了较大范围的工业用地，但城市建成区范围内和广大村镇地区的工业用地仍然爪牙交错，星星点点，低效用地或闲置用地大量存在，难以有效发挥工业用地的整体效益。

这不禁让我们提出以下问题：转型时期中国工业用地到底是如何演化的？它的影响因素是什么？具体而言：为什么转型时期尤其是21世纪初以来我国工业用地，尤其是制造业用地呈现出如此显著的扩张态势？是什么力量推动了工业用地的扩张？其背后的制度根源和政治经济学逻辑是什么？东部发达地区和中西部地区在工业用地扩张动力机制上是否存在差异？以及工业企业用地的微观机制是什么？工业用地过度扩张是否带来了企业用地效率的低下？等等。回答这些问题，有助于理解和分析中国产业用地，尤其是工业用地演变的轨迹和动因，有助于解释当前具有"中国特色"的土地利用空间重组现象，也有助于深化研究中国地方政府主导的土地城镇化背后更深层次的政治、经济动机，从而有助于深入剖析中国经济增长模式和城镇化模式的本质。本书从地方政府—企业关系视角出发，以工业用地为切入点，将地方政府干预行为和企业政治关联纳入中国工业用地的分析框架，深入分析影响中国工业用地的宏观和微观驱动机制，从而试图回答上述问题。

第二节 研究背景及意义

一、研究背景

快速城镇化和区域经济持续快速增长是改革开放以来中国经济高速发展的重大特征。快速城镇化和区域经济增长的驱动机制也成为现有研究的重点领域。一些学者强调了全球化作用对城镇化和区域经济增长的重要影响。比如 Sit 和 Yang（1997）引入了"外资驱动型城镇化模式"来解释珠三角地区快速城镇化的特征，强调全球化不仅促进了外向型经济的发展和国内外经济的整合，也促进了农村工业化和区域经济重组。另一些学者则强调城乡人口迁移是中国推动快速城镇化的主要力量（Fan，2008）。近年来，制度和政治经济学的视角也逐步被引入，用于解释政府在全球化和中国城市转型中所发挥的不可替代的作用，形成了诸如"地方政府公司化""嵌入式全球化""转型制度""双轨城镇化""发展型政府/具备企业家精神的政府"等理论成果（Oi，1999；Wei，2005）。在新自由主义的视角下，Lin 等（2014）认为中国的城镇化属于一种独特的新自由主义类型，在这个类型里，市场化和商品化不断推进和增强，而与此同时，地方政府力量不仅没有削弱，反而通过重组而获得了更大的影响力。

可以看出，现有理论分别从全球化、人口迁移和政府力量等视角考察了推动中国城镇化和区域经济增长的内在机制，体现了中国独特的发展模式。近年来，中国城市土地利用的特殊性越来越受到学者们的关注，城市土地利用已经逐渐成为理解中国城镇化的重要理论视角，以土地为中心的城镇化（或者称为"土地驱动型城镇化"）也成为具有代表性的理论观点（Lin，2007）。那么，土地是如何成为推动中国城镇化的核心载体的呢？这需要回顾地方政府出让土地的制度动因和差别化行为特征。

1. 地方政府出让土地的制度动因

中国转型期经济增长的过程是政府经济分权和政治集中相结合的过程。一方面，经济分权使地方政府获得了地方发展的收益权，具有了独立的经济利益主体地位，形成了"维护市场的财政联邦主义"（Qian and Weingast，1996，1997）。这种分权模式赋予了地方政府较大的经济激励，使地方政府有积极性参与地方经济建设、改善经济环境，从而培养和完善市场经济体制，加快城市化进程和基础设施建设（Montinola et al，1995；刘守英等，2012）。另一方面，以经济建设为主要导向的政绩观及自上而下的经济绩效考核体系，诱导地方政府官员投入到经济增长的竞争中，形成政治激励（Blabchard and Shleifer，2000；周黎安，2007）。

在经济分权"引力"和政治集中"推力"的共同作用下，地方政府具有了促进本地经济发展的强大动力。然而，1994年进行的以"财政收入权力集中、而财政支出责任不变"为特征的"分税制改革"，由于中央在预算内收入中所占份额大大提高，而同时地方政府实际的支出责任（特别是社保支出责任）因这一时期进行的大规模企业转制而显著增加，结果导致地方政府必须面对与日俱增的巨大的财政压力（陶然等，2009）。分税制改革后，地方政府没有自主的税收立法权，因此无权自行决定征税品种与税率，也无权在税收分成上与中央讨价还价。但是面对日益增强的要素流动和强大的竞争压力，地方政府不得不通过其他非税手段实现区域经济发展，这其中就包括提供廉价土地、放宽环境和劳动监管等一系列优惠政策（陶然和汪晖，2010）。

始于1988年的城镇国有土地使用制度改革，明确土地所有权和使用权分离，土地使用权通过有偿出让的方式提供城市用途。之后，城镇国有土地使用制度改革由沿海扩及内地，由增量土地延及存量土地，由内用土地拓展到涉外土地，由早期的工业用地扩展到住宅和商业用地。1998年12月发布《土地管理法实施条例》，中国土地使用制度改革和土地管理的法律体系初步形成。在有偿使用的基础上，将市场竞争配置方式引入经营性土地流转。国家依法实施土地有偿使用制度，建设单位需交纳土地使用权出让金等土地有偿使用费和其他费用。新增建设用地的有偿使用费30%上缴中央财政，70%留给有关地方政府，专项用于耕地开发。耕地占用税50%上缴中央财政，50%留地方分配（王冰松，2009）。在城镇土地所有权属于国家、集体土地所有权弱化、土地有偿使用、土地储备等制度体系下，地方政府获得与土地出让相关的大部分收益，形成了地方政府出让土地的制度动因。

2. 地方政府出让土地的差别化行为特征

在地方政府大规模土地出让的同时，有些学者注意到了地方政府出让土地的差别化行为：分税制后，地方政府在土地出让方式上逐渐采取了不同的策略，即对于制造业（工业）用地，大多采用协议出让，以极其优惠的政策吸引制造业投资；而对于商住经营性用地，则采用"招拍挂"等出让形式，尤其是针对商住经营性用地，纷纷成立"土地储备中心"，垄断土地一级市场，控制商住经营性用地的供应，使买方激烈竞争，从而获取高额的土地出让金（陶然等，2009；李学文和卢新海，2012）。

地方政府土地出让的这种差别化策略，周飞舟（2007）认为是分税制改革使得地方政府行为模式由改革前的"经营企业"转变到"经营土地""经营城市"而导致的。陶然等（2009）在经济发展的财政激励大背景下对其给出了一个比较合理的解释：由于制造业部门较高的流动性，处于强大竞争压力下的地方政府为获得未来稳定而长远的税收收入流，不得不采用协议出让等政策吸引制造业投资，形成改革第二阶段制造业"区域竞次"的经济增长模式，而对于商住用地，由于本地服务业消费者的非流动性，地方政府采用"招拍挂"等出让形式高价出让土地。

地方政府针对工业用地和商住用地采取了不同的出让策略，如何解释地方政府低价供应工业用地的行为，现有研究主要有两种理论假说。

第一种理论假说为"土地引资假说"。其主要观点认为，在地方政府官员为增长而竞争的经济体里，地方政府出让土地主要源于"土地引资"。其基本逻辑是，在一个增长主要靠投资拉动的经济体里，地方政府官员为增长而竞争就转换为引资竞争，地方政府是辖区内唯一的土地出让方，且可以低价获得土地，因此"土地引资"推动本地经济快速增长，以求在以经济绩效为核心的政治晋升竞争中胜出，成为地方政府官员的理性选择（张莉，王贤斌和徐现祥，2011）。有学者更进一步认为，地方政府在土地引资的竞争中不仅存在着竞相增加土地出让面积和降低地价的底线竞争行为，还存在着竞相降低引资质量的底线竞争行为（杨其静等，2014）。总之，"土地引资假说"认为地方政府低地价出让土地吸引投资发展制造业的动机是获得本地经济发展，从而在以经济绩效为核心的政治晋升竞争中获胜。

第二种理论假说为"土地财政假说"。其主要观点认为，地方政府以土地为政策工具，为开拓地方预算内（制造业和服务业税收）和预算外（土地出让金）财政收入来源，在区域竞争中通过低价、过度供给工业用地以及高价、限制出让商住用地的行动而采取的财政最大化策略（陶然和汪晖，2010）。地方政府低价出让工业用地的主要目的是通过吸引工业落地，集聚劳动力，从而推高商住用地的价格，进而获得高额土地出让金收益。地方政府在其出让土地行动中绝大部分（工业用地）是不直接获利的，甚至是亏损的。地方政府往往还需要用商住用地"招拍挂"获得的收支盈余来横向补贴工业用地协议出让后的收支亏损。

概括起来，理论上可以将地方政府低价出让工业用地的动机总结为三个方面（见图1-1）：其一，地方政府以低价出让工业用地，吸引制造业投资，推进"廉价工业化"，从而促进经济发展，这是"土地引资假说"的主要主张。其二，地方政府以低价出让工业用地，吸引企业投资，进而形成人口集聚和经济集聚，促进本地三产发展，从而高价出让商住用地，进而获得高额土地出让金。地方政府使用土地出让金投资基础设施等，从而促进经济增长，这是"土地财政假说"的主要主张。其三，地方政府甚至通过非法途径提供工业用地，进而为地方经济增长和地方政府经济利益带来额外收益（梁若冰，2009；张莉，徐现祥和王贤彬，2011）。

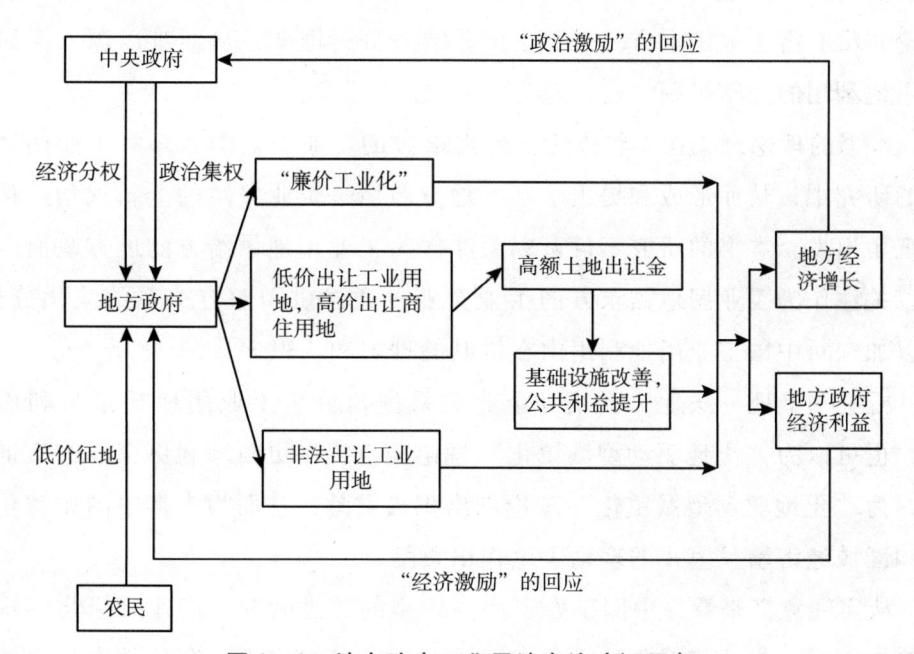

图1-1 地方政府工业用地出让动机示意

可以看出,现有关于工业用地的研究主要透过地方政府及其行为这一视角展开的,强调地方政府作为土地供给方的土地供给策略及其后果。然而,仅仅强调地方政府的角色,显然忽略了工业用地利用的另外一个行为主体——工业企业的角色,因此也就难以全面理解工业用地利用的完整过程和内在作用机理。

二、研究意义

快速城镇化是中国经济增长的重要引擎。对中国城镇化模式的研究是学术界的热点问题。其中比较有代表性的理论观点包括"外资驱动型城镇化""人口迁移驱动型城镇化""地方政府驱动型城镇化"等。近年来,围绕土地在城镇化中的重要作用,土地成为学术界研究中国城镇化模式的独特视角,并提出了"土地驱动型城镇化"的理论观点。针对"土地驱动型城镇化",现有理论对地方政府差异化土地供给策略进行了解释,提出地方政府低价供应工业用地是工业用地快速扩张和低效利用的主要原因。然而,现有理论并没有将土地需求方——工业企业纳入分析框架,从而难以深入探讨工业用地利用的完整机制。

本书的理论意义在于将作为土地需求方的工业企业纳入理解工业用地变化的研究中,从而形成和提出了基于地方政府—企业关系的全新视角。从这一视角出发,本书的研究不仅可以关注作为工业用地供给方的地方政府,也可以关注作为工业用地需求方的工业企业,通过供需双方关系的演化分析,可以加深对中国工业用地利用内在机制的理解和认识。

更进一步地,从地方政府—企业关系视角分析工业用地扩张与利用效率,也可以为"土地驱动型城镇化"理论观点提供更新颖和更深入的实证证据,为"土地驱动型城镇化"理论作出积极贡献,从而为丰富中国城镇化模式和区域经济增长模式的理论争论作出贡献。

从实践意义来看,中国正处于经济转型的关键时期,产业升级与结构调整势在必行。与此相对应的是,中国工业用地规模庞大,利用效率不高,急切需要分析改革开放以来中国工业用地形成与演化的内在机制，尤其是剖析工业用地扩张和利用效率的影响因素，从而为科学制定工业用地供给政策和再开发政策提供依据，也为产业升级调整和国土资源优化利用提供理论支撑。

第三节 研究思路与方法

一、研究思路

本书基于地方政府—企业关系视角，构建包含地方政府干预和企业政治关联在内的理论框架，对中国工业用地扩张、工业企业用地行为和工业企业用地效率进行了深入研究。在综述了土地要素与经济增长理论、中国城市土地扩张与利用研究、中国现有工业用地研究，以及梳理中国工业用地制度政策演化特征的基础上，本书首先，建立了转型经济背景下地方政府—企业关系如何影响工业用地利用的理论框架；其次，本书对转型时期地方政府—企业关系的演化过程及其用地效应进行了完整的描述性分析；再次，本书基于地方政府—企业关系视角，从宏观上，实证分析了地方政府干预和企业政治关联及其交互作用对工业产业用地扩张的影响；最后，从微观层面上进一步分析了地方政府—企业关系对工业企业用地行为的影响，以揭示工业用地扩张的微观机制；最后，从微观视角，分析政企关系对工业企业用地效率的影响。通过宏观和微观层面双重尺度的探讨，实现对中国工业用地演化及其内在机制的深入剖析。

二、研究方法

本研究所采取的研究方法主要有：

一是演绎推理方法。从理论假设出发，构建了基于地方政府—企业关系视角的理论框架，对理论框架进行推理进而提出相关研究假说。然后，通过计量模型和案例研究对理论推理和研究假说进行实证分析。

二是经济计量和空间计量方法。采用2004~2008年地级市层面的相关数据，通过经济计量和空间计量分析方法，对工业产业用地扩张进行了实证分析。空间计量方法的应用，可以控制因变量的空间自相关效应，从而得到更稳健的结论。

三是案例分析方法。本书以无锡市惠山区钱桥街道为案例，实地访谈了制造业企业，对企业用地行为进行了深入研究。案例分析可以进一步验证研究结论的可靠性。

第四节　本书结构安排

一、本书结构与内容

本书基于地方政府—企业关系视角，构建包含地方政府干预和企业政治关联在内的理论分析框架，对中国转型时期工业用地进行了研究。具体来说，本书研究了转型时期，地方政府—企业关系影响中国工业用地扩张的宏观和微观机制，以及对工业企业用地效率的影响。本书共分为九章，每章的研究内容安排如下：

第一章：绪论。本章主要介绍本书的选题背景与意义、研究的思路与研究方法、主要研究内容和研究框架等，以及阐述本书的主要创新点。

第二章：城市土地利用研究进展。本章主要是对与本书研究相关的文献进行了综述，主要包括三个方面，分别为土地要素与经济增长理论综述、中国城市土地扩张与利用研究综述和工业用地相关文献综述。对这些文献进行综述，有助于我们理解中国土地利用的理论和实证背景。

第三章：中国工业用地制度政策的演化、特征与问题。本章主要对中国工业用地制度政策演化的过程进行系统的梳理，并总结工业用地制度安排的特征，指出工业用地政策所导致的各种矛盾与问题。对中国工业用地制度政策的梳理，有助于我们理解中国土地利用的制度背景。

第四章：地方政府—企业关系与工业用地：理论框架。本章主要是以地方政府—企业关系为视角，建立包含地方政府干预和企业政治关联的理论框架，从而搭建全书的研究主线。本书将转型期中国地方政府干预的理论基础建立在财政联邦主义理论及其发展，将企业政治关联的理论建立在社会资本理论基础之上。

第五章：转型期地方政府—企业关系演化及其用地效应。这部分是在划分地方政府—企业关系演化阶段的基础上，对其用地效应进行描述性分析，使本书能够比较具体地认识地方政府—企业关系对工业用地可能带来的影响，为接下去的实证分析提供必要的铺垫。从宏观层面看，随着市场化改革的深化和对外开放的推进，中国地方政府—企业关系出现了从"地方保护""地方竞争"再到"地方引导"为特征的三阶段演化过程。研究发现，地方政府—企业关系的演化带来工业产业用地效应的异质性。早期工业用地扩张主要表现为国有企业和集体企业对工业用地的大量占有；市场化深化改革之后，工业用地扩张主要表现为开发区的扩张、FDI及私营企业的用地增长；现阶段以"地方引导"特征的地方政府—企业关系则有助于工业用地效率的提升。

第六、七、八章：这三章是本书的实证研究部分。主要是对理论框架提出的地方政府—企业关系对工业用地的影响进行实证分析。实证研究分为两个层次，一个是宏观层次，研究的是地方政府—企业关系对地级市工业产业用地扩张的影响；另一个是微观层次，研究的是地方政府—企业关系对工业企业用地行为和工业企业用地效率的影响。通过宏观和微观相结合的方式，全面理解和验证本书提出的理论框架。具体来说：

第六章：地方政府干预、企业政治关联与地级市工业用地扩张研究。研究发现：地方政府干预能够显著促进工业产业用地的扩张，但地方政府干预动机、能力和水平对工业产业用地扩张的影响程度不同。不同层级的地方政府干预均具有显著作用。企业政治关联也是影响工业产业用地扩张的重要因素。同时，地方政府干预和企业政治关联的交互作用显著促进工业用地扩张。本书还发现地方政府—企业关系对工业用地扩张的影响存在显著的区域差异。

第七章：微观尺度下政企关系对工业企业用地行为的影响研究。通过无锡市钱桥街道工业企业的案例分析，本研究发现工业企业用地来源存在着差异性。工业企业用地来源的差异与地方政府—企业关系具有重要联系。具有政治关联的企业拥有更强的用地可获得性和更灵活的土地使用便利性。

第八章：政企关系、市场力量与工业企业用地效率研究。在中国特殊的转型背景下，地方政府—企业关系是解释工业企业用地效率差异的关键原因。本书以政府补贴和开发区设立作为政企关系的代理变量。研究发现，是否获得政府补贴是企业用地效率差异的重要原因，企业获得补贴越多，企业用地效率则越高。具有较强的政治关联使企业能够获得廉价的资源和特殊的政治庇护，从而有利于减少成本，增加产出，提高用地效率。开发区内企业用地效率显著高于开发区外企业。开发区内较高的企业用地效率可能来源于开发区选择效应的贡献、来源于资本、劳动力等要素累积效应的贡献，以及来源于开发区设立所形成的集聚经济效应的贡献。

第九章：结论与展望。这部分归纳总结了全书的主要研究结论，并对未来研究进行了展望。

总结起来，本书尝试从以下5个方面进行创新：

（1）从地方政府干预和企业政治关联两方面，构建了基于地方政府—企业关系视角的理论分析框架，并基于此理论框架，分析了转型期中国工业用地扩张和利用效率演变的内在机制。

（2）总结了改革开放以来中国政企关系的三阶段演化过程：地方保护、地方竞争和地方引导；并分析了政企关系演化的用地效应。

（3）从宏观尺度，实证研究了地方政府干预与企业政治关联及其相互作用对工业产业用地扩张的显著影响，并将地方政府干预分解为干预动机、干预能力和干预水平，是对中国城市土地扩张研究的延伸与深化。

（4）从微观尺度，应用案例研究的方法，指出地方政府，企业及其互动关系对企业用地行为，尤其是企业用地可获得性的显著影响，并对这种影响进行了演化比较和区域比较。

（5）将开发区设立视为地方政府—企业关系的核心变量，发现开发区设立是导致工业企业用地效率差异的重要原因，其机制可概括为选择效应、要

素累积效应和集聚经济效应，对开发区土地集约利用分析进行了补充与深化。

二、结构框架

本书总体结构框架如图 1-2 所示。

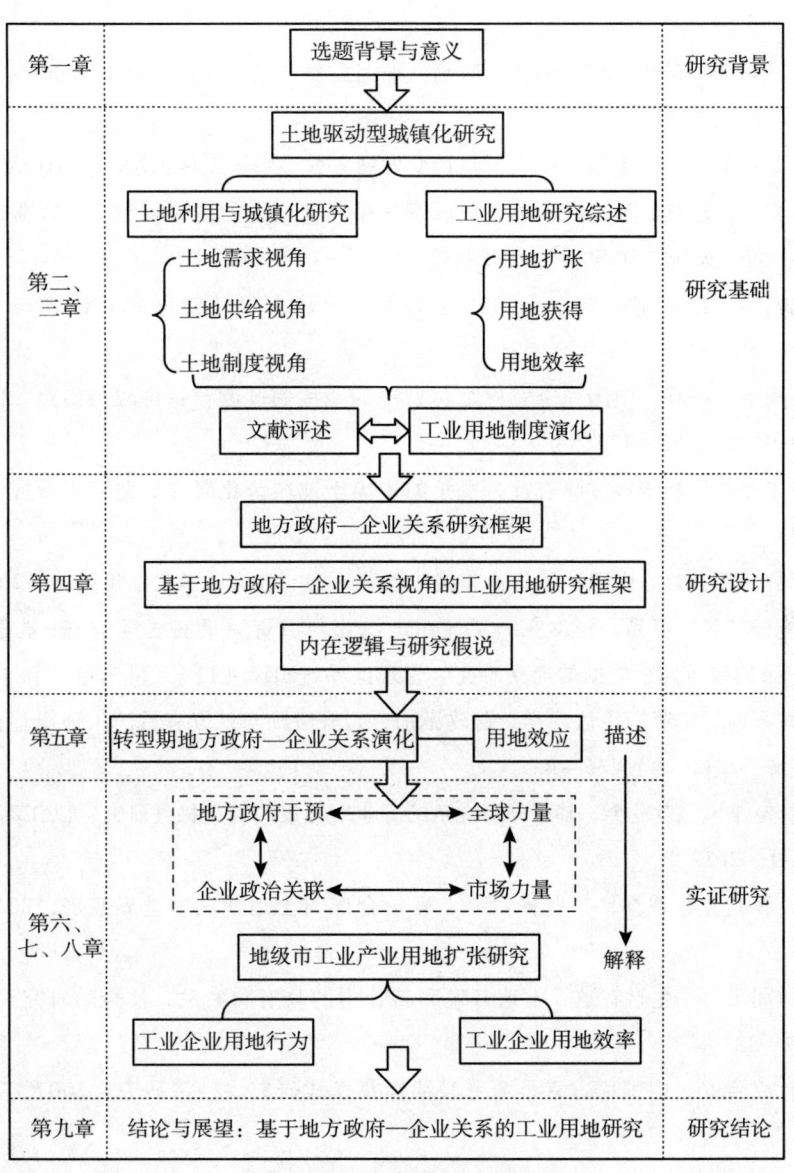

第一章	选题背景与意义	研究背景
第二、三章	土地驱动型城镇化研究 土地利用与城镇化研究（土地需求视角、土地供给视角、土地制度视角） 工业用地研究综述（用地扩张、用地获得、用地效率） 文献评述 ↔ 工业用地制度演化	研究基础
第四章	地方政府—企业关系研究框架 基于地方政府—企业关系视角的工业用地研究框架 内在逻辑与研究假说	研究设计
第五章	转型期地方政府—企业关系演化 — 用地效应（描述）	
第六、七、八章	地方政府干预 ↔ 全球力量 企业政治关联 ↔ 市场力量 地级市工业产业用地扩张研究 工业企业用地行为　工业企业用地效率（解释）	实证研究
第九章	结论与展望：基于地方政府—企业关系的工业用地研究	研究结论

图 1-2　本书的结构框架

本章参考文献

[1] 贾宏俊,黄贤金,于术桐,等. 中国工业用地集约利用的发展及对策. 中国土地科学,2010(9):52-56.

[2] 李学文,卢新海. 经济增长背景下的土地财政与土地出让行为分析. 中国土地科学,2012,26(8):42-47.

[3] 梁若冰. 财政分权下的晋升激励,部门利益与土地违法. 经济学季刊,2009,9(1):283-306.

[4] 刘守英,等. 土地制度改革与转变发展方式. 中国发展出版社,2012.

[5] 陶然,陆曦,苏福兵,等. 地区竞争格局演变下的中国转型:财政激励和发展模式反思. 经济研究,2009(7):21-33.

[6] 陶然,徐志刚. 城市化,农地制度与迁移人口社会保障. 经济研究,2005(12):45-56.

[7] 陶然,汪晖. 中国尚未完成之转型中的土地制度改革:挑战与出路. 国际经济评论,2010(2):93-123.

[8] 王冰松. 基于地方政府行为视角的中国土地城镇化研究. 北京大学博士学位论文,2009.

[9] 魏后凯,等. 中国城镇化:和谐与繁荣之路. 社会科学文献出版社,2014.

[10] 杨其静,卓品,杨继东. 工业用地出让与引资质量底线竞争——基于2007~2011年中国地级市面板数据的经验研究. 管理世界,2014(11):24-34.

[11] 张莉,王贤彬,徐现祥. 财政激励,晋升激励与地方官员的土地出让行为. 中国工业经济,2011(4):35-43.

[12] 赵小风,黄贤金. 基于分层视角的工业用地集约利用机理研究:以江苏省为例. 科学出版社,2012.

[13] 张莉,徐现祥,王贤彬. 地方官员合谋与土地违法. 世界经济,2011(3):72-88.

[14] 周飞舟. 生财有道:土地开发和转让中的政府和农民. 社会学研究,2007,1(49):49-82.

[15] 周黎安. 中国地方官员的晋升锦标赛模式研究. 经济研究,2007,7(36):36-50.

[16] Blanchard, O., Shleifer, A. (2000). Federalism with and without political cen-

tralization: China versus Russia (No. W7616). National Bureau of Economic Research.

[17] Cartier, C. (2001). 'Zone Fever', the Arable Land Debate, and Real Estate Speculation: China's evolving land use regime and its geographical contradictions. Journal of Contemporary China, 10 (28): 445 – 469.

[18] Fan, C. C. (2008). China on the move: Migration, the state, and the household. London and New York: Routledge.

[19] Lin G C S, Li X, Yang F F, et al., (2014). Strategizing urbanism in the era of neoliberalization: State power reshuffling, land development and municipal finance in urbanizing China. Urban Studies, 0042098013513644.

[20] Lin G C S. (2007). Reproducing spaces of Chinese urbanisation: new city-based and land-centred urban transformation. Urban Studies, 44 (9): 1827 – 1855.

[21] Lin, G. C. S, Yi, F. (2011). Urbanization of capital or capitalization on urban land? Land development and local public finance in urbanizing China. Urban Geography, 32 (1): 50 – 79.

[22] Montinola, G., Qian, Y., Weingast, B. R. (1995). Federalism, Chinese style: the political basis for economic success in China. World Politics, 48 (1): 50 – 81.

[23] Oi, J. (1999). Rural China takes off: Institutional foundations of economic reform. Berkeley, CA: University of California Press.

[24] Qian, Y., Weingast, B. R. (1996). China's transition to markets: market-preserving federalism, Chinese style. The Journal of Policy Reform, 1 (2): 149 – 185.

[25] Qian, Y., Weingast, B. R. (1997). Federalism as a commitment to perserving market incentives. The Journal of Economic Perspectives, 11 (4): 83 – 92.

[26] Sit V F S, Yang C. (1997). Foreign-investment-induced exo-urbanisation in the Pearl River Delta, China. Urban Studies, 34 (4): 647 – 677.

[27] Wei, Y. H. D. (2005). Planning Chinese cities: the limits of transitional institutions. Urban Geography, 26 (3): 200 – 221.

[28] Yang, D. Y. R., Wang, H. K. (2008). Dilemmas of local governance under the development zone fever in China: A case study of the Suzhou region. Urban Studies, 45 (5 – 6): 1037 – 1054.

第二章 城市土地利用研究进展

国内外关于土地利用与经济增长、土地利用与产业发展关系的研究比较丰富，形成了较为系统的理论成果。本章将对这些理论成果进行梳理，形成本书的研究基础。首先，本章对土地要素与经济增长理论进展进行综述，考察土地要素对经济发展作用的理论演进，主要包括西方经济增长理论中的土地要素和转型经济理论中的土地要素。对该内容的综述有助于了解土地利用的经济学基础。其次，本章将对中国城市土地扩张与利用的现有理论成果进行系统综述，综述的视角包括土地需求视角、土地供给视角和土地制度视角。基于工业用地是城市土地利用的重要组成部分，对中国城市土地扩张与利用研究的系统梳理，可以为理解工业用地利用的内在机制提供制度背景和理论借鉴。再次，本章将对现有关于工业用地的研究进行文献综述，以期全面把握现有文献对工业用地的研究重点。最后，是文献评述，在发现现有研究不足的基础上，指出本书的研究视角和切入点。

第一节 土地要素与经济增长理论综述

一、西方经济增长理论中的土地要素

1. 古典经济增长理论

古典西方经济学往往将促进国民财富增长的要素分成三类，即资本、

劳动以及自然资源（包括土地）。土地要素的重要性在古典西方经济学理论发展上获得凸显，早期英国古典经济学家认为土地和地租对经济增长非常重要。亚当·斯密在《国富论》第一篇中，曾以超过 2/5 的篇幅来讨论"地租"。李嘉图的价值理论中"土地"是关键要素，其《政治经济学与赋税原理》中有很大篇幅被用来讨论地租、土地税等。古典经济学创始人之一的威廉·配第（William Petty）在其提出的劳动价值论中，将土地和劳动视为价值的两个并列源泉。欧洲著名经济学家萨伊（Say Jean Baptiste）于 19 世纪初提出了生产三要素理论，指出任何商品的价值都是由土地、资本和劳动三要素共同创造出来的，这三者是一切社会生产所不可缺少的三个要素。正如舒尔茨（Theodore Schultz）所评论，"早期经济学家的一个众所周知的观点是把土地视为经济增长的一个重要制约因素"。早期经济学家强调土地是创造社会财富的源泉，赋予土地以社会生产中的基础地位。这种认识是与当时资本主义工商业处于起步阶段、社会生产仍以农业生产为主的时代背景紧密相关的。

2. 新古典经济增长理论

新古典经济增长理论认为自然资源对经济增长而言并不是一种重要的生产要素，往往在经济分析中舍去土地变量，或者将土地归并到资本投入中。例如，哈罗德（Harrod）便在其 1948 年的著作《动态经济学》中说，"我不打算把土地报酬递减规律作为进步经济中的一个基本决定因素……我之所以抛弃它，只是因为在我们这样一个特定环境下，土地的影响在数量上无足轻重"，而把土地整个排除在其所选择的经济变量之外。舒尔茨（Theodore Schultz）对 1896~1955 年的地租收入进行了研究，认为土地在国民财富中的份额正急速下降，例如农业土地，1910~1955 年，从国民财富存量的 1/5，下降至 1/20。另外，舒尔茨（Theodore Schultz）指出，在美国的经济增长过程中，土地价格并没有由于土地变得更加稀缺而上升，因为，土地作为自然资源正在被其他资源，例如机器与劳动力所替代。库兹涅茨（Kuznets, 1997）甚至认为，"经济增长不可能受到自然资源绝对缺乏所阻碍","发展作为一个不断进步的过程,依靠不断注入新技术,依靠产生和吸收技术变化的能力"。显然,这些经济学家认为土地对于经济增长即使有所作用,也将是无足轻重的。

索洛(Robert Solow,1957)开创的新古典增长模型中,没有把自然资源纳入生产函数,而且假设生产函数对资本和劳动而言是规模报酬不变的,在此基础上通过一个简单的数学运算将总产出增长分解为资本投入、劳动力投入和技术进步(全要素生产率提高)的贡献,其结论将长期增长归因于外生的技术进步。索洛(Robert Solow,1974)的模型同样忽视了土地要素,他认为在不考虑C－D生产函数中资源耗竭数量的情况下,适当的资本积累可以维系持续消费,其条件是总产出流向资本的份额必须超过资源所得的份额。索洛(Robert Solow)的新古典经济模型,技术进步成为经济增长的主要决定要素,技术进步对经济增长的贡献率已经大大超过劳动、资本这些要素对经济增长的贡献率,这也暗示资源(土地)已不再构成对经济增长的约束。Stiglitz(1974)的模型强调自然资本和人造资本之间的替代作用,而将外生的技术进步率假设为足够大,足以弥补资源损耗的影响,这种情况下人均消费和效用的可持续增长是可行的,并可达到现值最优。其结果表明,自然资源缺乏可以被技术进步抵消,只要保证正的技术进步速度,总产出就不会下降。

新古典经济学在土地资源与经济发展的问题上持乐观态度,它忽略了对土地资源稀缺性的分析,转而以土地资源的稀缺性为前提。新古典经济学以最优化或最大化原则来描述微观主体的经济行为,强调在市场机制的作用下,配置土地资源并达到合理有效利用的目的。因此,西方主流经济学界认为,土地资源在一个国家的经济发展的早期阶段是重要的,但是土地资源本身不大可能发动起一个不断累进的发展过程。

3. 内生经济增长理论

20世纪80年代后期,得益于内生增长模型的兴起,经济增长理论再度成为主流经济学家的一个热点。内生经济增长理论的主要代表人物是罗默

(Paul M. Romer)，卢卡斯（Robert E. Lucas）和巴罗（Robert J. Barro）等。罗默（Romer，1986）在其开创性代表作《收益递增和长期增长》中提出，技术进步是经济增长的源泉。他认为知识资本具有递增的边际生产率，而物质资本具有递减的边际生产率。罗默（Romer，1986）在连续时间模型的基础上提出，由于给定知识具有递增的生产率，在知识递增的边际生产率足以超过物质资本递减的边际生产率时，模型中决定无限增长的知识存量水平就有可能产生递增的边际生产率。卢卡斯（Lucas，1988）将关注点放在人力资本上，其与罗默虽然侧重点有所差异，但都显示了知识或知识的积累（即人力资本）对长期经济增长的贡献。虽然内生经济增长理论模型在强调对象方面有所不同，但都认为知识的外溢效应导致了正的外部性的存在，最终经济增长率将决定于技术研发的发展、新技术的专用性程度以及投资者的投资时间区间等。显然，资源（土地）和环境要素并没有被纳入内生增长理论的主流模型中。

20世纪80年代末90年代初，一系列全球环境问题的恶化（如全球变暖、酸雨、资源匮乏等）再度引发经济学界关注资源环境约束问题的热潮，一些经济学家开始将自然资源（包括土地资源）、环境污染等因素纳入内生增长模型中。例如，Barbier（1999）提出，此前的内生增长理论忽视了自然资源对经济增长的贡献。Barbier（1999）拓展了Romer-Stiglitz内生模型，在模型中加入了资源短缺因素和人口增长，得出最优的经济均衡增长路径。同时，Barbier考虑了资源获得的可能性会对技术创新造成限制。其研究结果表明，内生的经济增长能够克服自然资源不足，但是从长期来看，其结果取决于资源可获得性对技术进步所造成的约束。Nordhaus（1991）在索洛模型的基础上纳入自然资源约束，分别建立了一个有资源约束和一个无资源约束的增长模型，将两个模型得出的稳态人均产出增长率之差定义为自然资源的"增长阻尼（growth drag）"。最近的研究中，Copeland和Taylor（2003）和Brock和Taylor（2010）从理论和实证角度分析了土地资源与经济增长的关系，认为减少对土地的非法占有和污染可以极大地提高经济绩效。

综上所述，古典经济增长理论关注讨论土地资源的稀缺性，将土地纳入国民经济增长的重要源泉;新古典经济增长理论则在土地资源与经济增长的问题上持乐观态度,普遍认为土地资源要素对经济增长影响作用降低;内生经济增长理论同样将土地要素排除在主流的内生模型中,但是随着一系列全球环境问题的恶化,一些经济学家已经开始把土地资源等因素纳入内生增长模型中,探讨土地资源稀缺条件下的经济可持续增长。

二、转型经济理论中的土地要素

与当代主流的西方经济增长理论不同,转型经济理论则强调了土地要素对转型国家的经济增长具有显著影响。在转型国家中,由于资本的相对稀缺,以及技术进步所带来的效益难以短时期显现,土地利用则成为获取规模经济的有效途径(Deininger, 2003)。因此,土地要素获得的限制是转型国家经济发展的核心阻力,更具体地说,当获取土地要素的自由受到限制时,将导致项目停滞、寻租的产生和腐败现象的扩散,进而影响土地配置的效率和整个国家经济的增长(Anderson, 2012)。如何界定和保护土地产权、构建有效的土地市场和建立透明、高效的土地管理机制以防止腐败寻租成为转型经济理论关于土地利用的核心议题(Stanfield, 1999; Estrin et al., 2009; Deininger, 2003)。

中国经济增长是转型经济理论发展的重要议题。对于中国经济增长的问题而言,舍弃土地因素,或多或少会忽视舒尔茨所说的"时代环境",即处在不同发展阶段的经济体,同一种要素对于经济增长的贡献程度或作用必然不同。具体而言,作为发展中国家的中国,其经济增长显然不能以发达国家的要素进行解释,而且,即便是美国在建国后的很长一段时间内(1820~1870年),其土地面积增长对经济增长的作用很大。如果说,一国经济快速增长的初期,土地增量对于其经济增长有重要作用的话,那么,中国始于改革开放的快速增长,土地增量所起的作用也将不可忽视(林坚,2009)。部分国内学者注意到这个问题,也开展了一些有益的理论尝试,例如,武康平和杨万利(2009)将土地要素引入新古典经济增长理论,构建了土地要素与经济增长关系的扩展索洛模型,并指出土地利用技术增长率和产出土地弹性对经济长期增长率有着显著影响。Li 和 Tian(2013)试图将土地因素纳入内生增长模型,构建了基于土地利用的城市经济增长模型,并应用中国数据进行验证,认为土地在促进经济增长的作用具有双重性,一方面可以通过土地供给促进短期经济增长,另一方面土地要素可以通过集聚物质资本、劳动力和人力资本,从而间接促进经济增长。He 等(2014)通过构建结构方程模型,验证了中国城市土地利用与经济增长之间的相互促进作用:一方面,经济增长可以促进城市土地的扩张;另一方面,城市土地的扩张不仅可以直接促进经济的增长,也可以通过改善城市基础设施,吸引外来投资,进而间接促进城市经济的增长。

第二节 中国城市土地扩张与利用研究综述

一、基于土地需求视角

20世纪60年代之后,随着以阿隆索(Alonso)的投标竞租理论为代表的城市经济模型的兴起,基于城市经济学的视角研究城市空间增长与土地利用成为西方城市经济空间问题研究的热点之一,也极大地扩展和深化了对该问题的研究。

竞租模型是城市经济学诞生的基础,其直接理论来源可以追溯到德国经济学家杜能开创的农业区位论。杜能是19世纪德国著名的农业经济学家,他在长期经营农场经验的基础上,采用孤立抽象的研究方法,提出了著名的农业圈层理论,也就是农业区位论,最早阐述了农业生产布局规律。利润和运费之和是一个常数,因此,只有把运费开支压缩到最小才能得到最大利润。杜能的农业布局理论就转化为如何合理地布局农业来节约运费,从而最大限度地增加利润。不同农业经营类型将围绕城市呈同心圆环状分布。杜能将空间概念引入经济问题研究，解释了区位级差地租与城市空间结构的关系，为城市经济学的研究奠定了基础。到了 20 世纪 60 年代，阿隆索在杜能模型的基础上，提出了经典的竞租模型，开创了城市经济学研究的先河。

1. 单中心城市理论模型

阿隆索的竞租模型假设城市是一个没有任何特征的平原，区位用到市中心的距离来表示，家庭对区位和消费束的选择由一个静态效用最大化模型来描述。阿隆索通过一系列的假设提出，各种用地需求竞争不同区位的土地，最后在城市土地市场均衡时形成了城市土地利用结构。由于不同的预算约束，各个土地使用者对于同一区位的经济评估（单位面积土地的投入和产出）是不一致的；并且，随着与城市中心距离的递增（意味着区位可达性的递减），各种土地使用者的效益递减速率（边际效益的变化）也是不相同的。基于这样的假设，阿隆索提出的核心概念是不同土地使用者的竞租曲线（bid-rent curves），其表示土地成本和区位成本（克服空间距离的交通成本）之间的权衡，类似于新古典主义经济学的无差别曲线（indifference curves）。不同的曲线表示不同的土地使用方式，曲线上的任何一点表示一种选址可能性；同一曲线上任何一种选择方案的经济效益（土地成本和区位成本之和）都是相同的。于是，城市土地使用的空间分布模式就可以用一组地租竞价曲线来加以表示。

阿隆索的竞租模型是基于静态效用最大化，因此可以称为城市经济静态模型。由于该模型假定城市是静态的，预言不了城市兴起和城市增长，因此受到后来学者的诸多质疑。Capozza 和 Helsley（1989）引入城市经济动态模型分析城市增长中土地价格的基本构成。在资本具有耐久性以及土地所有者对未来有完全的预见性的假设条件下，城市内的土地价格有四个不可分的组成部分：①农业土地价值；②当前的位置价格，即可达性的经济价值；③土地开发成本；④可预见的未来位置价值增长，也称城市增长土地价值溢价（growth premium）。Capozza 和 Helsley（1989）认为，随着市场条件的变化，土地价格的各组成部分也会发生变化。如果城市没有增长，而且预期也不会增长，那么城市增长土地价值溢价变为零。若城市预期有增长时，则预期的开发使城市外围的空置土地有了价值。这种预期导致的价格上升不仅表现为城市外围空置土地价格的上升，还表现为城市内部已开发区域的住宅价格或土地价格的上升。Capozza 和 Helsley（1989）还认为，城市增长土地价值溢价是城市发展（人口和经济）引起的。城市发展越快，土地地租增值的也越快，城市增长土地价值溢价也就越高，城市增长土地价值溢价占土地价值的比重越大。反之，如果城市增长速度很慢，甚至不增长，土地地租增值就会很小，甚至为零，城市增长土地价值溢价在土地价值的比重可以忽略不计。他们的研究还表明，在迅速增长的城市中，增长溢价可以占到土地平均价格的一半，并且使城市边缘的土地价格（减去开发成本）和农业地租的价值之间有很大的差距。

城市经济竞租模型为认识城市土地利用机制提供了重要的理论视角。城市土地利用是一个复杂的问题，必然与诸多条件与因素有着密切的联系。基于城市经济竞租模型，人口、经济收入、农业租金以及交通基础设施对城市土地利用和空间增长的影响最为显著。其中，人口增长、收入增长和通勤成本的下降是城市土地利用的根本力量（洪世键和张京祥，2012）。

2. 实证研究

从土地需求角度分析土地利用变化的原因或驱动力，主要是基于中国处于全球化、工业化和城市化的快速发展期，社会经济发展对土地资源具有刚性需求，只有具有充分的土地资源作为载体，各项生产和经济活动才能落实和发展（Chan, 1992; Lin, 1998, 2002; Ma, 2002; Pannell, 2002）。这方面的研究集聚了大量的文献，概括起来，可以从三个层次进行分类。一是从全国层次衡量经济发展对土地资源的需求，分析不同区位情况下建设用地的不平衡性及其增长的动力机制和过程；二是区域层面的分析，重点是对长三角、珠三角和京津冀等经济发展较快的区域进行案例分析，尤其是从土地、人口和产业多角度开展城市增长与空间扩张的综合实证研究；三是城市层面，同样也是对发展较快的东部城市进行典型分析，探讨城市内部土地利用扩张的机理和机制。

（1）全国层面的研究。

全国层面的研究，一般是将城市建设用地规模或建成区规模作为因变量，将经济、社会、制度等指标作为自变量，分析各指标的敏感程度与贡献。同时，这些研究也将土地利用变化的空间差异作为主要被解释变量，试图分析造成土地利用变化区域差异的关键因素。

中国科学院邓祥增研究组在这方面做了系列工作（Liu, Liu, Zhuang, Zhang and Deng, 2003; Huang, Zhu, Deng, and Rozelle, 2005; Liu, Zhan and Deng, 2005; Deng, Huang, Rozelle and Uchida, 2008; Deng, Huang, Rozelle and Uchida, 2010; Jiang, Deng and Seto, 2012）。他们使用由卫星遥感资料解译获得的土地数据，描述了中国土地利用的空间特征，分析了土地利用变化（耕地减少、城市扩张）的主要原因包括快速工业化、人口增长、经济结构调整、居民水平等。如邓祥增等（Deng et al, 2008）用中国19世纪80年代到2000年三个时期的高清晰卫星影像面板数据和社会经济面板数据检验影响中国城市土地扩张的因素。该检验沿用单中心城市模型的基本假设，影响因素包括收入增长、人口、农业租金和交通成本，除此之外，研究发现产业化、服务部门的增长也影响城市土地扩张，但相对作用较小。同时，研究表明不可观察的固定效应对城市扩张起到重要作用。居民收入是城市扩张的主要原因，人口，农用地价格和交通费用都有影响。

其他学者的研究还包括：Lin和Ho（2003）认为农村工业化和快速城镇化是耕地非农化的重要原因；Wang等（2012）认为城市化、人口增长迁移是城市扩张的主要原因。谈明洪等（2004）通过相关分析和逐步回归分析的结果同时发现，市区职工工资总收入的增长最能解释中国城市建设用地的扩张，并认为经济增长对城市用地扩张的推动作用主要通过第三产业的增长来实现，并进一步推断第三产业的增长可能是促使20世纪90年代城市建设用地扩展的最主要的动力，由此带来的职工工资总额的增长最能解释城市建设用地扩张的区域差异。柯善咨等（2008）运用208个地级以上城市的统计数据，证实城市经济学所提出的决定城市用地规模的4个主要经济变量（城市人口、收入、通勤成本、农业地价），这些变量基本解释了中国城市间用地规模的差别。吴次芳等（2009）运用经济计量方法探讨了城市化和建设用地不同阶段相互影响的动态机制，认为从长期来看，城市化水平的提高与建设用地面积的扩张处于均衡状态，建设用地面积的扩张是城市化步伐推进的必然结果，但在短期内城市化水平的提高并不是诱导建设用地面积扩张的直接因素；城市化水平的变化在近期对建设用地数量增加的解释力偏低，而在远期基本能对建设用地数量的增加予以解释。

（2）区域层面的研究。

区域层面的研究主要集中在长三角、珠三角、京津冀等城市群地区，主要运用计量和空间分析手段分析城市建设用地增长的影响因素及其影响程度。

Tian 等（2011）分析了长三角主要地区的土地利用和土地扩张现象，提出经济增长和区域间的相互作用是该区域整体土地扩张较快的原因。龙花楼和李秀彬（2001）对长江沿线样带土地利用格局及其影响因子进行分析，发现城乡建设用地的分布与经济密度呈正相关，表明社会经济的迅速发展导致了城乡建设用地的不断扩张。珠江三角洲的情况有所不同，FDI、农地与建设用地价值以及大规模投资是土地扩张和土地流转的主要原因（Li and Yeh，2004），同时珠江三角洲土地政策的不平衡性，也导致了珠三角地区内土地利用的不平衡发展（Seto and Kaufmann，2003），这点也与长三角有所不同。闫小培等（2006）应用定量分析和 GIS 空间分析技术从定性和定量的角度开展了珠江三角洲巨型城市区土地利用变化的人文因素研究。定性分析结果表明，珠江三角洲土地利用变化与人口、经济发展、城市化与工业化及政策因素密切相关。定量分析的分析结果表明，人口、经济发展水平、城市化与工业化、农业产业结构调整、区域产业结构调整和外资等影响珠三角巨型城市区域土地利用变化。唐礼智（2007）以长三角和珠三角为例进行比较分析，发现城市非农业人口、绿化覆盖面积、地区生产总值和地方财政预算内基本建设支出这四个因素对两大地区城市用地扩展具有正向的促进作用；城市当年实际使用外资金额、第三产业产值两个因素对两大地区的城市用地扩展的作用方向相异。Tan 等（2005）对 20 世纪 90 年代北京、天津、河北的城市土地增长的原因进行分析，发现经济快速发展、户籍制度、城市发展方针及国家的土地利用政策导致城市土地的快速增长，并且土地扩张导致了农地流失。

除了三大城市群外，王丽萍等（2005）对江苏省地级城市建成区变化动态度的研究发现，不同时期江苏省城市用地扩张的驱动力是随着经济社会发展的特点而不断变化的。在第二产业的驱动作用一直保持稳定的同时，第三产业的发展逐渐成为城市用地扩张的重要驱动力，并据此将江苏城市用地扩张类型归纳为：工业化驱动型（1994）、就业驱动型（2000）和投资驱动型（2003）。张金前、韦素琼等（2006）对福建省1990年以来城市用地动态变化的影响因子进行主成分分析，并对城市人口变化、经济增长和城市环境改善3个主要影响因子的内在作用机制进行了偏相关分析，发现经济增长是城市用地扩展最为根本的驱动因子。随着社会经济发展和居民收入的增加，人们对城市居住环境的要求不断提高，也成为促进城市对土地需求的重要因素。Zhan等（2011）研究发现江西省1998~2005年城市土地快速增长，在区县层面，人口是最重要的影响因素，而在整个省区层面，社会和经济因素是短期内决定性的因素。此外，Zhang等（2007）对苏州—无锡—常州地区、Su等（2011）对杭州—嘉兴—湖州地区的土地利用及其驱动力开展了研究。

（3）城市层面的研究。

城市层面的研究主要以京、沪、穗、深等大城市为主，借助空间分析工具，探讨在较长历史过程中城市建设用地增长过程的不同阶段的主要影响因素。

在对北京市土地利用变化驱动力研究中，鲁奇等（2001）认为政治及社会意识形态改变、政策和制度变化以及人口增长、科技进步和经济实力增强等社会、经济、人文因素比较重要。朴妍等（2006）认为经济的发展程度、农村与城市居民的生活水平差距、第二和第三产业生产规模、固定资产投资额是影响城市用地扩张的重要经济因素。Zhao（2011）认为城乡结合部土地利用和区县经济增长压力是土地利用变化的直接驱动力。

对上海的研究，有些学者认为第三产业从业人数、人均居住面积、建成区道路面积和吸收外资额可以很好地解释上海市土地利用变化割据过程与人文因子的相互作用（洪军等，2002）。还有学者认为上海市的城市化以及特殊的城乡关系模式是土地利用和城市扩张的主要原因（Li et al.，2013）。

Ma 和 Xu（2010）对广州市不同时期城市扩张进行了分析，认为在 1979～2002 年的 23 年时间内，建成区净增 325.5 平方公里，达到 397.4 平方公里；2002 年是 1979 年的 4.5 倍，年增 14.2 平方公里。土地利用扩张与 GDP、人口、居民收入和城市交通具有重要关系，是主要驱动力。曹小曙等（2000）对广州城市建设与土地利用研究，强调城市交通系统发展的重要驱动作用。

在对深圳市的研究中，史培军等（2000）利用 1980～1994 年深圳市遥感，以历年建成区面积为因变量进行多元回归，发现深圳市土地利用变化的外在驱动力：人口增长、外资和三产是特区内城镇用地扩大的驱动力；内在因素以像元为对象，转移矩阵中元素为因变量逐步回归，转化城镇用地的土地利用类型主要与距交通干线的距离、距 CBD 距离、坡度以及距城镇的距离有关。王兆礼等（2006）认为深圳城市建设用地面积变化与外资利用额关联性最大，其次为基础设施投资额、第三产业产值、工业总产值及总人口数量。

Lin（2007）以广州、合肥和无锡为例，认为自上而下的以城市为中心的蔓延和自下而上的以农村为基础的工业化是中国城镇化的两大并存进程，在与城市化和全球化共同作用下，促进了非农用地迅速扩张。

此外，还有学者对连云港市（Zhao et al.，2010）、石家庄（Xiao et al.，2006）、昆山市（Long et al.，2007）、东莞市（Liao and Wei，2013）、北京市平谷县（Xu et al.，2013）、长沙市（Zhang et al.，2010）、福州市（Wu et al.，2008）、南京市（何流和崔功豪，2000）进行了实证研究，基本结论都认为城市经济发展是土地利用变化的重要驱动力。

二、基于土地供给视角

认识中国土地利用变化的原因，如果仅仅从土地需求的角度分析，那么就只能说是认识了"故事的一面",而从土地供给的角度认识土地利用变化,则是"故事的另外一面"(Ping,2011)。Ping(2011)以广东省四会市为案例,深入分析了土地利用与当地经济发展的关系,发现土地城镇化水平已经远远超过了经济社会发展对土地资源的需求,产生了大量的闲置用地,并据此认为政府的供地行为是土地利用变化的关键因素。土地供应已经成为政府参与土地市场的强大工具,用于支持地方财政和基础设施建设。在国家并不是一个确切主体的情况下,地方政府试图通过增长土地出让来增加地方财政收入的做法使得土地过量供应(Tian and Ma,2009;Huang et al.,2015)。

1. 地方政府土地供给形成的内在逻辑

(1)"两个激励"。

首先是分权化的经济激励。中国从计划向市场体制转型的过程是一个政府从经济集权逐步分权的过程。在这种情况下,虽然没有实施美国等发达国家的"财政联邦主义"制度,但地方政府却获得了地方发展的收益权,具有了独立的经济利益主体地位,形成了"维护市场的财政联邦主义"(Qian and Weingast,1996,1997)。这种分权模式赋予了地方政府较大的经济激励和财政激励,使地方政府有积极性参与地方经济建设、改善经济环境,从而培养和完善市场经济体制,促进乡镇企业发展,加快基础设施建设和城市化进程,以及吸引FDI的流入等(Montinola et al.,1995;刘守英等,2012)。

其次是集权化的政治激励。地方政府促进经济发展的动力,还来自于政治利益上的激励。以经济建设为主要导向的政绩观及自上而下的经济绩效考核体系,诱导地方政府官员投入到经济增长的竞争中(Blabchard and Shleifer,2000)。周黎安(2004,2007)提出"官员晋升的锦标竞赛理论",指出这是一种中国特色的标尺竞争:在民主制度下,标尺竞争来自选民对不同辖区绩效的比较;而在中国这种转型经济体中,由于选民对地方官员没有决定权,但中央为了对地方实施有效的人事激励,也必须采取相对绩效考核,这就形成了中国式的标尺竞争。Li和Zhou(2005)运用中国1979~1995年的经验数据,发现省级领导晋升的机会与所在省份的经济绩效表现呈现出显著的正相关关系，而离职的机会则与经济绩效存在显著的负相关关系。张军和高远（2007）通过进一步考虑区域间省级官员的交流以及任期限制，发现官员晋升制度对地区经济增长产生了显著的影响，进一步强化了"晋升激励"的结论。

"经济激励"和"政治激励"相互促进，一个为"拉力"，一个为"推力"，使得地方政府形成相互间激励竞争，千方百计地改善投资环境，谋划本地经济的发展，以期在地方政府竞争中获胜，不仅促进地方 GDP 快速增长，获得地方政府经济利益；同时还提升本地政治地位，获得地方官员的晋升。

（2）"一项改革"。

在经济分权"拉力"和政治集中"推力"的共同作用下，地方政府具有了促进本地经济发展的强大动力。然而，1994 年进行的以"财政收入权力集中、而财政支出责任不变"为特征的"分税制改革"，导致中央在预算内收入中所占份额大大提高，而同时地方政府实际的支出责任（特别是社保支出责任）因这一时期进行的大规模企业转制而显著增加，结果使得地方政府必须面对与日俱增的巨大的财政压力（陶然，陆曦等，2009）。

1994 年分税制改革以来，中央上收了大量财权，特别是将增值税的 75% 归为中央政府，2002 年以来又将地方税种中增长较快的所得税改为中央、地方共享税。但地方的财权被上收的同时，财政支出责任不仅没有相应减少，反而有所增加（周业安，2000）。地方政府不仅需要承担建设性支出以及为重大工程配套资金、非公益性事业单位各种非公益性支出、行政性支出，而且还要承担由于国有企业乃至一般公共部门改革所带来的各种社会保障支出，以及各种企业亏损补贴和价格补贴等（黄小虎，2007）。在这样一个财政收入权上收而支出权不断下放的财政体制下，地方政府的财政收支平衡很容易被打破（张德元，2006）。在这一过程中，地方财政支出从 1994 年的 4 038.2 亿元上升至 2012 年的 107 188.3 亿元，年均增长 20% 左右，快于全国财政支出增长速度和 GDP 增长速度。地方财政支出占全部财政支出的比重也一直维持在 70% 左右，2011 年甚至达到了 85%。

(3)"两个必要条件"。

地方政府要形成对土地供给的动力，还需要满足两个必要条件。

第一个必要条件是，在与日俱增的巨大的财政压力下，地方政府缺乏自主的财政工具。首先，财权上收后地方缺乏足够的能稳定增长的地方税种，比如财产税和土地增值税这些本有着较高税率的税种却一直没有开征，使得地方缺乏稳定税源（谢颖，2006）；其次，分税制改革后，地方政府没有自主的税收立法权，因此无权自行决定征税品种与税率，也无权在税收分成上与中央讨价还价（陶然和汪晖，2010）。在缺乏稳定税源，以及日益增强的要素流动和强大的竞争压力的情况下，地方政府不得不通过其他非税手段，实现一些额外的预算外收入来"自由支配"，实现区域经济发展。

我国城镇国有土地使用制度改革，为地方政府土地供给的实现提供了另一个必要条件。首先，土地产权性质是地方政府实现土地出让的基础。我国城市土地归国家所有，农村土地除法律规定属于国家所有外均归农村集体所有。同时规定城市土地利用必须将土地征收为国有后，才可以进行。这样的制度安排使得国家（最终委托地方政府）成为了城市土地供应的唯一主体。其次，始于1988年的城镇国有土地使用制度改革，明确土地所有权和使用权分离，土地使用权通过有偿出让的方式提供城市用途。之后，城镇国有土地使用制度改革由沿海扩及内地，由增量土地延及存量土地，由内用土地拓展到涉外土地，由早期的工业用地扩展到住宅和商业用地。1998年12月发布《土地管理法实施条例》，中国土地使用制度改革和土地管理的法律体系初步形成。在有偿使用的基础上，将市场竞争配置方式引入经营性土地流转。国家依法实施土地有偿使用制度，建设单位需交纳土地使用权出让金等土地有偿使用费和其他费用（王冰松，2009）。最后，中央与地方政府就土地出让收益展开了多轮博弈，博弈的结果是地方政府不断扩大土地出让收益分配的比例。1993年国务院进行分税制改革，国务院决定中央财政不再参与土地出让收入分成，全部留归地方使用。土地出让收入完全游离于中央财政之外，成为地方政府的预算外收入的主要来源。

还有学者则把土地供给归结于在目前以GDP和财政收入为主要指标的政

绩考核体制下的区域间吸引投资的竞争（陶然等，2009）。在对上负责的集权体制下，地方政府势必只看重上级的考核指标。而这些考核指标中，GDP增长率、财政收入、吸引外资等指标是上级考核的重中之重。为了彰显地方政绩，各地方政府有强烈激励加快基础设施建设，招商引资。在可预见的任期内，有条件发展工商业的地方，工业商业齐头并进；没条件发展的，也以"工业兴市"和"房地产作为支柱产业"改善城市面貌。各地相互学习，相互竞争，纷纷采取"经营城市"策略，在存量土地获取成本较高的客观约束下，地方政府更热衷于在土地增量上做文章（Lin，2007），通过建新城、新开发区和各类工业发展园区加大土地征用和供给规模。政绩考核体制使得地方政府不仅仅要保证增长率，还要提高该地区在"同行"中的相对位置，进而导致投资上的竞争，结果往往是低价或"零地价"出让土地。Han（2010）研究表明地方政府官员，国企领导和土地开发商往往以实现短期目标为主，而利用城市扩张来改善地方政府竞争边界则起到关键作用。

2. 地方政府土地供给策略及其解释

在地方政府大规模土地出让的同时，有些学者注意到了地方政府出让土地的差别化行为：分税制后，地方政府在土地出让方式上逐渐采取了不同的策略，即对于制造业（工业）用地，大多采用协议出让，以极其优惠的政策吸引制造业投资，而对于商住经营性用地，则采用"招拍挂"等出让形式，尤其是针对商住经营性用地，纷纷成立"土地储备中心"，垄断土地一级市场，控制商住经营性用地的供应，使买方激烈竞争，从而获取高额的土地出让金（陶然、陆曦等，2009；李学文、卢新海，2012）。

地方政府土地出让的这种差别化策略，周飞舟（2007）认为是分税制的改革使得地方政府行为模式由改革前的"经营企业"转变到"经营土地""经营城市"而导致的。地方政府针对工业用地和商住用地采取了不同的出让策略，如何解释地方政府低价供应工业用地的行为，现有研究主要有两种假说。

（1）"土地引资假说"。

"土地引资假说"的主要观点认为，在地方政府官员为增长而竞争的经济体里，地方政府出让土地主要源于"土地引资"。其基本逻辑是，在一个增长主要靠投资拉动的经济体里，地方政府官员为增长而竞争就转换为引资竞争，地方政府是辖区内唯一的土地出让方，且可以低价获得土地，因此"土地引资"推动本地经济快速增长，以求在以经济绩效为核心的政治晋升竞争中胜出，成为地方政府官员的理性选择（张莉，王贤斌等，2011）。"土地引资假说"认为地方政府将土地出让作为吸引工业（制造业）的主要手段，并通过压低工业用地价格，实现在激烈的竞争者中赢得招商引资，从而促进本地经济发展。换句话说，"土地引资"假说认为地方政府低地价出让土地吸引投资发展制造业的动机是获得本地经济发展，从而在以经济绩效为核心的政治晋升竞争中获胜。

一些实证研究支持了这一假说。Oman（2000）在探讨各国政府吸引外商直接投资的政策竞争时，以厦门和大连为例，指出中国地方政府把土地作为吸引外商投资的重要手段。周业安和冯兴元（2003）在讨论地区间竞争时指出，地方政府在进行竞争时并不注重技术和制度条件，而是强调价格条件，突出表现在土地价格上就是压低工业用地价格进行招商引资。张莉和王贤斌等（2011）采用省级面板数据发现，地方政府官员热衷于出让土地是源于"土地引资"。

但是"土地引资假说"是否成立，也受到质疑，理由有三。理由之一是认为可能并不存在一个为经济增长而竞争的晋升锦标赛（陶然等，2010），因此由这种动机引出的土地出让行为值得怀疑。理由之二是"土地引资说"难以解释庞大的土地财政以及各地竞相出现的高地价以及"地王"现象（这些现象是与"土地引资说"不兼容的）。理由之三是考虑到分税制的税种划分，制造业发展带来的绝大部分税收增长都上缴给上级部门，并且当地方税增长过快时随时有可能被分享或收缴，那么"土地引资说"很难解释地方政府会有如此强的动力通过工业用地的低地价吸引制造业投资，发展地方经济（李学文，卢新海，2012）。

（2）"土地财政假说"。

早期的"土地财政"相关研究认为分税制改革使财政收入上移和地方财

政支出增加，促使地方政府寻求新的财政收入来源，而土地出让金从1994年起不再上缴中央财政，由此土地出让金收入成为地方政府预算外收入的主要来源，成为地方政府的一致经营对象。其核心观点是，地方政府倾向于通过高地价获得高额土地出让金，减轻分税制对地方财政的压力。这一观点在解释高昂的商业用地成交价具有较强的解释力，但是却无法很好解释地方政府"零地价"出让工业用地的现象，从而受到一些学者的批评（张莉，王贤斌等，2011）。

在意识到地方政府在工业用地和商住用地上的差别化供地行为后，陶然等（2005，2009）对"土地财政假说"进行了发展，并在经济发展的财政激励大背景下对其给出了一个比较合理的解释：由于制造业部门较高的流动性，处于强大竞争压力下的地方政府为获得未来稳定而长远的税收收入流，不得不采用协议出让等政策吸引制造业投资，形成改革第二阶段制造业"区域竞次"的经济增长模式，而对于商住用地，由于本地服务业消费者的非流动性，地方政府采用"招拍挂"等出让形式高价出让土地。

在随后的研究中，陶然和汪晖（2010）将"土地财政"定义为，地方政府以土地为政策工具，为开拓地方预算内（制造业和服务业税收）和预算外（土地出让金）财政收入来源，在区域竞争中通过低价、过度供给工业用地以及高价、限制性出让商、住用地的行动而采取的财政最大化策略。该定义与通常简单地把"土地财政"理解为地方政府低价征地、高价卖地不同，上述诠释的一个关键是指出地方政府在其出让土地行动中绝大部分（工业用地）是不直接获利的，甚至是亏损的。地方政府往往还需要用商住用地"招拍挂"获得的收支盈余来横向补贴工业用地协议出让后的收支亏损。李学文和卢新海（2012）应用县级土地出让面板数据，论证了地方政府之所以愿意并热衷于低价出让工业用地，看重的是制造业的发展能够带来地方基础设施的完善，吸引外来务工人口，增加服务业消费需求，从而进一步抬高"招拍挂"商住用地的价格，获得更高的土地出让金。

3. 地方政府土地供给对城市发展的影响

地方政府通过经营土地获取的收入，很大一部分用于公益用地及工业用地的基本开发以及城市建设，这对经济发展产生了重要的作用。2009年中国土地出让支出中，征地和拆迁补偿占40.4%，而城市建设和土地开发等占到37.8%。刘守英和蒋省三（2005）测算东南沿海的一些县市，基础设施建设投资每年高达数百亿元，其中财政投入仅占10%，土地出让金约占30%，60%靠土地抵押从银行贷款融资。定性和定量分析也表明城市建成区面积的扩张与用于城市建设和维护的费用具有显著的相关关系（Lin and Yi, 2011）。Tao等（2010）研究土地出让与地方公共财政的关系时，发现地方财政有激励通过使用土地供给，服务于基础设施建设，作为吸引制造业投资的关键工具。可见，地方政府通过出让土地获取收入进行基础设施建设投资和财政支出，进而有力的推动城市化进程和社会经济发展。此外，一些经验研究表明，土地财政对经济增长有重要的推动作用（杜雪君等，2009；辛波和于淑俐，2010）。张昕（2008）利用北京市1998~2004年人均GDP和土地出让金数据，发现土地出让金对城市经济增长有显著的促进作用，但是这一促进作用的正效应会随着城市的发展而逐渐减弱。杜雪君、黄忠华和吴次芳（2009）采用1998~2005年中国省级面板数据分析土地财政对经济增长的影响，发现土地财政对经济增长存在显著的正向影响。

随着地方政府对土地财政依赖程度的不断加深，弊端与危机也逐渐涌现出来，一些学者从土地财政的负面影响角度批判了地方政府这种"以地生财"的做法，认为土地财政是导致耕地减少、土地违法案件增加、房价增速过快以及城市无序扩张的重要原因（蒋省三和刘守英，2007；Cao et al, 2008；郭艳茹，2008）。第一，土地财政作为预算外收入缺乏规范的组织管理，具有很大的随意性，既可以用于公共开支，也可以投资于低效的政绩工程或用于个人消费和政治贿赂（郭艳茹，2008；周飞舟，2010）；与此同时，公共投资的大量增加可能挤出了私人投资的积极性（黄小虎，2007）。第二，土地财政过于依赖房地产业的发展（王斌和高戈，2011），而房地产业的畸形发展既可能通过影响居民住房和商业资本对平衡资产配置以及投资收益，导致投资更多地从实体经济流向房地产部门，从而影响经济产出水平；也有可能通过影响劳动力的生活成本和企业的经营成本从而阻碍劳动力和资本的集聚；并且，高房价透支了城市居民的消费能力，影响着城市经济的可持续发展（韩本毅，2010）。

4. 地方政府土地供给的空间效应

20世纪90年代中后期以来，随着城市化过程加速、城市土地出让市场化、土地农转非进程加快，地方政府通过扩大农地转非规模以增加预算外财源的行为有增无减。Ding 和 Lichtenberg（2008）通过对 1996~2003 年，中国 220 个城市的研究发现城市空间的快速扩张是由地方政府的财政压力和经济放权造成。He 等（2015）将中国转型经济制度归纳为"经济分权、政治集中"，解释了中国城市用地扩张的制度动因，并验证了中国城市用地扩张的空间自相关效应。

三、基于土地制度视角

土地制度的变革是中国经济转型的重要组成部分，对土地利用有重要的影响。现有文献对改革开放以来中国土地制度的变革做了深入的研究，这些文献对认识中国土地利用变化有着重要的作用。本书主要从土地产权制度、土地征收制度、土地市场化改革和土地违法利用等方面展开综述，分析它们对城市土地利用变化的影响。

1. 土地产权制度

《土地管理法》中规定中国土地产权分为国家所有和集体所有。城市土地属于国家所有，农村土地除特殊规定属于国有外，其他土地属于集体所有。大量文献研究表明，这样的土地产权界定具有一定的模糊性，对土地利用变化具有重要影响。Ho Peter 于 2008 年出版的《谁是中国土地的拥有者：制度变迁、产权和社会冲突》一书就对中国的土地产权形成、实质与发展进行了深入研究，并对土地产权所引起的土地利用和社会冲突问题表示担忧。Zhu（2005）认为中国土地产权不清晰是中国土地利用的转型制度环境，也是土地市场不完善的主要原因。不完全的所有权也可能导致现在的土地利用非效率，Choy等（2013）以深圳市为例，认为企业在国有土地和集体土地上的效率有明显的差别，集体土地上的企业在2006年的租金支出比国有土地上的企业少57%。其他一些研究也对土地使用权交易进行了研究，认为土地使用权交易可以实现耕地保护和经济发展双重目标（Wang and Tao, 2010）。从土地产权制度变革层面来看，从土地使用权向土地发展权的变革也是一个研究方向（Zhu, 2004；孙弘, 2004）。

2. 土地征收制度

我国宪法规定，国家为了公共利益的需要，可以依照法律规定对农民集体所有的土地实行征用或被征用，并给予补偿。然而，在现实的操作中，现行征地制度存在三大弊端（蔡继明和苏俊霞, 2006）：一是政府的征地行为缺乏有效约束，征地范围过宽，土地资源浪费严重；二是对农民的失地补偿标准过低，执行中随意性较大，造成大量"三无农民"；三是土地征用和出让成为滋生腐败行为的三大温床之一。Tan和Qu（2011）通过计算认为中国1999~2003年总的土地征用中，有33.5%是属于过度流转。过度流转使得农民的福利减少13.8亿元，而总的社会福利损失了2.7亿元。他们认为目前通过竞争机制增加城市土地流转并不能解决主要问题，建议对农地的保护应该用一个竞争性的土地市场取代单一的土地流转市场。Ding（2007）研究认为土地被地方政府征用，用于支持城市发展和基础设施建设，但土地征用对农民补偿不够，致使社会紧张和不公平，可能给长期的稳定和可持续发展带来威胁。其他学者也注意到土地征用带来大量的农村矛盾（Guo, 2001）。

3. 土地市场化改革

中国城市土地出让制度的建立极大改变了城市发展和土地利用方式（Yeh and Wu, 1996；Wu and Yeh, 1997）。尤其是1990年土地市场化迅速发展以后，地方政府出让土地的意愿和经济分权导致了城市蔓延（Zhang, 2000；Xie et al, 2002）。土地改革将土地使用权从土地所有权分离，建立了土地市场，将土地使用权有偿出让给工商业使用者，但仍然保持这土地划拨等土地供给形式，形成土地供给双轨制。双轨制的土地市场导致了城市土地利用的无序（Ruan，2006），以及土地未能充分利用和理性利用（Lin，2007）。

土地市场监管的缺失和不规范也是学术研究的重点关注内容。有些学者认为土地市场化的监管需要中央政府重新发挥其功能，从而获得更综合的监管能力（Xu et al，2009）。土地市场化制度改革已经使土地利用透明度、效率和信息可获得性等指标都有所改善，然而，土地市场在主体认定和防止土地征用的腐败方面仍然比较脆弱（Koroso et al，2013）。Qian（2008）分析了杭州市城市土地改革与经济改革的其他领域相互作用，认为城市土地单一供应并不一定损害土地市场的发展，但是以政府为主导的管理模式，在缺乏公众和社会参与的情况下，则是中国城市土地改革的最显著的一个限制因素。

在土地市场化改革进程中，农地的流失有所减缓，但是国家着力提高土地利用效率没有得到成功，非法用地现象比较严重（Ho and Lin，2003）。国家内部多重主体之间的博弈形成一个动态的、复杂的、不均衡的和自我充满争议的制度组合，非法市场的出现也导致土地市场化绩效需要大打折扣（Lin and Ho，2005）。工业（制造业）用地的获得也主要是从集体土地征用，然后通过划拨、有偿出让或通过招投标形式进行有偿出让（Gao et al，2013）。

4. 土地违法

土地违法利用是被认为是土地利用变化的一个重要因素。Wang 和 Scott（2008）研究了海口市非法用地问题，发现海口市非法用地主要集中在城市边缘区，而非法用地的主体不仅包括地方政府官员，商业投资人，也包括当地农民。其进一步研究表明，地方社会的发展、农民与地方政府关系的变化和不对称的土地交易权利是土地违法的催化剂。

对于土地违法的主要影响因素，梁若冰（2009）考察了中国30个省区市在1999～2005年的土地违法情况，研究发现，与土地违法显著相关的因素包括在财政分权制度下地方政府官员的晋升激励和地方土地部门的部门利益。财政分权和土地出让制度为地方政府的土地违法行为提供了正的激励，使地方政府可以在不损失地方财政收入的前提下，去支持其廉价工业化的经济发展政策。张莉等（2011）认为地方政府官员的合谋对土地违法有促进作用。龙献忠等（2012）认为地方政府土地违法行为的相关因素可以归结为土地供需矛盾和土地出让方式的市场化程度。

土地制度改革是中国经济转型期的一个重要特征。本节从土地产权制度、土地征收制度、土地市场化改革和土地违法等方面，综述了现有研究成果。现有研究大多注意到中国政府正在采用各种措施来改善土地供给，提高土地利用效率，理清土地配置，加强土地管理，协调城市和农村发展。这些政策改革有正面影响，但是也有负面社会经济后果。正面来看，主要是建立了土地市场，加强了政府财政，用于公共基础设施建设。负面来看，土地制度改革，尤其是对农民赔偿不够，导致了土地资源浪费、社会不公平、社会矛盾和政府腐败凸显（Ding，2003）。

转型经济背景下，现有研究提供了翔实的中国土地利用变化的事实证据。同时，现有研究重新重视土地要素对中国经济增长的作用。这一作用不仅是直接作为土地资源发挥出来，而且通过土地资本的形式，成为推动经济增长的另一条途径。研究表明，中国土地利用不仅是经济增长的结果，而且也是经济增长的原因（Bai et al，2011）。从供给的角度来看，土地成为地方政府获得预算外收入的主要来源，形成了所谓的"土地财政"。地方政府在土地财政和政治晋升的双重激励下，往往采取低价出让工业用地，高价出让商住用地的方式，促进土地利用变化。渐进的土地制度改革，在制度设计和制度执行监管方面，仍存在着不足，导致土地利用非理性利用或违法利用。

第三节 工业用地利用相关文献综述

产业用地是城镇土地的重要组成部分，也是中国城镇化过程中占城镇用地比例较大，历年地方政府供地比例也较大的用地类型之一。以工业用地为例，按照国外城市中心区的用地比例，工业用地一般不超过城市面积的10%，而我国的城市普遍超过了20%。在工业用地供应方面，我国工矿仓储用地供应量最大。根据《中国国土资源年鉴》和中国土地市场网发布的土地供应数据，2004～2010年，我国年均供应的工矿仓储用地在10.7万公顷左右，约为住宅用地年均供应量6.2万公顷的1.7倍。因此，对产业用地进行分析，可以进一步理解我国城镇化过程中土地利用的变化过程。本节重点从工业用地扩张机制和工业用地利用效率研究两个方面对现有研究进行综述。

一、工业用地扩张机制研究

地方政府廉价出让工业用地进行招商引资是工业用地扩张的主要原因，这一工业用地扩张机制得到多数学者的认同（Yang and Wang，2008；Cartier，2001）。正如前面所述，地方政府在分权化的经济激励和集中化的政治激励共同作用下，具有了推动地方经济快速增长的动力。在分税制改革的背景下，地方政府财权被上收，急切需要寻找新的地方政府财政来源弥补分税制改革所造成的收入下降，而土地有偿出让成为地方政府可以合法操作的有效工具之一。为了获取高额的土地出让金，地方政府按照这一逻辑，应该是通过高价出让工业用地才可能得到这一目标，但我们观察到的现象却是地方政府廉价出让工业用地进行招商引资。或者更确切地说，地方政府在对待商住用地和工业用地出让时，采取了两种截然不同的方式：在对待工业用地出让上，大多数城市均采取了协议出让的方式，以较低的地价进行；而在对待商住用地出让上，无一例外均采取了招标、拍卖或挂牌等市场化程度更高的竞争性出让方式，其出让价格也较工业用地出让价格高得多。

如前所述，针对这一看似矛盾的问题，陶然等（2007，2009）在经济发展的财政激励大背景下给出了一个比较合理的解释。由于制造业部门较高的流动性，处于强大竞争压力下的地方政府为获得未来稳定而长远的税收收入流，不得不采用协议出让等政策吸引制造业投资，形成改革第二阶段制造业"区域竞次"的经济增长模式，而对于商住用地，由于本地服务业消费者的非流动性，地方政府采用"招拍挂"等出让形式高价出让土地。换句话说，地方政府首先通过地价甚至零地价出让工业用地，吸引企业投资、促进就业增长和人口集聚，这样不仅可以增加本地和上级政府分成的持续增值税收入，促进经济增长；而人口集聚更为商业地产和住宅地产创造了市场，因此也将有更多的机会通过市场化的方式高价出让市区土地，通过高额土地出让金及相关税费扩充地方财政。地方政府又可以通过土地出让金等相关土地收入投入到城市基础设施和投资环境的改善，从而吸引更多的FDI，以及国内工业和商服业投资，形成良性循环，促进城市经济增长（He and Huang，2014）。

地方政府廉价出让工业用地的影响是学术界重点关注的问题。地方政府通过压低用地出让价格一定程度上可以吸引到外来投资（Braustein and Epstein，2002），但是当所有地方政府都利用手中的土地工具吸引投资时，竞争就变得异常激烈，地方政府可能采取近乎负地价以及更多的配套优惠措施，从而严重扰乱土地供应以及地方投资秩序。吴宇哲等（2005）通过博弈论方法指出，土地价格竞争是区域间的政策博弈，其结果是个体理性导致集体非理性，政府间的投资争夺战会导致工业用地协议出让价格上的恶性竞争，陷入"触底竞争（race-to-bottom）"。同时，罗云辉等（2003）对东部沿海地区，尤其是长三角各市县之间的土地引资竞争进行了案例研究，发现了类似于"触底竞赛"的价格竞争。此外，还有学者指出，地方政府这种压低用地价格大量出让工业用地的方式会引发工业项目低水平重复建设，导致产业盲目发展，产能严重过剩，最终带来对资源和环境的耗费和破坏（敬东，2004）。Tu等（2014）通过杭州的案例研究表明，协议出让工业用地的价格远低于在二级土地市场取得工业用地的价格，导致了一次工业土地出让的用地效率低下。

改革开放以来快速的工业化以及全球化也是我国工业用地扩张的重要原因。除了政府主导的以工业园区为载体的大规模工业化之外，乡镇企业工业化也是我国工业化的重要组成部分。1995年前，将集体所有的农用地转化为国有建设用地是制造业企业获取土地所采取的最普遍方式，这一过程主要受控于市一级地方政府。原因在于1988年中国初步建立的土地租赁市场只对国有土地开放，集体土地只有通过流转为国有建设用地之后，才能进入土地市场进行流通。然而，1995年后，由集体所有的建设用地、农用地，通过合法或非法的形式划拨给乡镇企业成为主导流转方式（高菠阳等，2010）。这种流转方式一方面促进了乡镇企业快速崛起，另一方面也造成了工业用地的膨胀和农用地的急剧减少。以广东省农村地区为例，在20世纪90年代土地价值不断显现的背景下，村集体普遍推进农村社区工业化，大规模实行"土地股份合作制"，让村民分享土地非农化的增值收益（袁奇峰等，2009）。

二、工业用地利用效率研究

工业用地利用效率是现有关于工业用地研究的重要内容，也是工业用地集约利用的重要组成部分。国内外关于工业用地利用效率的研究主要体现在工业用地效率评价、工业用地利用效率影响因素和工业用地集约利用效应等方面。

在工业用地利用效率评价方面，现有研究主要在工业用地利用效率评价指标体系的构建；工业用地利用效率水平的区域差异；不同行业用地集约度比较；工业用地集约利用潜力测算等方面开展相关研究（赵小风等，2012）。比较有代表性的成果包括：黄大全等（2009）应用全要素生产率方法分析和测算了福建省工业用地集约度和利用效率；陈伟等（2014）对我国省域工业用地利用效率进行了分析；郭贯成和熊强（2014）对中国各省城市工业用地效率变化状况进行分析；冯长春等（2014）对我国地级及以上城市工业用地效率进行评价。

在工业用地利用效率影响因素方面，国内外学者主要从规划、产权、产业集聚、工业行业特征、土地市场等方面进行了深入探讨（Meng et al.，2008；Salvador and Leandro，2005；郭贯成和熊强，2014）。Meng等（2008）以北京顺义区为例分析了规划对工业用地利用效率的重要性，国外工业用地先进管理经验表明市场化手段结合政府适度的规划控制是提高工业用地利用效率的合理有效途径（赵欣，2008）；Choy 等（2013）的研究表明土地出让权对城市化进程中的工业用地利用效率有着显著的正向影响，不完整的产权导致了显著的工业用地利用低效现象；Cainelli（2008）研究表明位于产业区和进行产品创新是企业提高用地效率的主要因素。此外，政策、经济发展水平、技术因素和区位条件也是现有研究关注的外部驱动力（吴郁玲和曲福田，2007）。陈伟等（2014）对我国省域工业用地利用效率进行了分析，发现地区经济发展水平和产业发展水平的提高及外商投资比重的增大能对工业用地利用效率产生正向作用，国有企业比重的提高会对工业用地利用效率产生负向作用。张琳和王亚辉（2014）则从微观企业尺度发现，土地投入、企业特性及外部环境对工业用地产出效率的影响较明显，其中，要素投入、基础设施、企业盈利能力及区位优势均促进工业用地产出效率，而企业成立年限对国有企业有抑制作用。

与国内研究不同，国外的研究主要集中于对工业用地集约利用效应的探讨。工业用地集约利用效应是指工业用地集约利用过程所带来的与之相联系的社会、经济、环境等方面的变化，如对经济结构、地价、土地利用效率、环境等具体问题（赵小风等，2012）。如新加坡通过劳动力转移影响工业土地利用强度，引发工业土地价格的变化，导致工业格局及工业土地利用变化，最终达到工业重组的目的（Mansell and Jenkins，1992）。中国台湾地区工业集聚与工业地价有很强的正相关性（Lin and Ben，2009）。中国香港地区实施多样化集约，通过混合工业用地、居住用地、商业用地、休闲用地、公共实施用地、交通用地等土地类型，提高其建筑密度使其达到集约利用，同时要配以高效的公共交通系统和人行网络为支持（Lau et al.，2005）。国外有关集约利用效应还与紧凑城市的建设联系起来，不仅关注高容积率、高密度带来的便利公共交通，高效的经济产出，而且也指出由此带来的城市绿地、开敞空间的丧失，城市犯罪率上升、过量的能源需求等城市环境问题（Burton，2002）。

第四节 文献评述

　　对于土地要素是否对经济增长起到重要作用，西方经济增长理论和转型经济理论基于不同的社会发展阶段和研究视角提出了不同的观点。西方当代经济增长理论是建立在经济高度发达，技术进步和创新成为经济发展主要动力的经济社会背景基础上，其提出的土地要素并非经济发展的制约因素的结论有其必然性。而对于转型国家，土地要素的重要作用也与其转型背景有关，尤其是转型过程中出现的土地要素配置的制度缺陷，土地要素已经成为影响发展中国家经济增长的重要约束因素。中国作为重要的转型经济国家和发展中国家之一，土地要素的作用不容忽视，尤其是中国独特的城镇化模式，即土地要素成为地方政府推动城镇化的廉价资本积累手段（Lin，2009），使得中国土地要素的使用成为理解转型经济土地利用的重要案例。从这一角度看，中国土地问题研究是对转型经济理论的一大贡献。

　　如何理解改革开放以来中国城市土地扩张与利用的现状、演变与影响呢？概括起来，现有研究主要从三个方面做出了贡献。一是从土地需求视角出发，发现人口增长、工业化、城镇化、经济收入增长等是城镇土地利用扩张的主要原因。换句话说，正是由于改革开放以来，经济社会的快速发展带来的巨大需求推动了城市土地的扩张。二是从土地供给视角出发，土地成为地方政府获得预算外收入的主要来源，形成了所谓的"土地财政"。地方政府在土地财政和政治晋升的双重激励下，往往采取高价出让商业和住宅用地的方式，低价出让工业用地，是造成工业用地快速扩张和低效利用的直接原因（陶然和汪晖，2010）。三是从土地制度视角出发，发现渐进的土地制度改革，在制度设计和制度执行、监管方面，仍存在着诸多不足之处，导致了土地资源非理性利用、甚至是违法利用。然而，现有研究在研究深度和研究视角上仍存在不足，主要体现在以下四个方面：

　　一是现有研究往往将城市土地利用看作一个整体，在探讨其扩张和利用机制时，并不注重对不同城市用地类型的区分和针对性研究，如较少开展居住用地、商业用地、服务业用地、工业用地、基础设施用地等的专门研究。而实际上，在城市发展中，不同类型的土地利用存在不同的驱动因素和作用机制。比如，房地产用地使用和工业用地使用在驱动机制上就存在显著差异，即使在同为产业用地的工业用地和服务业用地之中，也由于业态差异显著而表现出迥异的扩张机制。因此，以城市用地作为整体的研究，将导致研究广度不够、研究深度不足，难以形成有针对性的城市用地调控政策建议。

二是工业用地作为城市土地利用的重要组成部分，现有研究还较少涉及，尤其是未形成统一的理论框架加以认识。现有文献阐述了地方政府廉价供应工业用地是造成现有工业用地迅速扩张、低效利用的主要原因，也从经济、社会、政策等方面论述了工业用地利用效率低下的主要原因。然而，现有文献缺乏对工业用地利用深层次的思考，尤其是未能从宏观和微观相结合的角度去考察工业用地利用的主要问题，因此也无法形成对工业用地使用问题的系统认识。

三是现有文献对工业用地扩张和使用的研究中，对政府力量的关注较多，而对工业企业自身的反馈机制关注则较少，尤其是针对工业企业用地行为开展的访谈和案例研究还较少。中国的改革开放是由计划经济向市场经济逐步过渡的一个过程，在这个过程中，政府在经济社会发挥的支配性作用仍然是大部分研究的公认事实，甚至有研究认为当前的中国仍然是一个政府主导的一元社会，但我们也要看到市场和民间的力量也在不断地发育和成长中。尤其是与全球化作用相结合，市场力量在诸多领域成为影响政府力量的关键因素。工业用地的使用不应该仅仅看成是政府单方面行为的结果（这是现有研究的主要认识），而应该是一个政府与工业企业相互作用、相互影响和相互制约的内在复杂系统，一方作为土地资源的管理者，另一方作为工业用地使用者和城镇化过程中主要财富创造者，双方在一定的制度约束下，共同作用于工业用地的扩张，也影响着工业用地的利用效率。

四是对工业用地研究的描述性或定性分析较多，定量分析相对较少。这主要与工业用地系统性的大样本数据较难获得，以及企业用地数据与企业经济数据难以匹配有较大关系，从而导致工业用地严格的实证研究，尤其是针对微观层面的实证分析还较少，一定程度上阻碍了理论的提升。

整体而言，分析中国工业用地的扩张和利用，需要将地方政府的作用机制和企业反馈机制纳入一个统一的分析框架，从而深化对工业用地利用的认识。因此，本书提出构建基于地方政府—企业关系视角的分析框架，从政企关系的视角切入工业用地的研究，是对现有工业用地研究的拓展和深化，同时也是对中国转型经济背景下城市土地利用问题研究的理论延伸。

本章参考文献

[1] 蔡继明，苏俊霞. 中国征地制度改革的三重效应. 社会科学, 2006 (7)：133 – 138.

[2] 曹小曙，杨帆. 广州城市效能与土地利用研究. 经济地理, 2000, 20 (3)：74 – 77.

[3] 陈伟，彭建超，吴群. 中国省域工业用地利用效率时空差异及影响因素研究. 资源科学, 2014, 36 (10)：2046 – 2056.

[4] 杜雪君，黄忠华，吴次芳. 中国土地财政与经济增长——基于省际面板数据的分析. 财贸经济, 2009 (1)：60 – 64.

[5] 冯长春，刘思君，李荣威. 我国地级及以上城市工业用地效率评价. 现代城市研究, 2014 (4)：45 – 49.

[6] 高菠阳，刘卫东. 土地制度对北京工业空间分布的影响. 地理科学进展, 2010, 29 (7)：878 – 886.

[7] 郭贯成，熊强. 城市工业用地效率区域差异及影响因素研究. 中国土地科学, 2014, 28 (4)：45 – 52.

[8] 郭艳茹. 中央与地方财政竞争下的土地问题：基于经济学文献的分析. 经济社会体制比较, 2008 (2)：59 – 64.

[9] 韩本毅. 城市化与地方政府土地财政关系分析. 城市发展研究, 2010 (5)：I0012 – I0017.

[10] 何流，崔功豪. 南京城市空间扩展的特征与机制. 城市规划汇刊, 2000 (6)：56 – 60.

[11] 洪军，江南，于雪英. 上海市土地利用时空变化及驱动力分析. 国土资源遥

感，2002（3）：58-61.

［12］洪世键，张京祥．城市蔓延机理与治理：基于经济与制度的分析．东南大学出版社，2012.

［13］黄大全，洪丽璇，梁进社．福建省工业用地效率分析与集约利用评价．地理学报，2009，64（4）：479-486.

［14］黄小虎．当前土地问题的深层次原因．中国税务，2007（2）：46-47.

［15］蒋省三，刘守英，李青．土地制度改革与国民经济成长．管理世界，2007，9（1）：1-9.

［16］敬东．城市经济增长与土地利用控制的相关性研究．城市规划，2004，28（11）：60-70.

［17］柯善咨，何鸣．规划与市场——中国城市用地规模决定因素的实证研究．中国土地科学，2008，22（4）：12-18.

［18］李嘉图（著），郭大力，王亚南（译）．政治经济学以赋税原理．商务印书馆，1972.

［19］李学文，卢新海．经济增长背景下的土地财政与土地出让行为分析．中国土地科学，2012，26（8）：42-47.

［20］林坚．中国城乡建设用地增长研究．商务印书馆，北京，2009.

［21］刘守英，等，土地制度改革与转变发展方式．中国发展出版社，2012.

［22］刘守英，蒋省三．土地融资与财政和金融风险——来自东部一个发达地区的个案．中国土地科学，2005，19（5）：3-9.

［23］龙花楼，李秀彬．长江沿线样带土地利用格局及其影响因子分析．地理学报，2001，56（4）：417-425.

［24］龙献忠，周晶．地方政府土地违法行为的相关因素分析——基于灰色关联度模型．求索，2012（4）：43-46.

［25］鲁奇，战金艳，任国柱．北京近百年城市用地变化与相关社会人文因素简论．地理研究，2001，20（6）：688-696.

［26］罗云辉，林洁．苏州，昆山等地开发区招商引资中土地出让的过度竞争——对中国经济过度竞争原因分析的一项实证．改革，2003（6）：101-1-6.

［27］配第．赋税论．华夏出版社，2006.

［28］朴妍，马克明．北京城市建成区扩张的经济驱动：1978～2002．中国国土资源经济，2006，19（7）：34-37.

［29］萨伊（著），赵康英（译）. 政治经济学概论：A treatise on political economy. 华夏出版社，2014.

［30］史培军，陈晋，潘耀忠. 深圳市土地利用变化机制分析. 地理学报，2000，55（2）：151-160.

［31］斯密（著），冉明志（译）. 国富论. 北京理工大学出版社，2013.

［32］孙弘. 中国土地发展权研究：土地开发与资源保护的新视角. 中国人民大学出版社，2004.

［33］谈明洪，李秀彬，吕昌河. 20世纪90年代中国大中城市建设用地扩张及其对耕地的占用. 中国科学：D辑，2004，34（12）：1157-1165.

［34］唐礼智. 我国城市用地扩展影响因素的实证研究——以长江三角洲和珠江三角洲为比较分析对象. 厦门大学学报：哲学社会科学版，2008（6）：90-96.

［35］陶然，陆曦，苏福兵，等. 地区竞争格局演变下的中国转型：财政激励和发展模式反思. 经济研究，2009（7）：21-33.

［36］陶然，汪晖. 中国尚未完成之转型中的土地制度改革：挑战与出路. 国际经济评论，2010（2），93-123.

［37］王斌，高戈. 中国住房保障对房价动态冲击效应——基于SVAR的实证分析. 中央财经大学学报，2011（8）：54-59.

［38］王冰松. 基于地方政府行为视角的中国土地城镇化研究. 北京大学博士学位论文，2009.

［39］王丽萍，周寅康，薛俊菲. 江苏省城市用地扩张及驱动机制研究. 中国土地科学，2005，19（6）：26-29.

［40］王兆礼，陈晓宏，曾乐春，等. 深圳市土地利用变化驱动力系统分析. 中国人口资源与环境，2006，16（6）：124-128.

［41］吴次芳，陆张维，杨志荣，等. 中国城市化与建设用地增长动态关系的计量研究. 中国土地科学，2009，23（2）：19-25.

［42］吴宇哲，吴次芳，申立银. 土地利用监测策略对策论模型. 系统工程理论与实践，2006，25（9）：65-70.

［43］吴郁玲，曲福田. 中国城市土地集约利用的影响机理：理论与实证研究. 资源科学，2007，29（6）：106-113.

［44］武康平，杨万利. 基于新古典理论的土地要素与经济增长的关系. 系统工程理论与实践，2009（8）：50-55.

[45] 西奥多·W·舒尔茨. 报酬递增的源泉. 中国人民大学出版社, 2001.

[46] 谢颖. 从财政体制和土地出让制度看圈地热. 中国土地, 2006 (11): 9-11.

[47] 辛波, 于淑俐. 对土地财政与地方经济增长相关性的探讨. 当代财经, 2010 (1): 43-47.

[48] 闫小培, 毛蒋兴, 普军. 巨型城市区域土地利用变化的人文因素分析——以珠江三角洲地区为例. 地理学报, 2006, 61 (6): 613-623.

[49] 袁奇峰, 杨廉, 邱加盛, 等. 城乡统筹中的集体建设用地问题研究——以佛山市南海区为例. 规划师, 2009, 25 (4): 5-13.

[50] 张德元. 征地问题是什么问题. 调研世界, 2006 (10): 10-11.

[51] 张金前, 韦素琼. 快速城市化过程中城市用地扩展驱动力研究. 福建师范大学学报: 自然科学版, 2006, 22 (4): 14-18.

[52] 张军, 高远. 官员任期, 异地交流与经济增长——来自省级经验的证据. 经济研究, 2008, 42 (11): 91-103.

[53] 张莉, 王贤彬, 徐现祥. 财政激励, 晋升激励与地方官员的土地出让行为. 中国工业经济, 2011 (4): 35-43.

[54] 张琳, 王亚辉. 微观企业视角下工业用地产出效率的影响因素研究——基于2088家工业企业样本的实证分析 [J]. 华东经济管理, 2014 (9): 43-48.

[55] 张昕. 城市化过程中土地出让金与城市经济增长关系研究——以北京市为例. 价格理论与实践, 2008 (1): 47-48.

[56] 赵小风, 黄贤金. 基于分层视角的工业用地集约利用机理研究: 以江苏省为例. 科学出版社, 北京. 2012.

[57] 赵欣. 国外工业用地管理模式对我国借鉴研究. 鄂州大学学报, 2008, 15 (2): 41-44.

[58] 周飞舟. 大兴土木: 土地财政与地方政府行为. 经济社会体制比较, 2010 (3): 77-89.

[59] 周飞舟. 生财有道: 土地开发和转让中的政府和农民. 社会学研究, 2007, 1 (49): 49-82.

[60] 周黎安. 晋升博弈中政府官员的激励与合作. 经济研究, 2004 (6): 33-40.

[61] 周黎安. 中国地方官员的晋升锦标赛模式研究. 经济研究, 2007, 7 (36): 36-50.

[62] 周业安, 冯兴元, 赵坚毅. 地方政府竞争与市场秩序的重构. 中国社会科学,

2004（1）：56-65.

［63］周业安. 县级财政支出管理体制改革的理论与对策. 管理世界，2000（5）：122-132.

［64］Anderson. (2012). Access to land and building permits, obstacles to economic development in transition countries. Article in Land Line. Lincoln Institute of Land Policy. 10-17.

［65］Bai, X., Chen, J., Shi, P. (2011). Landscape urbanization and economic growth in China: Positive feedbacks and sustainability dilemmas. Environmental science and technology, 46 (1): 132-139.

［66］Barbier E B. (1999). Endogenous growth and natural resource scarcity. Environmental and Resource Economics, 14 (1): 51-74.

［67］Blanchard, O., Shleifer, A. (2000). Federalism with and without political centralization: China versus Russia (No. W7616). National Bureau of Economic Research.

［68］Braunstein E, Epstein G. (2002) Bargaining power and foreign direct investment in China: Can 1.3 billion consumers tame the multinationals? SSRN, working paper.

［69］Brock W A, Taylor M S. (2010). The green Solow model. Journal of Economic Growth, 15 (2): 127-153.

［70］Burton E. (2002). Measuring urban compactness in UK towns and cities. Environment and Planning B, 29 (2): 219-250.

［71］Cainelli G. (2008). Spatial agglomeration, technological innovations, and firm productivity: Evidence from Italian industrial districts. Growth and Change, 39 (3): 414-435.

［72］Cao, G., Feng, C., Tao, R. (2008). Local "land finance" in China's urban expansion: Challenges and solutions. China and World Economy, 16 (2): 19-30.

［73］Capozza D R, Helsley R W. (1989). The fundamentals of land prices and urban growth. Journal of urban economics, 26 (3): 295-306.

［74］Cartier, C. (2001). 'Zone Fever', the Arable Land Debate, and Real Estate Speculation: China's evolving land use regime and its geographical contradictions. Journal of Contemporary China, 10 (28): 445-469.

［75］Chan, K. W. (1992). Economic Growth Strategy and Urbanization Policies in China, 1949-1982. International Journal of Urban and Regional Research, 16 (2): 275-305.

［76］Choy L H T, Lai Y, Lok W. (2013). Economic performance of industrial development on collective land in the urbanization process in China: Empirical evidence from Shenzhen. Habitat International, 40: 184 - 193.

[77] Copeland B. R, Taylor M. S. (2004). Trade, growth and the environment Journal of Economic Literature, 42: 7 - 71.

[78] Deininger K. (2003). Land markets in developing and transition economies: Impact of liberalization and implications for future reform. American Journal of Agricultural Economics, 85 (5): 1217 - 1222.

[79] Deng, X., Huang, J., Rozelle, S., et al., (2008). Growth, population and industrialization, and urban land expansion of China. Journal of Urban Economics, 63 (1): 96 - 115.

[80] Deng, X., Huang, J., Rozelle, S., et al., (2010). Economic growth and the expansion of urban land in China. Urban Studies, 47 (4): 813 - 843.

[81] Ding, C. (2003). Land policy reform in China: assessment and prospects. Land use policy, 20 (2): 109 - 120.

[82] Ding, C. (2007). Policy and praxis of land acquisition in China. Land use policy, 24 (1): 1 - 13.

[83] Ding, C., Lichtenberg, E. (2008). Using Land to Promote Urban Economic Growth in China. Department of Urban Studies and National Center for Smart Growth. Mimeo.

[84] Estrin, Saul, Hanousek, et al., (2009). Effects of privatization and ownership in transition economies. Journal of Economic Literature, 47: 699 - 728.

[85] Gao B, Liu W., Dunford, M. (2013). State land policy, land markets and geographies of manufacturing: The case of Beijing, China. Land Use Policy, 36: 1 - 12.

[86] Guo, X. (2001). Land expropriation and rural conflicts in China. The China Quarterly, 166 (1): 422 - 439.

[87] Han, S. S. (2010). Urban expansion in contemporary China: What can we learn from a small town? Land Use Policy, 27 (3): 780 - 787.

[88] Harrod R. F. Towards a Dynamic theory. Economic Journal, 1948 (49): 14 - 33.

[89] He, C. F., Huang, Z. J., Wang R. (2014). Land use change and economic growth in urban China: A structural equation analysis. Urban Studies, 51 (13): 2880 - 2898.

[90] He, C. F., Zhou, Y., Huang, Z. J., (2015). Fiscal Decentralization, Political Centralization and Land Urbanization in China, Urban Geography, Forthcoming.

[91] Ho, S. P., Lin, G. C. (2003). Emerging land markets in rural and urban China:

policies and practices. The China Quarterly, 175 (3): 681 – 707.

[92] Huang, Z. J., Dennis, W. Y. H., He, C. F., et al., (2015). Urban land expansion under economic transition in China: A multi-level modeling analysis. Habitat International, 47: 69 – 82.

[93] Jiang L, Deng X, Seto K C. (2012). Multi-level modeling of urban expansion and cultivated land conversion for urban hotspot counties in China. Landscape and Urban Planning, 108 (2): 131 – 139.

[94] Koroso, N. H., van der Molen, P., Tuladhar, A. M., et al., (2013). Does the Chinese market for urban land use rights meet good governance principles? Land Use Policy, 30 (1): 417 – 426.

[95] Li F., Tian C. (2013). Land and growth under the framework of endogenous growth theory: theoretical model and evidence from China. Working Paper.

[96] Li F., Tian C. (2013). Land and growth under the framework of endogenous growth theory: theoretical model and evidence from China. Working Paper.

[97] Li H, Zhou L A. (2005). Political turnover and economic performance: the incentive role of personnel control in China. Journal of public economics, 89 (9): 1743 – 1762.

[98] Li, X., Yeh, A. G. O. (2004). Analyzing spatial restructuring of land use patterns in a fast growing region using remote sensing and GIS. Landscape and urban planning, 69 (4): 335 – 354.

[99] Liao, F. H., Wei, Y. D. (2012). Modeling determinants of urban growth in Dongguan, China: spatial logistic approach. Stochastic Environmental Research and Risk Assessment, 1 – 16.

[100] Lin G C S. (2002). The growth and structural change of Chinese cities: a contextual and geographic analysis. Cities, 19 (5): 299 – 316.

[101] Lin G C S. (2007). Reproducing spaces of Chinese urbanisation: new city-based and land-centred urban transformation. Urban Studies, 44 (9): 1827 – 1855.

[102] Lin G C S. (2009). Scaling-up regional development in globalizing China: Local capital accumulation, land-centred politics, and reproduction of space. Regional Studies, 43 (3): 429 – 447.

[103] Lin G C S., Ho, S. P. (2003). China's land resources and land-use change: insights from the 1996 land survey. Land Use Policy, 20 (2): 87 – 107.

[104] Lin G C S., Ho, S. P. (2005). The state, land system, and land development processes in contemporary China. Annals of the Association of American Geographers, 95 (2): 411 – 436.

[105] Lin S W, Ben T M. (2009). Impact of government and industrial agglomeration on industrial land prices: A Taiwanese case study. Habitat International, 33 (4): 412 – 418.

[106] Lin, G. C. S, Yi, F. (2011). Urbanization of capital or capitalization on urban land? Land development and local public finance in urbanizing China. Urban Geography, 32 (1): 50 – 79.

[107] Lin, G. C. S. (1998). China's industrialization with controlled urbanization: anti-urbanism or urban-biased? Issues and Studies, 34 (6): 98 – 116.

[108] Liu, J., Liu, M., Zhuang, D., et al., (2003). Study on spatial pattern of land-use change in China during 1995 – 2000. Science in China Series D: Earth Sciences, 46 (4): 373 – 384.

[109] Liu, J., Zhan, J., Deng, X. (2005). Spatio-temporal patterns and driving forces of urban land expansion in China during the economic reform era. AMBIO: a journal of the human environment, 34 (6): 450 – 455.

[110] Long, H., Tang, G., Li, X., et al., (2007). Socio-economic driving forces of land-use change in Kunshan, the Yangtze River Delta economic area of China. Journal of Environmental Management, 83 (3): 351 – 364.

[111] Lucas Jr, R. E. (1988). On the mechanics of economic development. Journal of monetary economics, 22 (1): 3 – 42.

[112] Ma, L. J. (2002). Urban transformation in China, 1949 – 2000: a review and research agenda. Environment and planning A, 34 (9): 1545 – 1570.

[113] Ma, Y., Xu, R. (2010). Remote sensing monitoring and driving force analysis of urban expansion in Guangzhou City, China. Habitat International, 34 (2): 228 – 235.

[114] Mansell R, Jenkins M. (1992). Networks, industrial restructuring and policy: The Singapore example. Technovation, 12 (6): 397 – 406.

[115] Meng Y, Zhang F R, An P L, et al., (2008). Industrial land-use efficiency and planning in Shunyi, Beijing. Landscape and Urban Planning, 85 (1): 40 – 48.

[116] Montinola, G., Qian, Y., Weingast, B. R. (1995). Federalism, Chinese style: the political basis for economic success in China. World Politics, 48 (1): 50 – 81.

[117] Nordhaus W D. (1991). To slow or not to slow: the economics of the greenhouse effect. The economic journal, 920-937.

[118] Oman P. Charles. (2000). Policy Competition for Foreign Direct Investments to attract FDI. Development Center of OECD, 2000.

[119] Pannell, C. W. (2002). China's continuing urban transition. Environment and Planning A, 34 (9): 1571-1590.

[120] Ping, Y. C. (2011). Explaining land use change in a Guangdong county: The supply side of the story. The China Quarterly, 207 (1): 626-648.

[121] Qian, Y., Weingast, B. R. (1996). China's transition to markets: market-preserving federalism, Chinese style. The Journal of Policy Reform, 1 (2): 149-185.

[122] Qian, Z. (2008). Empirical evidence from Hangzhou's urban land reform: Evolution, structure, constraints and prospects. Habitat International, 32 (4): 494-511.

[123] Romer, P. M. (1986). Increasing returns and long-run growth. The Journal of Political Economy, 1002-1037.

[124] Ruan X J, 2006, land use changes and urban growth control in Beijing, A dissertation.

[125] Saz-Salazar S D, GarcíA-Menéndez L. Public provision versus private provision of industrial land: a hedonic approach [J]. Land Use Policy, 2005, 22 (3): 215-223.

[126] Schultz, T. W. (1968). Economic growth and agriculture. Economic growth and agriculture.

[127] Seto, K. C., and Kaufmann, R. K. (2003). Modeling the drivers of urban land use change in the Pearl River Delta, China: Integrating remote sensing with socioeconomic data. Land Economics, 79 (1): 106-121.

[128] Solow R. M. Intergenerational Equity and Exhaustible Resource. Review of Economic Studies, 1974 (41): 29-45.

[129] Solow R. M. Technical Change and the aggregate production function. Review of Economics and Statistics, 1957 (39): 312-320.

[130] Stanfield, j. David. (1999). Creation of land markets in transition countries: Implications for the institutions of land administration. Working Paper number 29. Madison: university of Wisconsin Land Tenure Center.

[131] Stiglitz J. (1974). Growth with exhaustible natural resources: efficient and optimal

growth paths. The review of economic studies, 123 – 137.

[132] Su, S., Jiang, Z., Zhang, Q., et al., (2011). Transformation of agricultural landscapes under rapid urbanization: a threat to sustainability in Hang – Jia – Hu region, China. Applied Geography, 31 (2): 439 – 449.

[133] Tan, M., Li, X., Xie, H., et al., (2005). Urban land expansion and arable land loss in China—a case study of Beijing – Tianjin – Hebei region. Land use policy, 22 (3): 187 – 196.

[134] Tan, R., Qu, F., Heerink, N., et al., (2011). Rural to urban land conversion in China—How large is the over-conversion and what are its welfare implications? China Economic Review, 22 (4): 474 – 484.

[135] Tao, R., Su, F., Liu, M., et al., (2010). Land leasing and local public finance in China's regional development: evidence from prefecture-level cities. Urban Studies, 47 (10): 2217 – 2236.

[136] Tian, G., Jiang, J., Yang, Z., et al., (2011). The urban growth, size distribution and spatio-temporal dynamic pattern of the Yangtze River Delta megalopolitan region, China. Ecological modelling, 222 (3): 865 – 878.

[137] Tian, L., Ma, W. (2009). Government intervention in city development of China: A tool of land supply. Land Use Policy, 26 (3): 599 – 609.

[138] Tu F, Yu X, Ruan J. (2014). Industrial land use efficiency under government intervention: Evidence from Hangzhou, China. Habitat International, 43: 1 – 10.

[139] Wang, H., Tao, R., Wang, L., et al., (2010). Farmland preservation and land development rights trading in Zhejiang, China. Habitat International, 34 (4): 454 – 463.

[140] Wang, L., Li, C., Ying, Q., et al., (2012). China's urban expansion from 1990 to 2010 determined with satellite remote sensing. Chinese Science Bulletin, 57 (22): 2802 – 2812.

[141] Wang, Y., and Scott, S. (2008). Illegal farmland conversion in China's urban periphery: local regime and national transitions. Urban Geography, 29 (4): 327 – 347.

[142] Wu, D. W., Zhang, X. L., Mao, H. Y., et al., (2008). Socio-economic driving forces of land-use change in Fuzhou, the southeastern coastal area of China. In Earth Observation and Remote Sensing Applications, 2008. EORSA 2008. International Workshop on (pp. 1 – 11). IEEE.

[143] Wu, F., Yeh, A. G. O. (1997). Changing spatial distribution and determinants of land development in Chinese cities in the transition from a centrally planned economy to a socialist market economy: a case study of Guangzhou. Urban Studies, 34 (11): 1851 – 1879.

[144] Xiao, J., Shen, Y., Ge, J., et al., (2006). Evaluating urban expansion and land use change in Shijiazhuang, China, by using GIS and remote sensing. Landscape and urban planning, 75 (1): 69 – 80.

[145] Xie, Q., Parsa, A. G., Redding, B. (2002). The emergence of the urban land market in China: evolution, structure, constraints and perspectives. Urban Studies, 39 (8): 1375 – 1398.

[146] Xu, Y., McNamara, P., Wu, Y., et al., (2013). An econometric analysis of changes in arable land utilization using multinomial logit model in Pinggu district, Beijing, China. Journal of Environmental Management, 128: 324 – 334.

[147] Yang, D. Y. R., Wang, H. K. (2008). Dilemmas of local governance under the development zone fever in China: A case study of the Suzhou region. Urban Studies, 45 (5 – 6): 1037 – 1054.

[148] Yeh, A. G. O., Wu, F. (1996). The New Land Development Process and Urban Development in Chinese Cities. International Journal of Urban and Regional Research, 20 (2): 330 – 353.

[149] Zhan, J., Shi, N., He, S., et al., (2010). Factors and mechanism driving the land-use conversion in Jiangxi Province. Journal of Geographical Sciences, 20 (4): 525 – 539.

[150] Zhang, H., Zeng, Y., Bian, L., et al., (2010). Modelling urban expansion using a multi agent-based model in the city of Changsha. Journal of Geographical Sciences, 20 (4): 540 – 556.

[151] Zhang, T. (2000). Land market forces and government's role in sprawl: The case of China. Cities, 17 (2): 123 – 135.

[152] Zhang, Y., Zhou, C., Zhang, Y. (2007). A partial least-squares regression approach to land uses studies in the Suzhou – Wuxi – Changzhou region. Journal of Geographical Sciences, 17 (2): 234 – 244

[153] Zhao, P. (2011). Managing urban growth in a transforming China: Evidence from Beijing. Land Use Policy, 28 (1): 96 – 109.

[154] Zhao, W. , Zhu, X. , Reenberg, A. , et al. , (2010). Analyzing suitability for urban expansion under rapid coastal urbanization with remote sensing and GIS techniques: a case study of Lianyungang.

[155] Zhu, J. (2004). From land use right to land development right: institutional change in China's urban development. Urban Studies, 41 (7): 1249 – 1267.

[156] Zhu, J. (2005). A transitional institution for the emerging land market in urban China. Urban Studies, 42 (8): 1369 – 1399.

第三章　中国工业用地制度政策的演化、特征与问题[①]

中国工业用地利用具有显著的制度背景和政策特征。在现行《中华人民共和国土地管理法》规定下，工业用地是城市用地的一类，是地方政府垄断性配置土地资源的一个主要类型。因此，工业用地政策的演化，对于中国工业用地利用格局具有显著的影响；工业用地扩张与利用效率是工业用地制度政策的直接反映。为此，本章将对改革开放以来，中国工业用地制度政策演化过程进行系统的梳理，同时总结政策演化的主要特征，指出政策演化作用下工业用地配置存在的主要问题，从而为本书的研究提供制度背景。

第一节　中国工业用地制度政策的演化过程

中国工业用地政策的制定与演化，受以下几个因素影响：一是保障快速工业化的推进进程。改革开放 30 多年来，中国经济保持了 10% 以上的高速增长，堪称"经济奇迹"，经济奇迹的重要驱动力是工业化，工业用地政策成为实现这一奇迹的重要制度安排。二是保持中央与地方目标的平衡。从中央目标来讲，土地管理的重要目标是以耕地保护来实现粮食安全；从地方目标来讲，不得不为发展而努力，工业用地的供应是实现发展的重要工具，工业用地政策需要在这两个主体之间的博弈中求得平衡。三是促进建设用地的

[①] 本章经中国人民大学经济学院刘守英教授修订，特此感谢！

节约集约。随着工业化程度提高，在政府垄断工业用地供应格局下，继续通过工业用地宽供应和以土地招商引资，造成稀缺土地的不集约利用，工业用地政策必须从保发展转向提质增效。改革开放30多年工业用地政策的演变，实际上是以上几方面约束下的演化。

一、第一阶段：双轨使用与尝试有偿使用阶段（1978~1997年）

1978年，中共十一届三中全会做出了实行改革开放和以经济建设为重心的重大决策。短短几年时间，农村改革使乡村迸发巨大活力，乡镇企业异军突起。改革开放初期，国家土地政策的主要着眼点是适应农村改革需要，允许农民利用集体土地发展非农产业，全年工业总产值从1978年的4 231亿元增长为1985年的8 759亿元，乡镇企业做出了主要贡献。从总体格局来看，这一时期尽管乡镇企业迅速发展，工业用地需求有所增加，但由于工业用地基数小，压力不大，对工业用地的管控还没有开始。乡村集体工业用地与城市国有用地两个通道同时打开，而且乡村用地高于城市用地。

改革带来农民收入的增加，激发了第一轮建房热和乡镇企业快速发展，进而造成耕地的大量流失。为了贯彻落实"保护耕地"的基本国策，1986年全国人大颁布了《中华人民共和国土地管理法》。国务院随即成立了国家土地管理局，以加强耕地保护和土地利用管理。另外，1987年以后中国市场化改革不断深化，促进了整个国民经济的快速发展。中国的工业化进程大大加速，乡镇企业、外资企业、国有企业三轮驱动，使工业增加值从1986年的11 157亿元增加到1997年的31 752亿元。工业化的快速推进，带来工业用地的大大增加，乡镇企业建设用地扩张，开发区热使政府将大量农用地转化为工业用地（高魏等，2013）。

从1986年颁布《土地管理法》到1998年重新修订《土地管理法》这一段时间，国家对城乡工业用地的使用一直保持着两个通道，1986年颁布的《土地管理法》对农村建设用地与城市建设用地的使用与管理分两章平行规制。土地有偿使用开启，1986年颁布的《土地管理法》从土地不得出租或以其他形式转让,到许多城市开始试点土地有偿使用,到 1988 年 12 月修订后的《土地管理法》规定依法实行国有土地有偿使用制度,到 1990 年 5 月国务院颁布《中华人民共和国城镇国有土地使用权出让和转让暂行条例》,对土地使用权出让、转让、出租、抵押、中止等问题做了明确规定。1994 年通过的《中华人民共和国城市房地产管理法》,规定房地产开发用地土地使用权以出让方式取得。虽然这一阶段相关政策还未对工业用地利用进行具体的规制,但城镇国有土地和房地产开发用地的有偿使用改革,仍然对中国土地市场机制的形成和工业用地有偿使用的探索起到很好的启示作用。

二、第二阶段:政府独家垄断工业用地出让阶段(1998~2006 年)

1998 年 3 月国土资源部成立,同年 8 月修订后的《中华人民共和国土地管理法》公布,以耕地保护为目标、以规划和用途管制为手段的土地管理真正拉开大幕。同一时期,国民经济进入高速工业化和快速城市化阶段。园区模式使中国成为世界制造工厂。1998~2006 年是中国经济快速增长时期之一,当年工业增加值从 1998 年的 33 541 亿元增长为 2006 年的 90 351 亿元。

这一阶段工业用地制度的一个重大变化是由城乡双轨变为城市单轨。1998 年土地管理法对乡村建设用地限于第 43 条的"任何单位和个人进行建设,需要使用土地的,必须依法申请使用国有土地;但是,兴办乡镇企业和村民建设住宅经依法批准使用本集体经济组织农民集体所有的土地的,或者乡(镇)村公共设施和公益事业建设经依法批准使用农民集体所有的土地的除外。"年度指标审批与供应把县以下工业用地的空间堵死。工业用地主要变成园区供地。另外,城市土地市场化进程加速,1998 年的《中华人民共和国土地管理法》规定建设单位使用国家土地,应当以出让等有偿方式取得。1999 年国土资源部《关于进一步推行招标拍卖出让国有土地使用权的通知》,严格限定了行政划拨供地和协议出让土地的范围及最低价格。2001 年国土资源部《关于建立土地有形市场促进土地使用权规范交易的通知》要求各地结合地区实际,加快建立土地有形市场,完善土地市场功能。同年 5

月，国务院《关于加强国有土地资产管理的通知》提出了严格控制建设用地供给总量，大力推行国有土地使用权招标、拍卖。

以 2004 年《国务院关于深化改革严格土地管理的决定》28 号文为标志，要求工业用地创造条件逐步实行招标、拍卖、挂牌出让。2006 年《国务院关于加强土地调控有关问题的通知》规定工业用地必须采用招标、拍卖、挂牌方式出让。至此，工业用地以招标、拍卖、挂牌为主要方式的市场化出让制度在国家层面正式确立。为了配合工业用地市场化出让制度的实施，国务院和国土资源部出台了相关配套政策予以支持。首先是制定工业用地出让最低价标准。2006 年，《国务院关于加强土地调控有关问题的通知》以及《关于实施〈全国工业用地出让最低价标准〉的通知》规定国家根据土地等级、区域土地利用政策等，统一制定并公布各地工业用地出让最低价标准。其次是制定了《限制用地项目目录》和《禁止用地项目目录》。2006 年，国土资源部和国家发改委联合下发《关于发布实施〈限制用地项目目录（2006 年本）〉和〈禁止用地项目目录（2006 年本）〉的通知》，要求工业用地供给适应和促进产业结构优化发展转变。

在园区工业化阶段，国家一方面通过工业用地的宽供应保障世界制造工厂的形成，另一方面又不得不应对这一时期园区开发热导致的工业用地的超常规增长。为了清理整顿开发区，规范开发区建设，国务院《关于加强国有土地资产管理的通知》要求严格控制土地供应总量，规范土地市场，各地不得违反国家有关规定擅自设立各类园、区，经批准设立的市辖区工业园、科技园、开发区等各类园、区的土地必须纳入所在城市用地统一管理、统一供应。2003 年，国务院办公厅《关于清理整顿各类开发区加强建设用地管理的通知》、国务院《关于加大工作力度进一步治理整顿土地市场秩序的紧急通知》《关于清理整顿现有各类开发区的具体标准和政策界限的通知》有力保障了各级各类开发区的清理整顿工作。2004 年，《国务院关于深化改革严格土地管理的决定》要求在土地利用总体规划和城市总体规划确定的建设用地范围外，不得设立开发区（园区）。截至 2006 年，开发区数量从 2003 年的 6 866 个被压缩到了 1 568 个，规划面积也从 3.86 万平方公里缩减为

9 949 平方公里,压缩比例分别达到 77.2% 和 74.2%。

三、第三阶段:节约集约用地下的工业用地约束强化阶段(2007~2013 年)

以国土资源部、监察部 2007 年出台《关于落实工业用地招标拍卖挂牌出让制度有关问题的通知》为标志,中国工业用地政策的从应保尽保转向约束阶段。中国全年工业增加值从 2007 年的 107 367 亿元增加到 2013 年的 210 689 亿元,工业规模巨大,对土地需求从东部蔓延到中西部地区(高魏等,2013)。发展方式转变对中国工业用地节约集约利用提出更高要求。2007 年中共十七大要求加快转变经济增长方式,推动产业结构优化升级。2012 年中共十八大要求坚持走中国特色新型工业化、信息化、城镇化、农业现代化道路,全面促进资源节约,工业用地利用政策逐渐朝着节约集约用地的方向演化。相关政策文件见表 3-1。

表 3-1 改革开放以来中国工业用地制度涉及的主要政策文件

文件名	发布年份	颁布机构
中华人民共和国土地管理法	1988、1998、2004	全国人大
中华人民共和国物权法	2007	
中华人民共和国城镇国有土地使用权出让和转让暂行条例	1990	国务院
关于清理整顿各类开发区加强建设用地管理的通知	2003	
国务院关于深化改革严格土地管理的决定	2004	
国有土地使用权出让补充协议	2006	
国务院关于加强土地调控有关问题的通知	2006	
国务院关于促进节约集约用地的通知	2008	
划拨用地目录	2001	国土资源部
招标、拍卖、挂牌出让国有土地使用权规定	2002	
关于继续开展经营性土地使用权招标、拍卖、挂牌出让情况执法监察工作的通知	2004	

续表

文件名	发布年份	颁布机构
关于发布和实施《工业项目建设用地控制指标（试行）》的通知	2004	国土资源部
全国工业用地出让最低价标准	2006	
国土资源部监察部关于落实工业用地招标、拍卖、挂牌出让制度有关问题的通知	2007	
招标、拍卖、挂牌出让国有建设用地使用权规定	2007	
土地登记办法	2007	
关于发布和实施《工业项目建设用地控制指标》的通知	2008	
国土资源部关于调整工业用地出让最低价标准实施政策的通知	2009	
国土资源部监察部关于进一步落实工业用地出让制度的通知	2009	
节约集约利用土地规定	2014	
城市商品房预售管理办法	2004	建设部
房屋登记办法	2008	
关于进一步加强房地产市场监管完善商品住房预售制度有关问题的通知	2010	

首先，严格落实工业用地"招拍挂"出让制度。2006年中国正式确立工业用地"招拍挂"出让制度之后，2007年国土资源部、监察部《关于落实工业用地招标拍卖挂牌出让制度有关问题的通知》、国土资源部第39号令《招标拍卖挂牌出让国有建设用地使用权规定》（2007年）、《国务院关于促进节约集约用地的通知》（2008年）以及国土资源部、监察部《关于进一步落实工业用地出让制度的通知》（2009年）均再次规定和完善了工业用地"招拍挂"出让制度。

其次，提高工业用地门槛，要求严格执行各类土地使用标准和各类用地项目目录。2008年1月，《关于发布和实施〈工业项目建设用地控制指标〉的通知》出台，要求各级国土资源管理部门要严格执行《控制指标》与相关工程项目建设用地指标。国土资源部《关于大力推进节约集约用地制度建设的意见》（2012年）明确了建设用地使用标准控制制度。国土资源部《关于严格执行土地使用标准大力促进节约集约用地的通知》（2012年）再次要求严格执行和不断完善土地使用标准。同时，国土资源部修订完善限制用地项目目录和禁止用地项目目录。2009年，国土资源部关于印发《限制用地项目目录（2006年本增补本）》和《禁止用地项目目录（2006年本增补本）》的通知。2012年，国土资源部、国家发展和改革委员会关于发布实施《限制用地项目目录（2012年本）》和《禁止用地项目目录（2012年本）》的通知对限制和禁止用地项目目录进行再次修订和完善，对新建、扩建和改建的建设项目进行规范。这些措施旨在规范地方政府工业用地出让行为，促进土地利用效率的提升。

再次，形成节约集约用地制度体系。2012年3月，国土资源部出台《国土资源部关于大力推进节约集约用地制度建设的意见》，总结已有分散于众多通知文件中的节约集约用地措施，将以往较分散的各类政策、标准纳入制度体系。该文件的出台，标志着节约集约用地制度体系的正式确立，并且，完善了土地节约集约利用评价体系。国土资源部《关于开展开发区土地集约利用评价工作的通知》决定开展开发区土地集约利用评价工作，并公布了《开发区土地集约利用评价规程（试行）》。《关于贯彻落实〈国务院关于促进节约集约用地的通知〉的通知》要求积极开展建设用地普查评价工作，努力提高建设用地利用效率，并于2008年、2010年、2012年和2014年分别对开发区进行评价。

最后，通过制定各种激励机制和政策，鼓励节约集约利用工业用地。如《国务院关于促进节约集约用地的通知》（2008年）鼓励开发区提高土地利用效率，对符合"布局集中、产业集聚、用地集约"要求的国家级开发区，优先安排建设用地指标；对现有工业用地，在符合规划、不改变用途的前提下，提高土地利用率和增加容积率的，不再增收土地价款；对新增工业用地，要进一步提高工业用地控制指标，厂房建筑面积高于容积率控制指标的部分，不再增收土地价款。《国土资源部关于大力推进节约集约用地制度建设的意见》（2012年）提出，各省区市确定的优先发展产业且用地集约的工业项目，出让底价可按不低于《工业用地出让最低价标准》的70%确定；鼓励地上地下空间开发利用，实行城市改造中低效利用土地"二次开发"的鼓励政策。

四、第四阶段：优化工业用地市场化配置阶段（2014年至今）

以2014年国家发展改革委、国土资源部下发《关于开展深化工业用地市场化配置改革试点工作的通知》为起点。该通知提出按照党的十八届三中全会关于全面深化改革的战略部署，为完善工业用地市场化配置改革制度、提高工业用地利用效益，国家发展改革委、国土资源部决定联合开展深化工业用地市场化配置改革试点工作，选择在辽宁省阜新市、浙江省嘉兴市、安徽省芜湖市和广西壮族自治区梧州市开展试点，试点期限为2015～2017年。

试点工作围绕解决制约工业用地资源优化配置和节约集约使用的体制机制问题，探索健全工业用地多途径、多方式市场供应体系；探索健全多主体供应工业用地市场流转体系；探索健全工业用地租价均衡、居住与工业用地比价合理的价格体系；强化对工业用地总量规模控制和布局引导；健全工业用地市场准入制度，强化节地控制；简化行政审批，加强部门共同监管。通过以上试点，完善工业用地市场化配置制度，通过市场机制、价格杠杆和政府有效监督，使市场在资源配置中起决定性作用和更好发挥政府作用，推动工业用地存量优化、增量提质，促进资源配置效益最大化和效率最优化，为全国提供可复制、可推广的经验和模式。从试点要求来看，这一阶段工业用地政策将进一步完善工业用地市场化配置方式，探索多途径的工业用地供应与流转体系，为经济转型与供给侧改革助力。

第二节　中国工业用地制度政策演化的特征

作为土地的一部分，工业用地政策是实现土地管理目标的重要组成部分，它一方面服务于耕地保护，另一方面保障经济发展。由于中国独特的土地制度和供应制度，也形成中国特色的工业用地制度和供应方式。概括起来，工业用地政策安排具有以下五方面的特征：

一、从多方供给工业用地到地方政府垄断工业用地供应

改革开放初期，对于工业企业的用地需求，地方政府大多采取无偿划拨或低价出让的方式予以满足。国有土地是工业用地供给来源的一个选项。另外，伴随着乡镇企业的"异军突起"，和市场化改革的不断深入，工业用地需求进一步增长，使得集体建设用地市场空前活跃（黄小虎，2014）。集体建设用地市场，支撑和助推了乡镇企业的大发展，也成为工业用地供给的重要来源。因此，在改革开放的前20年，工业用地供给呈现国有和集体土地共同参与的状况。

随着1998年修订、1999年实施的《中华人民共和国土地管理法》的出台，工业用地供给方式发生了根本性改变。该法第43条规定，"任何单位和个人进行建设，需要使用土地的，必须依法申请使用国有土地"；第63条规定，"农民集体所有的土地的使用权不得出让、转让或者出租用于非农业建设"。这两条规定意味着，集体土地不能再合法地成为工业用地的来源，工业用地供给在法律上只能来源于国有土地。而国有土地的供给一般由地方政府具体执行，从而使得工业用地供给被地方政府独家垄断了。

至此，工业用地利用政策演进围绕着地方政府独家供应工业用地展开，地方政府行为特征对工业用地的发展和演化起到了关键性作用。在中国特殊的经济转型背景下，地方政府面临经济分权和政治集中的双重激励，一方面，地方政府有通过发展地方经济而获得经济利益的激励；另一方面，地方政府可以通过本地经济良好表现，从激烈的地方政府政治锦标赛中胜出，获得政治利益。然而，1994年分税制改革在事权下放、财权上收的大原则下，极大地增加了地方政府的财政支出压力，却压缩了地方财政收入规模，地方政府不得不寻求新的财政来源与经济发展支撑。国有土地有偿使用改革和1998年修订的《土地管理法》正好为地方政府垄断土地供应提供了政策法律基础。地方政府通过控制国有土地垄断供应权，一方面通过抬高商住用地

的地价，获得可观的土地出让金收入；另一方面则以极低的价格独家供应工业用地。地方政府独家供应工业用地，其实质并不是通过出让工业用地获得出让金收入，而是通过将低价工业用地作为吸引流动性较强的外来资本的一个筹码，是地方政府招商引资的一个重要工具。地方政府期望外来资本的进入，带动地方产业，尤其是制造业的发展，从而促进地方就业和第三产业的繁荣，吸引更多的劳动力迁入，从而促进地方经济增长。在日益激烈的地方竞争压力下，地方政府往往过量供应工业用地，也直接导致了工业用地出让规模的急剧增长。

二、从无偿使用转向有偿使用

1986年，《中华人民共和国土地管理法》规定，土地不得出租或以其他形式转让。随着工业化快速推进和工业用地需求旺盛，1998年修订后的《中华人民共和国土地管理法》增加了规定，国家依法实行国有土地有偿使用制度。这也就从法律层面规定了有偿使用工业用地的合法性。工业用地有偿使用不仅从实际角度出发，解决了外资开办企业和私营企业日益增长的土地需求问题，也为地方政府解决城市建设资金提供了一个途径。至此，工业用地有偿使用也成为工业用地利用的一项重要特征。

具体来说，工业用地有偿使用是指国家将工业用地使用权在一定年限内出让给土地使用者，由土地使用者向国家支付土地使用权出让金。根据《城镇国有土地使用权出让和转让暂行条例》的规定，工业用地使用权出让的最高年限为50年。在具体实施过程中，土地使用者依照其与市、县人民政府土地行政主管部门签订《国有土地使用权出让合同》的约定，按时付清全部土地使用权出让金，并依法向县级以上人民政府土地行政主管部门申请土地使用权登记，领取《国有土地使用权》，依法取得出让的工业用地使用权。

三、从协议出让到招拍挂出让方式

在招商引资目标导向和激励的地方竞争的压力下，地方政府往往采取协议方式出让工业用地。按照 2003 年国土资源部出台的《协议出让国有土地使用权规定》，所谓协议出让，指国家以协议方式将国有土地使用权在一定年限内出让给土地使用者，由土地使用者向国家支付土地使用权出让金的行为。《协议出让国有土地使用权规定》要求以协议方式出让国有土地使用权的出让金不得低于按国家规定所确定的最低价。协议出让最低价不得低于新增建设用地的土地有偿使用费、征地（拆迁）补偿费用以及按照国家规定应当缴纳的有关税费之和；有基准地价的地区，协议出让最低价不得低于出让地块所在级别基准地价的 70%。虽然国家对协议出让国有土地也有相关规定，尤其在出让价格方面也有最低要求，但工业用地协议方式出让还是在一定程度上给予了地方政府较大的操作空间，在招商引资压力下，协议出让方式往往造成地方政府低价供应工业用地，也带来供应过程的不透明和不公平现象，结果是一方面带来了国有土地资产的流失，另一方面也容易引致社会矛盾，不利于社会稳定。

考虑到这些因素，国务院于 2004 年下发《国务院关于深化改革严格土地管理的决定》，要求推进土地资源的市场化配置，工业用地也要创造条件实行招标、拍卖、挂牌出让。2006 年又下发《国务院关于加强土地调控有关问题的通知》，进一步规定工业用地必须采用招标、拍卖、挂牌方式出让。因此，2006 年之后，工业用地出让由协议出让阶段进入了招标、拍卖、挂牌方式出让阶段。直至当前，工业用地招标、拍卖、挂牌出让仍然是法定的出让方式。

2007 年国土资源部出台的《招标拍卖挂牌出让国有土地使用权规定》和《招标拍卖挂牌出让国有土地使用权规范》是工业用地招标拍卖挂牌出让的主要政策依据。根据以上要求，招标出让国有建设用地使用权，是指市、县人民政府国土资源行政主管部门（以下简称"出让人"）发布招标公告，邀请特定或者不特定的自然人、法人和其他组织参加国有建设用地使用权投标，根据投标结果确定国有建设用地使用权人的行为。拍卖出让国有建设用地使用权，是指出让人发布拍卖公告，由竞买人在指定时间、地点进行公开竞价，根据出价结果确定国有建设用地使用权人的行为。挂牌出让国有建设用地使用权,是指出让人发布挂牌公告,按公告规定的期限将拟出让宗地的交易条件在指定的土地交易场所挂牌公布,接受竞买人的报价申请并更新挂牌价格,根据挂牌期限截止时的出价结果或者现场竞价结果确定国有建设用地使用权人的行为。同时还规定,工业、商业、旅游、娱乐和商品住宅等经营性用地以及同一宗地有两个以上意向用地者的,应当以招标、拍卖或者挂牌方式出让。

从政策要求看,招标、拍卖、挂牌出让国有土地是中央规范地方政府出让工业用地行为的重要手段。中央希望通过出让方式的转变,加强宏观调控,严把土地"闸门",控制土地供应总量;同时,遏制工业用地压价竞争、低成本过度扩张,实现国有资产保值增值;并且,力图建立完善土地市场机制,更大程度地发挥市场配置资源的基础性作用,不断提高土地利用效率。工业用地招标拍卖挂牌出让在一定程度上提高了出让的透明性和公平性,也起了规范地方政府出让工业用地行为的作用。在实际操作过程中,由于地方政府出让工业用地动机没有出现根本性改变,地方政府往往选择更容易干预的挂牌方式进行,使得挂牌出让成为地方政府采用比例最高的出让方式。有研究表明,作为地方政府干预工具的挂牌价格显著低于市场化程度更高的拍卖价格,挂牌出让的地块存在明显的价值低估,成交价低于拍卖方式约14%(王媛,2016)。

四、逐步实施和完善工业用地出让价格标准

考虑到地方政府低价供应工业用地的动机,以及避免愈演愈烈的地方政府工业用地出让"逐底竞争",国务院出台相关政策,逐步实施和完善工业用地出让价格标准。2006年8月31日,国务院出台《关于加强土地调控有关问题的通知》明确规定:"工业用地必须采用招标、拍卖、挂牌方式出让,其出让价格不得低于公布的最低价标准"。2006年12月23日,国土资源部发布实施《全国工业用地出让最低价标准》明确规定:为加强对工业用地的调控和管理,促进土地节约集约利用,根据土地等级、区域土地利用政策

等，国土资源部统一制订《全国工业用地出让最低价标准》，同时规定，工业用地必须采用招标拍卖挂牌方式出让，其出让底价和成交价格均不得低于所在地土地等别相对应的最低价标准。

此后，国土资源部连续出台《关于发布和实施〈工业项目建设用地控制指标〉的通知》（2008年）、《关于大力推进节约集约用地制度建设的意见》（2012年）、《关于严格执行土地使用标准大力促进节约集约用地的通知》（2012年），明确要求严格执行和不断完善土地使用标准。同时，为了落实工业用地价格标准，避免地方政府变相规避标准制约，《国务院关于深化改革严格土地管理的决定》《国务院关于加强土地调控有关问题的通知》国务院《关于修改〈中华人民共和国城镇土地使用税暂行条例〉的决定》等一系列规制出台，要求完善土地有偿使用费和税收标准，加强征管，控制减免。

根据《全国工业用地出让最低价标准》（2006年），全国工业用地按区县共被划分为15个连续的土地等别，每一个土地等别对应一个最低价标准。工业用地在进行招标拍卖挂牌出让时，其出让底价和成交价格均不得低于所在地土地等别相对应的最低价标准。并且规定，各地国土资源管理部门在办理土地出让手续时必须严格执行该标准，不得以土地取得来源不同、土地开发程度不同等各种理由对规定的最低价标准进行减价修正。

五、以节约集约用地政策为导向提高工业用地利用效率

长期工业用地的大规模供应和工业园区的高速发展，带来的工业用地的粗放和低效，这一情况越来越引起关注，也引起中央政府的重视。为了扭转这一局面，实现土地资源可持续利用，国务院发布《关于促进节约集约用地的通知》（2008年），对工业用地的节约集约利用也做出相应要求，如第八条规定，鼓励开发利用地上地下空间，对现有工业用地，在符合规划、不改变用途的前提下，提高土地利用率和增加容积率的，不再增收土地价款；对新增工业用地，要进一步提高工业用地控制指标，厂房建筑面积高于容积率

控制指标的部分，不再增收土地价款等。

2008年，国土资源部关于发布和实施《工业项目建设用地控制指标》，从投资强度、容积率、建筑系数等五个方面就工业用地的节约集约利用进行深化，呼应国务院关于土地节约集约利用的通知：①工业项目投资强度控制指标应符合相关规定；②容积率控制指标应符合相关规定；③工业项目的建筑系数应不低于30%；④工业项目所需行政办公及生活服务设施用地面积不得超过工业项目总用地面积的7%，并且严禁在工业项目用地范围内建造成套住宅、专家楼、宾馆、招待所和培训中心等非生产性配套设施；⑤工业企业内部一般不得安排绿地。但因生产工艺等特殊要求需要安排一定比例绿地的，绿地率不得超过20%；鼓励多层厂房建设；对适合多层标准厂房生产的工业项目，应建设或进入多层标准厂房。此后，2009年国土资源部进一步下发《关于调整工业用地出让最低价标准实施政策的通知》、2014年国土资源部出台的《节约集约利用土地规定》，进一步明确了节约集约用地的基本政策和方针。

第三节　中国工业用地配置的主要问题

中国工业用地政策演化具有显著的特征，尤其是地方政府垄断供应、工业用地不完善的市场化配置以及工业用地管理措施不完整等特征，导致了工业用地开发与利用过程中诸多问题与矛盾，并带来一系列经济社会效应，已经越来越引起政府部门、学术界和公众的关注。

一、多重激励下地方政府过度供应工业用地，导致工业用地出让规模居高不下，城市用地结构失衡

改革开放后，我国经济治理经历了一个自上而下的分权过程，中央政府将经济自主权逐步下放到地方，促使地方政府成为当地经济发展的主要推动

力。与此相对应的是，政治领域仍然保持着较高程度的中央集权，中央仍牢牢控制着地方主要领导的人事权。在经济分权和政治集中的激励和约束下，地方政府致力于发展经济，以期在地方竞争中获胜。1994年分税制改革后，地方被赋予更多的事权，但财权却被上收，致使地方财政逐渐失衡。在这种情形下，1998年《土地管理法》的修订，赋予了地方政府垄断性的国有土地（包括工业用地）出让权，为地方政府通过出让土地弥补财政收入不足扫清了道路。

关于地方政府的土地出让行为动机，学术界主要有两种假说：一种是"土地财政"假说，强调地方政府通过高价卖地获得高额土地出让金，从而减轻分税制对地方财政的压力（周飞舟，2006；曹广忠等，2007；陶然等，2007）。另一种是"土地引资"假说，认为出让建设用地甚至违法供应土地，是地方政府官员在地区间招商引资竞争中的重要手段（张莉等，2011）。还有一种解读是从产业特征进行分析，认为制造业部门相对服务业部门具有较高的流动性，处于强大地区间竞争压力下的地方政府，只有采取包括提供廉价土地、补贴性基础设施乃至减免企业所得税等方法，通过营造宽松的政策环境来留住企业，因此各级地方政府以协议方式低价甚至零地价出让工业用地就是很自然的选择。而在商住用地方面，由于各地方政府垄断，形成了众多区域性卖方市场。地方政府借助土地招拍挂制度高价出让土地，并利用自身垄断势力将高地价转嫁给本地服务业消费者（陶然等，2009）。

多重激励下地方政府垄断工业用地出让的制度安排，是地方政府过度出让工业用地的重要原因。其直接导致的结果是，最近20年来，中国工业用地规模增长迅速，占土地供应比重一直居高不下。据统计数据显示，2000年全国工业用地规模为5 104.72平方千米，到2012年已高达8 712.44平方千米，13年间工业用地规模增长了70.67%（建设部综合财务司，2001；中华人民共和国住房和城乡建设部，2014）。国际上主要工业国家工业用地平均占比一般是城市总用地面积的10%~15%，而伴随中国城市用地规模的快速扩张，2000~2012年中国城市中工业用地的比例却始终保持在20%~22%，其供应规模的比例均达到20%~30%，有些年份甚至高达40%~50%（见

表 3-2、图 3-1)。

表 3-2　　　　近年国有建设用地供应规模与结构

年份	工矿仓储用地		商服用地		住宅用地		基础设施及其他用地	
	数量（万公顷）	占比（%）	数量（万公顷）	占比（%）	数量（万公顷）	占比（%）	数量（万公顷）	占比（%）
2010	15.27	35.70	3.87	9.00	11.44	26.70	12.24	28.60
2011	19.26	32.70	4.21	7.20	12.52	21.30	22.78	38.80
2012	20.35	29.50	4.94	7.20	11.08	16.10	32.66	43.70
2013	21.00	28.80	6.51	8.90	13.81	18.90	31.73	43.40
2014	14.73	24.20	4.93	8.10	10.21	16.70	31.12	51.00
2015	12.48	23.40	3.71	7.00	8.26	15.50	28.91	54.10

资料来源：国土资源部历年国土资源公报。

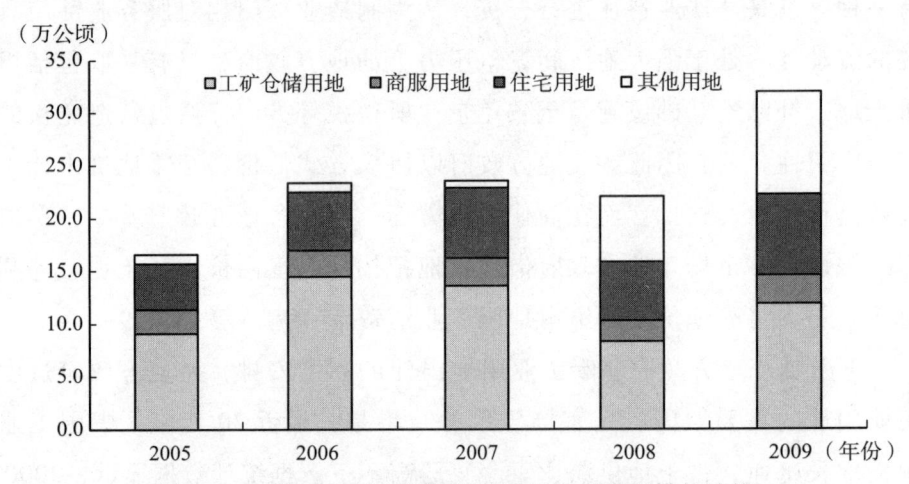

图 3-1　2005~2009 年国有建设用地供应规模与结构

资料来源：国土资源部历年国土资源公报。

二、地方政府供地行为促使工业用地价格发生扭曲，工业用地配置的背后是地方财力的大比拼

为吸引工业投资者，这些开发区一方面以土地进行"三通一平"等配套

基础设施投资，另一方面制定以土地低价甚至零成本为主的优惠政策招商引资。在 2003 年前后的一波开发区热潮中，各地制定的招商引资政策中几乎毫无例外地设置了用地优惠政策，包括以低价协议出让工业用地，按投资额度返还部分出让金等。这些开发区甚至每隔一段时间根据招商引资的进度，分析本地商务环境和生产成本的优劣并随时调整包括用地优惠在内的招商引资政策。经常出现的情况是，基础设施完备的工业用地仅以名义价格、甚至是所谓的"零地价"出让给投资者 50 年。由于地方政府需要事先付出土地征收成本、基础设施配套成本，因此出让工业用地往往意味着地方政府从土地征收到招商入门这个过程中实际上是净损失的。以珠江三角洲这个中国最为活跃的制造业中心为例，20 世纪 90 年代末期和 20 世纪初，很多市、县、镇级地方政府提出"零地价"来争取工业发展。长江三角洲的情况也不例外，即使在土地资源最为紧缺的浙江省，征地和基础设施配套成本高达 10 万元/亩的工业用地，平均出让价格只有 8.6 万元/亩，大约有 1/4 的开发区出让价不到成本价的一半。2002 年后的一段时间，很多市县工业用地的价格都在下降，降幅在 40～50 元/平方米（黄小虎，2004）。以苏南模式著称的苏锡常地区，对外来投资的竞争更加激烈。我们进行的实地调查表明，苏州市这个中国吸引 FDI 最成功的城市之一，在 20 世纪初每亩征地和建设成本高达 20 万元的工业用地平均出让价格只有每亩 15 万人民币。为与苏州竞争 FDI，周边一些地区甚至为投资者提供出让金低至 5 万～10 万/亩的工业用地。由于土地征收和建设成本在这些地区较为类似，可知在这类投资竞争中地方政府付出多大代价。尽管 2006 年国土资源部首次规定工业用地必须纳入"招拍挂"出让范围，但很多地方为了吸引工业投资，在工业用地出让中，采取有意向的挂牌出让，出让金显著偏低；不仅如此，地方政府在出让土地后有时还会把部分土地出让金按投资额返还给企业。

三、地方政府低价供应工业用地、用地监管不到位、退出机制不完善等共同导致工业用地总体利用效率不高

2006 年以来，虽然工业用地也需要采用招拍挂出让，但是由于历史上一

直低价和现实中招商引资的需要，工业地价一直处于比较低的水平，很多地方工业地价水平都低于农地征用费用，东部不少地区甚至出现零地价、负地价（黄小虎，2004）。通过提供廉价工业用地和补贴性配套基础设施，是地方政府争取投资的最主要工具。若投资能实现，则地方政府可能实现的预期包括：产生较为稳定的增值税收入；本地制造业发展对服务业推动所带来的营业税收入；以及制造业发展后就业人口增加对商业用地需求增长所带来的商住用地出让收入。然而，鉴于地方政府对溢出效应规模的可能估计失误，或为限制政治竞争对手的经济增长而不惜成本进行工业用地低价竞争，往往使地方政府低价供应工业用地的行为得不偿失。而对工业企业来说，低价供地则刺激工业用地需求，使之比重过高，不利于工业企业加大投资强度，从而降低了土地利用率。

现有工业用地政策体系强调供应环节，而在使用监管环节和退出环节则相对薄弱，甚至缺乏必要的机制设计，是造成工业用地利用低效的又一重要原因。不管是工业用地准入机制设计（如国土资源部 2008 年下发的《关于发布和实施〈工业项目建设用地控制指标〉的通知》），还是市场化配置工业用地（如国土资源部、监察部 2007 年下发的《关于落实工业用地招标拍卖挂牌出让制度有关问题的通知》），都是在供应环节加强了工业用地管理。然而，对正在使用的工业用地的监管，则缺乏必要的政策工具。虽然个别地方已经开始通过市场或行政手段监管工业企业充分利用土地资源，但大部分地区的地方政府部门还难以有效干预。政策法规不完善，资金紧缺，激励政策引导不足和退出监管不到位是当前低效工业用地退出存在的问题。建立并完善低效工业用地退出机制，推动低效工业自愿合理搬迁、转产、关闭或升级改造，盘活存量土地和促进土地资源优化配置是实现工业用地效率提升的必然途径。

四、GDP 导向目标未改，形成地方政府与中央政府在工业用地规制上的博弈

为解决工业用地出让价格过低的问题，国务院以及国土资源部出台了包

括市场化公开竞价、最低出让价格标准、指标控制等一系列措施。党的十八届三中全会也明确提出，要建立有效调节工业用地和居住用地合理比价机制，提高工业用地价格。随着工业用地出让市场化程度的提高，相对公开、透明的市场机制对工业用地规模起了一定的遏制作用（刘力豪等，2015）。但中央的多次专项执法行动检查却发现，地方政府没有严格执行工业用地最低出让价、工业用地招拍挂等政策，工业用地出让价格标准并没有获得实质执行（万江，2016）。

2004年，国务院开始提出要创造条件对工业用地逐步实行招标、拍卖、挂牌的出让方式；但由于中央政府并未强制地方政府采取公开竞价方式，地方政府则担心招标、拍卖、挂牌会提高工业用地价格，进而影响招商引资，少有地方政府采取招拍挂方式。据统计，2005年全国工业用地招拍挂出让占工业用地出让总地数的比例仅为3.62%，占工业用地出让面积的比例为4.07%。统计表明，2006年依然有高达97%的工业用地仍协议出让，只有不到3%的工业用地是通过招拍挂的方式出让。基于此现实，国土资源部在2007年专门发文明确了工业用地招拍挂的相关细节，并在全国开展了工业用地招拍挂出让情况的执法监察。对工业用地出让规避招拍挂的违法违纪案件要严肃查处，并追究有关领导干部的责任。在行政问责的制度设计下，地方政府不得不执行工业用地招拍挂政策，但招拍挂却很容易流于形式，最终形成的价格仍然是为地方政府所控制（万江，2016）。比如地方政府采取税收返还、地价补贴、变相奖励等方式对土地出让金进行返回，从而使得工业用地出让价格标准很大程度上成为虚设。

五、工业园区的大面积供应和出让中的优惠补贴等以地招商引资行为，导致园区工业用地的巨大浪费

工业园区是中国推进工业化的重要方式，也是工业用地的主要载体。根据对全国有关工业园区进行调研发现，工业园区内工业用地面临"三次浪费"现象：一是土地征用后无人问津产生的闲置浪费。受当前经济压力加大

和工业园区间竞争激烈影响，部分工业园区土地利用效率地下，有些地区的工业园区开发率不足50%；二是企业"圈而慢建、圈而不建"造成土地浪费。"圈而慢建、圈而不建"揭示出一些企业假投资、真炒地的意图。三是"三高"企业不肯搬走造成园区在提档升级过程中土地浪费。工业园区前置规划和退出机制不健全是其重要原因。

工业园区建设贪大求全、同质化严重是导致目前工业用地浪费的主要原因。工业园区规划面积一般很大，有些甚至超过10平方公里，然而大量建设过多过乱，同质性很高，导致利用效率很低。未来如果能对粗放、低效利用的工业园区进行有效整合和盘活，提高土地利用效率，淘汰同质化严重的工业园区，那么工业园区土地节约集约程度将明显提高。

六、工业用地的过量供应和非市场化配置，造成国民经济结构的一系列扭曲

一是地方政府主导下的工业用地过度扩张，直接导致耕地数量减少，质量下降，对于贯彻最严格的耕地保护政策非常不利。地方政府长期低价且过度供应工业用地，其代价是对耕地的大量蚕食。而且，我国虽然实行耕地占补平衡策略，但是占优补劣的耕地面积动态平衡掩盖了耕地质量下降的严重性（孙永正和王秀秀，2015）。

二是工业用地过度供应刺激了工业盲目扩张，导致产能严重过剩，阻碍经济转型升级，影响经济的持续稳定发展（饶映雪和戴德艺，2016）。地方政府在土地引资的竞争中不仅存在着竞相增加土地出让面积和降低地价的底线竞争行为，还存在着竞相降低引资质量的底线竞争行为（杨其静等，2014）。工业用地低价供应一方面鼓励企业扩大规模，增加产能；另一方面也在挽留产能过剩的企业继续经营。长期以来我国压缩与淘汰落后产能、推进产业转型升级进展迟缓，这固然与企业技术水平低有关，但也和土地廉价使用导致的工业低质高速扩张相关。如能提高工业用地价格，形成"倒逼"机制，那么则可以提高企业关停过剩产能的自觉性。

三是工业用地过度扩张，挤占城镇居住用地，导致住房价格持续高涨，加剧房地产市场不健康发展。以地谋发展带来一个问题，就是只有部分地方政府是赢家。因为不是所有地方的园区都能长得出工业来，都能获得税收和利润。这样带来的结果是，大量园区实际上难以实现资金平衡，最后只能靠政府财政来支持。地方政府之间压低地价和靠土地贷款支撑基础设施建设，实际上工业用地的价格背离市场价值，这样使很多地方的园区在招商引资过程中败下阵来，长期亏本。为了弥补协议出让工业用地带来的亏空，一些地方政府不得不通过商、住用地出让获得的土地出让收入进行横向补贴。通过一些诸如"招拍挂"等竞争性较高的方式高价出让商住用地，从制度上造成房地产用地供应短缺和价格畸高，造成房地产市场扭曲。换句话说，地方的工业用地价格多年来一直维持着极低的水平，但由此产生的财政收入缺口，只能依靠商住用地的出让收入来填补（孙永正和王秀秀，2015）。工业地价压得越低，财政缺口就越大，政府就越放任商住地价增长，最终反映为居民住房成本的升高。

地方政府拉高商、住用地价格并同时补贴工业用地的行为，让全社会都被"土地财政"及其带来的房地产泡沫所绑架。地方政府为招商引资压低工业地租，导致商住地租承担了巨大的财政收入压力，推高了居民住房价格和城镇化成本。高房价不仅让城市中、低收入群体以及晚购房群体苦不堪言，更剥夺了作为"世界工厂"主力军的广大农民工在就业地城市获得可支付住房的权利。此外，因城镇建设用地总体规模有限，工业用地过度扩张挤压了居住用地面积，导致其供不应求；工业超常规增长加速了城镇化进程，城镇常住人口机械性增长扩大了住房及用地需求。这些因素都加剧了房地产市场不健康发展。

四是，区域竞争背景下，工业用地大幅低价出让，必然让地方政府尽量压低征地补偿，从而不可避免地侵害失地农民的财产权利。地方政府对劳工保护、社保缴纳等政策执行上往往"睁一只眼、闭一只眼"，数以亿计的农民工难以享受应有的劳动权利，更无法实现社会保险对农民工群体的有效覆盖。

本章参考文献

[1] 曹广忠,袁飞,陶然. 土地财政、产业结构演变与税收超常规增长——中国"税收增长之谜"的一个分析视角. 中国工业经济,2007(12):13-21.

[2] 高魏,马克星,刘红梅. 中国改革开放以来工业用地节约集约利用政策演化研究. 中国土地科学,2013(10):37-43.

[3] 黄小虎. 土地管理在宏观调控中的重要作用. 宏观经济研究,2004(6):11-14.

[4] 刘力豪,陈志刚,陈逸. 土地市场化改革对城市工业用地规模变化的影响——基于国内46个大中城市的实证研究. 地理科学进展,2015,34(9):1179-1186.

[5] 饶映雪,戴德艺. 工业用地供给对工业经济增长的影响研究. 管理世界,2016,269(2):172-173.

[6] 孙永正,王秀秀. 工业用地廉价供应的八大弊端. 城市问题,2015(5):2-7.

[7] 陶然,陆曦,苏福兵,等. 地区竞争格局演变下的中国转型:财政激励和发展模式反思. 经济研究,2009(7):21-33.

[8] 陶然,袁飞,曹广忠. 区域竞争、土地出让与地方财政效应:基于1999~2003年中国地级城市面板数据的分析. 世界经济,2007(10):15-27.

[9] 王媛. 政府干预与地价扭曲——基于全国微观地块数据的分析. 中国经济问题,2016(5):29-41.

[10] 万江. 工业用地出让价格管制研究. 当代法学,2016,30(1):20-29.

[11] 杨其静,卓品,杨继东. 工业用地出让与引资质量底线竞争——基于2007~2011年中国地级市面板数据的经验研究. 管理世界,2014(11):24-34.

[12] 张莉,王贤彬,徐现祥. 财政激励、晋升激励与地方官员的土地出让行为. 中国工业经济,2011(4):35-43.

[13] 周飞舟. 分税制十年:制度及其影响. 中国社会科学,2006(6):100-115.

第四章　地方政府—企业关系与工业用地：理论框架

关于"关系"一词，按照社会学意义来讲，指的是个人或组织利用其所拥有的人际资源谋求自身利益的一种人际互动形式。也就是说，"关系"是建立在相互的利益基础上的，一旦两个人或组织建立关系，一方在未来的某时有义务对于提供帮助的一方给予回报。因此，"关系"不仅是简单的社会联系或社会根植性，而且也是一种利益和义务的结果。李林艳（2008）把"关系"看作是人们有意识建立、维系和动员社会联系的一种文化传统，认为"关系"构成了中国社会秩序的一部分，在塑造社会结构中起着核心的作用。因此，"关系"在中国社会是一种极其重要的资源（王海鸿等，2010）。

"关系"一词还出现在经济地理学的关系转向中（relational turn）。经济地理学的关系转向催生了关系经济地理学的出现。在关系经济地理学视角下，区域是关系的集合体（Storper, 1997）。区域内的行为主体不仅通过投入产出联系在一起，更重要的是非实体的"非贸易联系"。传统、习惯、信任、历史、规范和非正式机构对于"非贸易联系"的实现和维系起到了关键性作用（Storper, 1997）。关系经济地理学将经济主体视为在社会结构中具有社会关系的个体，而不是孤立的经济人。关系视角下的企业也不是独立的实体，而是通过贸易或非贸易联系与本地和非本地其他行为主体联系在一起。总之，关系经济地理学强调了"非贸易联系"所形成的"关系"空间对企业行为的重要影响。

本章将在社会学和地理学等相关学科关于"关系"的理论认识的基础上，构建地方政府—企业关系的理论视角，并运用该理论视角分析中国工业用地利用的内部作用机制，从而提出本书的理论框架和理论假设，为接下去几章的实证分析提供理论基础。

第一节　地方政府—企业关系的理论内涵

政府与企业是现代社会中两个最有影响力的组织，这两者之间形成一种什么样的联系或关系，比如从合作到竞争，从友善到对抗，对整个社会的产业和经济竞争力都产生着重要影响（王珺，2000）。如果政府和企业之间是一种友善且相互合作的关系，那么政府的产业和企业政策就能够获得较好的实施，整个社会的经济绩效就可能较高。反之，非友善或者对抗的政府—企业关系将妨碍政府企业政策的实施，不利于企业长期发展，也不利于社会经济绩效和经济竞争力的提高。

根据社会学和地理学等相关学科关于"关系"的理论认识，"关系"其实就是行为主体之间的一种互动形式。依此理解，地方政府—企业关系其实就是地方政府和企业之间的互动形式。那么，如何来理解地方政府—企业关系呢？本书认为需要分别从地方政府和企业的角色和作用，以及它们之间的互动联系进行讨论。为了将这一抽象概念更加具体化，本书尝试将地方政府—企业关系的理论内涵界定为两个方面：一是地方政府干预，指的是地方政府对地方经济和企业活动的主动干预，从而实现地方政府特定的目标；二是企业政治关联，指的是工业企业为了维系企业生产活动或实现特定企业目标而主动与地方政府发生的互动联系。在特定的地理空间情境下，地方政府干预和企业政治关联的相互作用则构成了本书所界定的地方政府—企业关系的理论内涵。以下的论述将分别对地方政府干预和企业政治关联进行理论阐述，在此基础上构建本书的综合分析框架。

一、地方政府干预

1. 地方政府干预的理论基础

关于地方政府干预的理论研究可以追溯到古典经济理论。在成熟市场经济中，政府是否应当干预经济，不同的经济学派有不同的观点。亚当·斯密在重农主义等前人的经济思想基础上系统研究了政府在经济活动中的作用，他提出政府应当充当"守夜人"的角色，对经济活动采取自由放任的原则，由市场这只"看不见的手"对市场进行自我调节。亚当·斯密的理论在19世纪得到了进一步的发展和阐述，比如李嘉图、穆勒等都做出了重要贡献。总之，20世纪之前的古典经济学派秉承了亚当·斯密自由放任的思想，认为政府不应当干预经济。

20世纪20年代末，资本主义世界出现了严重的经济危机，古典学派面对危机的无力催生了凯恩斯革命。凯恩斯认为导致周期性经济危机的根源是投资需求和消费需求的不足，而仅靠市场自发调节无法自动扩大这种需求，现实中市场机制的失灵，必须由政府干预来替代，政府应该对经济体系中的一些关键因素加以控制和管理，以促进经济增长。后来，凯恩斯的观点进一步得到发展，形成新古典综合派、新剑桥派以及后来的新凯恩斯主义学派，这些学派都主张政府干预经济。凯恩斯主义在20世纪70年代中期之前取得了巨大的成功，但是70年代后期，西方发达国家出现了凯恩斯主义难以解释的滞涨现象，新自由主义经济学也随之兴起，其代表人物有：货币学派的弗里德曼，理性预期学派的卢卡斯等，新自由主义主张政府应当尽量少地干预经济，政府的作用类似于"球场裁判"，在于制定规则，维持稳定的市场预期和市场环境。可以看出，对政府是否干预经济是经济理论讨论的核心问题之一，不同的经济发展阶段和条件对这一问题的回答也不尽相同。

在转型经济研究中，政府干预经济同样是重要的研究领域。最具代表性的理论是 Frye 和 Shleifer（1996）提出的"政府三只手理论"。他们在解释波兰和俄罗斯在市场化改革中不同的经济表现时,提出了政府与经济之间的三种关系,分别为"无为之手"(invisible-hand)、"帮助之手"(helping-hand)和"攫取之手"(grabbing-hand)(见表4-1)。

表4-1　　　转型经济国家中政府作用的"三只手"理论界定

"三只手"	法律环境	规制环境
"无为之手"	政府不会凌驾于法律之上,也不会使用权力提供最小的公共物品。法院具有协议的执行权	政府服从法律规制。规制力非常小。寻租或腐败现象很少
"帮助之手"	政府不会凌驾于法律之上,但能够使用权力去帮助工商业企业发展。中央政府官员行使合同执行权	政府有偏向地执行规制,以推动某些企业发展。可能出现有组织的寻租或腐败
"攫取之手"	政府凌驾于法律之上,并使用权力寻租。法律系统不能正常运行。"黑社会"组织往往取代政府成为合同执行者	政府采取掠夺性的规制。无组织性的腐败

资料来源：Frye 和 Shleifer (1996)。

在"无为之手"模型下,地方政府一般具有良好的组织系统,腐败现象较少发生,相对其他类型的政府来说较为仁慈。它能够自我控制,集中精力于基本公共物品的提供,比如签约合同的执行,法律和秩序、规制制定,而将资源配置决策交由市场和私人部门自主进行。

在"帮助之手"模型下,政府官僚比较愿意干涉私人部门的经济活动,他们经常帮助一部分企业,而同时遏制另外一部分企业。政府倾向于积极出台产业政策,并经常与企业家保持紧密的经济或私人关系。法律框架在这个模式下显得比较薄弱,因为政府官僚经常充当经济纠纷的仲裁。政府官僚时有腐败现象的发生,但腐败较为有限,且易于控制。

在"攫取之手"模型下,政府官僚奉行更为绝对的干涉主义,但组织性较小。地方政府包含了大量的独立官僚集团,并且各个集团具有自己的代理人。政府部门的运行杂乱无序,使得地方政府丧失了执行法律制度和提供基本法律保障的能力。这种模式的后果是,政府签约的合同只能通过私人代理执行。

Frye 和 Shleifer（1996）的"政府三只手理论"是理解转型国家政府参与经济的重要分析模型。这一模型在实证分析的基础上，总结了政府干预经济的三种可能方式，是理解中国地方政府干预的重要参考理论。当然，转型期中国的发展具有自身的制度背景和社会现实，因此地方政府干预的表现形式也有自身显著的特征。

2. 转型期地方政府干预的制度背景：基于联邦主义理论视角

作为转型期的重要特征，中央向地方分权成为一种全球性的普遍现象。与之相对应，强调分权和辖区间竞争有助于经济增长的联邦主义文献也大量涌现，成为理解转型期地方政府行为特征和角色的重要视角。同时，中国的改革实践中的分税制改革被国外学者认为是当代联邦主义理论最成功的案例，被贴上"中国式财政联邦主义"（Montinola et al.，1995）的标签。因此，为了理解转型期地方政府干预的制度背景，有必要系统梳理联邦主义理论的发展轨迹，及其在解释中国经济增长和地方政府角色特征的内在逻辑。

现代意义上的联邦主义理论主要产生于 20 世纪 40～50 年代，主要的一个源头是哈耶克（Hayek，1939；1945）。哈耶克（Hayek，1939）指出，如果地方官员是有公德心的、追求社会福利最大化的，那么，让那些更了解地方事务的地方官员来负责提供公共产品将更加有效，即联邦主义比中央集权将更能增进社会福利。沿用这一逻辑，在 20 世纪 50～70 年代一些经济学家进一步指出，当居民对公共品偏好存在地域的异质性而中央政府却缺乏相关知识时，把提供公共品的责任和相应的财权尽量下放给地方就能提高社会福利，除非某种公共品有很大的地区间溢出效应（Musgrave，1959；Oates，1972）。

不过上述理论并未解决公共品供给中的一个核心问题，即"何种机制能够使得消费-投票者真实地报告其对公共物品的偏好"（Tiebout，1956）。因为消费者都想纳尽可能少的税而享受尽可能多的公共品，所以他们不会主动地向政府报告其对公共品的真实偏好。那么，什么样的经济体制可以解决该难题？蒂布特（Tiebout，1956）在提出多个假设的前提下，提出了 Tiebout

模型。这些假设包括：首先，地方政府是非自利的政府，其目标是使本地居民实现福利最大化；其次，居民可以在不同的辖区之间自由的流动，并且不存在信息障碍和迁移成本，并且居民是完全理性的；再次，在区域内存在数量众多的地方政府；最后，公共物品或公共服务的提供不存在外部性。在满足这些假设条件的情况下，蒂布特（1956）认为，地方政府向辖区居民提供公共物品，同时征收一定额度的税收，居民可以根据自己的偏好，选择能使自己效用最大化的公共物品和税收组合，并通过在辖区之间的自由流动达到均衡。而地方政府为了获得更多的税源，也会尽可能有效率的提供居民需要的公共物品，以免居民迁移到其他社区。通过辖区间的这种竞争，资源可以在区域之间进行有效的配置，并最终实现社会福利的最大化，即所谓的"用脚投票"理论。马斯格雷夫（Musgrave，1959），尤其是奥茨（Oates，1972，1988，1999）等经济学家进一步发展了向地方分权的思想，形成了早期的财政联邦主义的文献。可以把这些文献看成是第一代财政联邦主义理论。

然而，第一代财政联邦主义理论因其以民主制度的发达国家为现实背景构建的理论框架存在重大不足，而遭到大量非常严厉的批评（杨其静，2010）。一是，第一代财政联邦主义，尤其是追随 Tiebout 的理论在本质上从属于 Arrow—Debru 一般均衡理论，不仅存在的条件苛刻，更是缺乏对政府行为的确切描述。二是他们通常不现实地假设了"仁慈政府"。Bardhan（2002）更是指出，信息不对称问题不应该是分权的根本原因，因为中央政府完全可以设置自己专门的信息收集机构并拥有信息收集的规模效应。总之，这些理论如同新古典的企业理论一样，将政府和社会视为一个"黑箱"，从而忽视了一个关键性问题，即"为什么政府官员有如此积极性行动"，或者说，缺乏联邦主义可以自我实施的"政治基础"（Qian and Weingast，1997）。三是，对于大多数发展中国家而言，第一代财政联邦主义还未触及最核心的问题，因为它关注的是一般公共品的供给效率问题，而不是经济增长和发展问题（杨其静，2010）。

针对第一代财政联邦主义存在的不足，温加斯特（Weingast，1995）在新制度经济学兴起的背景下，提出了"保护市场的财政联邦主义"（market-preserving federalism）理论，或者称为"第二代财政联邦主义"，以解释不同国家或地区的经济增长过程。他认为中央政府天然就具有强烈的掠夺或者干预主义倾向，且转型国家的中央政府具有阻碍或者扭转市场化改革的可能性。限制中央政府权威使其只具备能力去做那些地方政府不能够或者不愿意做的事，那么中央向地方的政治性分权就成为必要。因此，联邦主义最根本的特征就是分权（Qian and Weingast，1996），并由此在地方上制造出多个可供选择的权力中心来制衡中央政府。为此，他界定了形成有效的"保护市场的联邦主义"的政府组织制度需要满足的特征或者条件：政府体系至少有两个层级，每级政府有明确的权威范围或自治权；下级政府对其辖区内的经济事务具有首要的管理责任；中央政府保证国内市场统一；地方政府有硬预算约束；这种权威和责任的划分能够自我实施。

"第二代财政联邦主义"一方面延续了古典财政联邦主义的地方政府信息优势论和新古典经济学中的竞争理论；另一方面努力将政府间关系纳入现代企业理论的分析框架，致力于解决"何种恰当的政治制度以便激励政治官员与公民福利相一致"的问题（Qian and Weingast，1997）。其贡献主要在于：（1）与第一代财政联邦主义不同，"第二代财政联邦主义"关注于政府组织制度与经济增长之间的关系，因而它属于发展经济学而不属于一般的公共经济学，对于发展中国家和转型国家具有特别的现实意义；（2）超越了Riker（1964）对联邦主义的描述，更全面界定了"第二代财政联邦主义"应具有的制度特征，尤其强调"第二代财政联邦主义"的必要条件是地方政府的硬预算约束条件；（3）借用经典代理理论和博弈论的基本思想和方法探讨了政府间关系对经济发展的影响（杨其静，2010）。

钱颖一和温加斯特（Qian and Weingast，1996，1997）"第二代财政联邦主义"引入中国经济增长研究，认为中国从集权向市场制度转型的过程是一个政府逐步分权的过程。在这种情况下，虽然没有实施美国等发达国家的财政联邦主义制度，但地方政府却获得了地方发展的收益权，具有了独立的经济利益主体地位，因而形成了"保护市场的财政联邦主义"。这种分权模式赋予了地方政府较大的激励，使地方政府有积极性参与地方经济建设、改善经济环境,从而培养和完善市场经济体制,促进乡镇企业发展,加快城市化进程和基础设施投资建设;吸引 FDI 和区域外投资流入(Montinola et al,1995;刘守英等,2012)。

地方政府促进经济发展的动力,除了来自财政分权因素外,还来自政治利益上的激励,即政治集中。在中国,政治集中具体体现为上级政府,尤其是中央政府能够评价下级(地方)官员的政绩并决定后者的政治命运。以经济建设为主要导向的政绩观及自上而下的经济绩效考核体系,诱导地方政府官员投入到经济增长的竞争中(Blabchard and Shleifer,2000)。一些学者指出,中国的地方政府竞争是晋升激励下的标尺竞争。如周黎安(2004,2007)提出了"官员晋升的锦标竞赛理论",并指出这是一种中国特色的标尺竞争:在西方民主制度下,标尺竞争来自选民对不同辖区绩效的比较;而在中国这种转型经济体中,由于选民对地方官员没有直接决定权,但中央为了对地方实施有效的人事激励,也必须采取相应绩效考核,这就形成了"中国式的标尺竞争"。具体而言,地方政府一方面是"经济参与人",希望所辖区域的经济总量、财政税收、就业率等越高越好;另一方面,地方政府又是"政治参与人",他们关注政治晋升。自 20 世纪 80 年代初以来,我国地方官员的选拔和提升的标准由过去的纯政治指标变成经济绩效指标,尤其是当地 GDP 增长率。不同地区的地方官员不仅在经济上为 GDP 和利税进行竞争,而且同时也在官场上为晋升而竞争。因此,在财政分权和政治集中的双重激励下,以 GDP 为标准的地方官员考核体制极大诱发了地方政府干预经济和企业活动的动机(见表 4-2)。

表 4-2　　　　　　　　　财政联邦主义理论的发展和演进

理论演进	代表人物	提出时期	核心观点	研究问题	所属领域
第一代财政联邦主义	Tiebout	20 世纪 60~70 年代	财政分权	公共品供给效率	公共经济学
第二代财政联邦主义	Qian 和 Weingast	20 世纪 90 年代	保护市场的财政联邦主义	经济增长	发展经济学
锦标赛理论	周黎安	21 世纪初	财政分权,政治集中	中国式经济增长	发展经济学

资料来源:Tiebout,1956;Qian 和 Weingast(1996,1997),周黎安(2004,2007)。

3. 地方政府干预的特征及检验

通过以上理论梳理，我们可以看出，"经济分权、政治集中"是中国转型期地方政府干预的最显著的制度背景。那么，在这一制度背景下，地方政府干预具有什么样的特征呢？在此，结合 Frye 和 Shleifer（1996）提出的理论，我们将转型期中国地方政府干预的特征归纳为"帮助之手"和"攫取之手"两个观点。这两种观点分别获得了一些理论和实证研究的支持。

在"帮助之手"方面，蒙蒂诺拉，钱颖一和温加斯特（Montinola, Qian and Weingast, 1995）提出的"保护市场的财政联邦主义"理论即认为中国分灶吃饭的财政承包制度建立了一个中央和省级政府分享税收大饼的长效机制，这种税收权利的清晰界定一方面有助于限制中央政府的掠夺行为，同时也激发了地方政府发展地方经济的积极性和自主性，而要素的自由流动和辖区间的竞争促成的用脚投票机制又约束了地方政府的掠夺行为。这种激励和约束的结合促使中国的各级政府为发展市场经济而不遗余力。Oi（1992）提出的"地方政府法团主义"（local state corporatism）理论，认为中国的乡镇和村级地方政府在市场转型过程中扮演了一个不同于其他亚洲新兴工业化国家的发展型政府的角色，即地方政府直接经营自己辖区内的集体企业，俨然一个商业公司。"地方政府法团主义"有其深厚的制度基础，首先，分灶吃饭的财政体制改革赋予地方政府财政盈余的自由支配权，激发了地方政府通过发展经济以扩大地方税收的经济动机；其次，农业非集体化的制度改革将农业生产的收入支配权还给了农民家庭，限制了地方政府从农业生产中扩大税收的行为；此外，地方党政官员在地方经济发展中不仅有个人利益，同时也可以通过突出的经济发展成就获得晋升的资本，地方政府法团主义使中国实现了所谓的无私有化的进步。

在"攫取之手"方面，现有研究认为中国的地方官僚利用行政权力，从辖区内的企业和居民那里收取各种名目的税费，获得大量预算外资金，并且这些资金很少用于生产目的。所以，地方政府在市场转型过程中更多地扮演了一个"攫取之手"的角色，而不是"帮助之手"的角色。陈抗等（2002）

研究表明，分灶吃饭的财政体制改革激励着地方政府伸出援助之手，发展经济，扩大地方税基，即使有腐败也不严重。然而在分税制改革之后，中国的地方政府也伸出了"攫取之手"。在1994年实行的分税制改革中，中央政府利用行政命令重新确定了中央和地方的财政分配比例，导致大量的财政收入被中央拿走，而财政负担却推给地方，不确定性和不信任感开始在这套分配体系中蔓延，促使地方政府从有组织有节制地摄取（这是一种"援助之手"行为，因为他们对当地税基的长期发展感兴趣）转变为不考虑将来，尽可能多地在短期内攫取。Wong（1997）也认为，地方政府在分税制改革后由于财力不足，当无力支付地方公共服务费用又缺乏征税权时，他们只好通过增加各种名目的收费和无计划地低价出售国有资产等方式增加预算外资金收入，这给许多地区带来了严重的问题。

实证方面，"帮助之手"观点获得了一部分文献的支持。比如，刘小元和林嵩（2013）研究发现，以政府补贴和所得税优惠为变量刻画的地方政府干预行为，可以促进创新企业的技术创新。张功富（2011）的研究表明，地方政府干预对企业投资行为的作用具有双重性。政府干预一方面会加剧有自由现金流量公司的过度投资，对国有企业过度投资的影响更为严重；另一方面也可以有效地缓解融资约束企业的投资不足，尤其是国有企业的投资不足。潘红波等（2008）研究表明，地方政府干预对地方国有企业并购的影响具有双重性。地方政府干预对盈利样本公司的并购绩效有负面影响，而对亏损样本公司的并购绩效有正面影响。

然而，更多的实证研究验证了地方政府干预行为的负面作用。张憬和沈坤荣（2008）指出在财政分权的背景下，出于自身财政压力和政治晋升压力等原因，地方政府会直接或间接干预金融机构的资金运用，这会固化中国目前依靠资本投入和积累速度提高的"粗放型"经济增长方式，因而对经济增长方式转型产生极为不利的影响。喻微锋和吴刘杰（2011）指出地方政府的干预行为是造成现阶段中国城乡收入差距过大的关键原因。王立国等（2012）研究了地方政府干预对企业过度投资与产能过剩的影响，发现地方政府不当干预可以引发企业过度投资，进而造成产能过剩，地方政府不当干预造成的企业内部成本外部化、国有企业低成本扩张等都是造成我国体制性产能过剩的主要原因。顾元媛和沈坤荣（2012）考察了地方政府干预行为对企业研发投入的影响，发现企业所处地区治理环境对企业 R&D 活动有显著的正面影响，政府干涉越少，寻租空间越小，企业越倾向于进行研发活动，R&D 投入强度也随之提高。章卫东和赵琪（2014）基于公共治理目标视角，发现地方政府干预动机对国有企业过度投资具有显著影响。

综上所述，转型期中国地方政府干预经济和企业行为具有重要的理论基础和制度背景。中国地方政府干预经济和企业行为起了什么样的效果，现有研究结论存在差异。总体来看，从宏观层面来说，地方政府干预对转型期中国经济发展具有促进作用获得更多支持，蒙蒂诺拉，钱颖一和温加斯特（Montinola, Qian and Weingast, 1995）提出的"保护市场的财政联邦主义"理论和 Oi（1992）提出的"地方政府法团主义"理论即为主要代表；从微观层面来看，地方政府干预企业往往对企业经营带来负面影响，容易扭曲企业行为，导致过度投资或寻租行为的出现。

二、企业政治关联

1. 企业政治关联的理论基础

所谓企业政治关联就是指企业与政府或者政治家之间具有某种特殊关系，而这种关系有利于企业从政府处获得经济利益。它的理论基础可以追溯到社会资本理论。

社会资本的概念是法国学者皮埃尔·布尔迪厄（Pierre Bourdieu）于 20 世纪 70 年代提出来的，其分析重点在于经济资本、文化资本、社会资本及符号资本的相互转化，通过社会资本，行动者能够获取经济资源，提高自己的文化资本并与制度化的机构建立密切的联系。社会资本的这种功效，反映在不同的行动人从等价的经济和文化资本中获得非常不平等收益。布尔迪厄（Bourdieu，1986）认为社会资本的积累和投资依赖于行动者可有效动员的关系网络的规模，依赖于与其有关系的个人拥有的经济、文化和符号资本的数量和质量。因此，社会资本的生产和再生产预设了对社交活动的不间断的努力，这意味着时间和精力的投入、直接和间接的消耗经济资本。Portes（1998）则认为社会资本是现实或潜在的资源的集合体，这些资源与拥有或多或少制度化的共同熟识和认可的关系网络有关。换言之，这与一个群体中的成员身份有关。Lin（2002）把社会资本界定为"在具有期望回报的社会关系中进行投资"。在 Lin 看来，社会关系是一种社会资源，更是一种社会资本。人际关系之所以成为一种可利用的资源，是因为市场的不理想。也就是说市场信息不能为所有人共有，而只能为相对应的一部分人所具有。Durlauf 和 Fafchamps（2005）认为社会资本的核心特征可以归纳为信息共享（information sharing）、群体认同（group identity）以及团队合作（community cooperation）。可以看出，社会资本理论注重对行动者所具有的社会网络进行分析，强调社会资本对行动者所具有的现实的或潜在的效用。

　　社会资本首先体现在人的社会属性上，像中国这样一个强调人际关系和社会网络的社会，社会资本对于个体或社会组织来说，显得更为重要。从某种意义上说，社会资本不仅是一种资源，而且是一种能够调动资源的资源，旧的关系网络的打破必然伴随着新的关系网络的产生（罗党论和唐清泉，2009）。企业是经济活动的主体，是社会经济行为者，从而企业也是在各种各样的社会关系中运行的，社会资本对于企业的运行同样具有重要的作用和意义。边燕杰和丘海雄（2000）提出的企业社会资本概念，就是强调企业不是孤立的行动个体，而是与经济领域的各个方面发生种种联系的企业网络上的节点；能够通过这些联系而获取稀缺资源是企业的一种能力，这种能力就是企业的社会资本。田国强（2001）认为在转型条件下，企业家除了具备传统的企业家能力外，其与政府交往能力对民营企业的发展具有重要影响。同样的观点，周其仁（1997）在横店案例中也指出企业家才能可以分为两种不同的类型：一是通常的企业家才能，即从事成功的投资和经营决策；二是制度企业家的才能，即实现"制度和组织创新"的才能。而制度企业家的才能无疑很大部分是体现在企业家与政府打交道的能力上。在经济转型的过程中，由于缺乏良好的价格体系和完善的法律系统，从定价和法律执行的角度出发，交易成本将十分昂贵。这就意味着，经济转型中的企业更倾向于将人际关系网络构建或社会资本积累作为自身经营战略的一部分（Chong et al., 1999）。其中，政治关联在企业各种关系中的地位显得尤其重要，转型经济背景企业更加愿意寻求政治关联。

企业政治关联是否真的存在呢？现有文献表明了国内外企业均普遍存在政治关联。如 Faccio（2006）从全球视角研究了政治联系问题，对 42 个国家的样本研究发现，政治联系在各个国家都是比较普遍的，特别是在一些贪污腐败严重的国家。在中国，由于我国政治体制决定了各级政府都属于强势政府，在经济中起着主导作用，政府不仅在宏观上充当着社会资源分配者的角色，而且在微观上干预企业行为。这种非市场化的制度安排是低效率的，造成了社会资源的分配和企业之间的竞争不公平。在这种情况下，企业为了从政府获得更多的资源和支持，就会通过各种方式与政府或政府官员建立政治联系（Fan et al., 2007；吴文峰等，2009）。Chen 等（2005）指出很多民营企业热衷于建立政治关系如聘请现任或前任的政府官员人大代表或政协委员进入公司的董事会。

2. 企业政治关联的界定

Fisman（2001）是最早提出政治关联这个概念的经济学家之一，但他并没有给出政治关联的具体定义，然而从其文章中可以推知，政治关联是指印度尼西亚企业与执政者苏哈托家族的密切关系。此外，Johnson（2003）等也把马来西亚企业的高层或大股东与三个重要政府首脑具有密切关系的企业定义为政治关联企业。尽管最初的经济学研究文献把企业与政府首脑之间的密切私人关系视为企业的政治关联，然而后续文献对政治关联所涵盖的范围进行了拓展。Faccio（2006）把企业与政府高层之间的密切关系定义为政治关联。她认为，除了政府首脑外，如果政府部长（或他们的亲属）、国会议员是公司的大股东或高管，包括出任公司董事，那么企业属于政治关联企业。Betrand 等（2004）则认为在法国，如果公司的 CEO 毕业于精英学校，同时也曾在政府部门任职，则认为企业有政治联系。在国内，现有文献主要以公司的总经理或者董事会成员是否为政府官员作为政治关系的标志，或者以公司的董事长或者总经理曾经在中央或地方各级政府或军队等部门任过职为标志来认定企业是否具有政治关联（陈冬华等，2008；罗党论和唐清泉，2009；吴文峰等，2009）。

在此基础上，胡旭阳（2010）为企业政治关联下了定义，认为政治关联本质上是一种特殊的政企关系，特殊之处体现在企业的关键人物（大股东或高管）与政府高层或政治人物之间的密切关系，尽管这种特殊的政企关系在不同的政治体制下具有不同的表现形式，既可以表现为企业与政治人物的私人关系，也可能表现为政治人物的经济参与或企业的政治参与。但是，应该指出的是，企业政治关联不同于政治贿赂，它在法律层面上是合法的（Faccio，2006）。

3. 企业政治关联的获得

国有企业的政治关联通常被认为是内生的，因为国有企业往往由政府设立，而且很多情况下国有企业本身的企业高管即为政府官员。而对于非国有企业来说，政治关联需要自身的努力才能获得，因此可以看作是外生的。对于私营企业来说，要获得企业政治关联，一般有以下三个途径：一是"戴红帽子"，也就是说以国有或集体企业之名实行私营企业之实，从而取得政府的保护。这在民营经济发展初期比较普遍（白重恩等，2005）。二是直接收买保护，也就是用行贿手段拉拢政府官员，达到自我保护，当然还有比较妥善的方式就是与政府官员保持良好的关系（白重恩等，2005）。三是取得一定的政治地位，比如聘用退下的政府官员到企业任职，或者在企业成立党组织，更直接的方式是企业领导人成为人大代表或政协委员（胡旭阳，2010）。中国转型过程中的政治体制变革决定了第三种方式，即公司高层的政府背景和民营企业家的参政议政成为我国民营企业政治关联的主要形式，这也是现有研究的重点所在。陈钊等（2008）研究表明，中国的民营企业家正在凭借经济实力及个人的政治身份与家庭背景而获得正式的政治权力。

企业政治关联普遍存在于转型经济体中，在我国也很普遍。企业政治关联程度的影响因素包括：正式制度的完善程度、资源的市场化程度和企业性质等，此外，我国鲜明的文化传统也是影响企业政治关联的重要因素。当然，企业政治关联也受其他因素的影响，比如意识形态、社会资本、历史等。罗党论和唐清泉（2009）通过对民营企业家参与政治的制度环境考察，发现当地方产权保护越差、政府干预越大、金融发展水平越落后的时候，民营公司越有动机与政府形成政治关联。

4. 企业政治关联的作用

企业通过主动建立政治关联，一方面带来发展所需的资源，另一方面补充正式制度的空白，并对正式制度的制定和实施施加一定的影响，从而为企业带来诸多好处。有研究表明，企业政治关联尤其是民营企业的政治关联有助于获得政府补助（Faccio，2006；唐清泉和罗党论，2007）。Faccio（2006）以47个国家的跨国数据为样本，对政治关联进行了系统的研究，结果发现，相对于非政治关联公司而言，政治关联公司有更高的银行贷款率、更优惠的税率和更高的市场占有率。余明桂和潘红波（2008）的研究也表明，有政治关系的企业比无政治关系的企业获得更多的银行贷款和更长的贷款期限，在控制了企业特征和行业因素以后，政治关系的这种贷款效应仍然非常显著，而且在金融发展越落后法治水平越低和产权侵害越严重的地区，政治关系的贷款效应越显著。

具体而言，企业通过建立政治关联，有助于企业，尤其是民营企业与政府之间建立良好的关系，并在缓解企业外部环境约束和促进企业发展方面发挥了重要作用，具体体现在：其一，作为法律替代机制，在功能上发挥了保护民营企业产权的作用。作为一种社会资本，政治关联通过社会网络形成了企业与政府和政府官员之间的特定关系，进而减少来自政府的侵害行为，因而在缺乏法律制度对民营企业产权充分保护的情况下，民营企业的政治关联在功能上起了保护民营企业产权的作用（Bai et al.，2006）。同时，民营企业的政治关联具有监督政府的作用，进而也有助于抑制政府对民营企业产权的侵害。其二,缓解了民营企业发展过程中由于所有制歧视造成的融资难问题。政治关联有助于民营企业获取政府控制的金融资源,政治关联作为信号向金融机构传递了民营企业的信息。民营企业的政治关联通过金融漏损效应、地方政府控制的金融资源、信息传递效应便利了关联企业获取信贷资源,进而缓解了部分民营企业发展中所面临的资金约束。其三,有助于民营企业克服行业进入的管制性壁垒(胡旭阳,2010)。

现有研究表明,政治关联确实能为企业带来诸多好处,但这些好处是否能提高企业的效益呢?一种观点认为,企业政治关联能给企业带来经济效益和社会效益,不仅可以有效提升企业的销售收入(石军伟等,2007),而且还可以带来社会声誉(孙铮等,2005)。另一种观点则针锋相对,认为企业政治关联并不会增加股东的财富。Fan等(2007)以1993~2000年IPO上市的625个事件为样本,研究发现,CEO具有政治关联的公司的长期市场绩效比CEO不具有政治关联的公司低30%,从而证实了这一观点。

综上所述,在转型期的中国,正式制度的不完善、资源市场化程度不高以及中国文化传统的独特性,使得企业政治关联成为普遍存在的现象。企业政治关联一方面可以缓解企业外部环境约束和促进企业发展方面发挥了重要作用,另一方面也可能带来企业租金耗损、增大企业经营政治风险和带来市场不平等竞争等不利影响(杨其静,2010)。

三、一个整合的分析视角

根据社会学和地理学有关"关系"的内涵分析,地方政府—企业关系是地方政府对企业产生作用,以及企业对地方政府产生作用的集合体。地方政府—企业关系不是一方对另一方发生作用,而是双方的相互作用。因此,从这个角度分析,本书将地方政府—企业关系界定为地方政府干预和企业政治关联两个有机组成部分。这两部分是相互影响、相互作用的;任何一部分的丢失或遗漏,都不能很好地分析和审视中国当下的地方政府—企业关系。

一方面,地方政府干预是中国转型制度背景的重要特征,是中国以经济分权和政治集中为特征的中央—地方关系,以及这种中央—地方关系下形成的地方政府竞争共同导致的结果。理论上说,地方政府干预可以有"帮助之手"和"攫取之手"两个特征,从而造成对地方社会经济发展影响的异质性。然而,针对我国转型时期的大量实证研究表明,地方政府干预往往对市场造成干扰,造成企业行为的扭曲以及经济效益的低下。

另一方面,企业政治关联也是中国转型时期的重要现象,是正式制度不完善、资源市场化程度不高以及中国文化特质所形成的企业行为。这种政治关联可以在一定程度上缓解企业的经营压力,但也导致了企业经营的政治风险、市场竞争的不公平,从而对整体经济发展产生负面影响。

因此,地方政府干预和企业政治关联是转型期中国地方政府—企业关系的核心内容之一,地方政府干预为企业政治关联提供了基本前提,而企业政治关联也为地方政府干预带来了重要保障,它们之间相互影响、相互促进,共同影响中国的经济绩效(潘红波等,2008;张功富,2011)。当然,我们也并不认为这一分析框架十分成熟,但至少从这一分析框架理解地方政府—企业关系,可以使这一原本非常抽象的问题变得具体化,可操作化。鉴于此,以地方政府干预和企业政治关联为理论内涵的地方政府—企业关系,可以为中国转型期制造业用地的内在作用机制剖析提供一个有用的分析框架。

第二节 地方政府—企业关系视角下的工业用地利用

一、工业用地的转型经济背景:全球化和市场化

中国转型经济的一个重要特征是全球化的影响,全球化使得中国经济被纳入世界经济范围,成为其中重要的组成部分。全球化作用下,大量外资企业进入中国,极大促进了中国经济的发展,也成为推动中国制造业用地增长

的重要力量。Su（2005）的研究表明，在广东省，超过23%的农用地占用是由外商直接投资造成的；Jiang等（2012）也指出10%的外商直接投资增长将带来农用地转用2.38%的增长，因此，从一定程度上讲，全球资本已经成为珠三角地区城镇化的重要力量（Lin，2006）。为了吸引外商直接投资，各地地方政府纷纷建立开发区或工业园区，造成了"开发区热"，从而大大促使了工业用地的扩张。Yang和Wang（2008）在研究苏州工业园区的发展历程时指出，地方政府确实存在通过低价工业用地大量吸引外来投资的行为。Huang等（2015）通过多层模型的分析，验证了转型时期"全球化、市场化和分权化"对中国城市土地利用（包括工业用地）扩张的显著促进作用。

中国转型经济的另一个重要特征是市场化。一方面，市场化导致了政府对企业管制的放松，越来越多的私营企业得以发展，从而带来了更大程度的用地需求。另一方面，中国市场机制的逐步引入使得企业需要按比较优势和集聚经济布局（He et al.，2008），随着经济转型，资本和劳动力流动的限制逐步减少，市场力量开始主导企业的区位选择，在市场机制下，企业面临激烈的市场竞争，必须布局在比较优势的区域才能使利润最大化。市场化水平高的产业通常集聚在市场化程度较强的地区。因此，经济市场化推动产业发挥比较优势，向城市地区集聚。这种城市化经济的实现，将有利于推动企业用地效率的提高。

总之，改革开放以来，在全球化和市场化共同作用下，工业企业对土地资源需求保持增长的态势；同时由于外资企业和市场化形成的集聚经济的存在，使得企业生产效率得以提升，在一定程度上有利于土地利用效率的提高。

二、地方政府—企业关系与工业用地：机制分析

在西方市场经济体，土地由土地所有者供给，土地的价格则由企业的竞价租金决定。不同的企业性质（如工业企业、信息业企业、商业企业等）具

有不同的竞价租金，而土地通常被最高出价者占据，因而企业用地通过由提供最高竞价租金的企业获得（奥沙利文，2008）。在这种机制下，土地价格往往反映了企业所需支付的真实成本，企业用地规模也通常与土地价格对应。由于土地掌握在私人手中，使得地方政府对土地利用的影响较小。与此形成对比的是，在中国转型经济背景下，作为国有土地的垄断供应方，地方政府可以通过工业用地出让影响工业企业用地。

1. 地方政府干预下的工业用地利用机制

在中央政府设立的经济分权"引力"和政治集中"推力"共同作用下，地方政府具有强大的动力促进地方经济增长，同时获得地方政府经济利益和政治利益。然而，1994年进行的以"财政收入权力集中、而财政支出责任不变"为特征的"分税制改革"，导致地方政府面对巨大的财政压力，地方政府不得不通过其他途径需求新的收入增长点。以土地所有权和使用权分离、土地有偿使用为重点的国有土地使用制度改革使得地方政府将土地出让作为新的收入点成为可能。

在实际操作中，地方政府对商服用地和工业用地的出让采取了不同的策略。具体表现为，一方面，地方政府通过改善基础设施、优化区位条件等方式拉动商业服务业用地和居住用地价格的上升，从而扩大了土地出让收入以及与此密切相关经济部门的税收收入，该过程能够降低地方政府的财政约束；另一方面，地方政府则通过压低工业用地出让价格吸引流动性税基进入本区域，以短期内的土地出让收入损失换取长期的稳定税收来源，该过程有利于地区经济总量的增加和政府官员"政绩工程"的凸显（陶然等，2005，2009；薛白，2011）。

在地方政府干预下，土地低价供给成为地方政府吸引工业（制造业）企业投资的主要手段之一。由于制造业高流动性，地方政府往往通过压低工业用地价格，实现在激烈的地区竞争中赢得投资，从而促进本地经济发展。比如，周业安和冯兴元（2004）在讨论地区间竞争时指出，地方政府在进行竞争时并不注重技术和制度条件，而是强调价格条件，突出表现在土地价格上就是压低工业用地价格进行招商引资。张莉和王贤斌等（2011）采用省级面板数据发现，地方政府官员热衷于出让土地是源于"土地引资"，即吸引更多外来投资以促进经济发展。

由此，以"竞次式"土地价格竞争为特征的地方政府干预直接造成了工业用地的过量供应。另外，过低的工业用地价格，也导致了工业用地利用效率和配置效率偏低。协议出让土地的低价格诱使企业多圈占土地，还导致地区之间产业用地配置扭曲（蒋省三等，2007）。

2. 引入企业政治关联后的工业用地利用机制

地方政府干预导致的工业用地过度供应以及用地效率低下已经得到大多数学者的认同，但是目前还较少有研究关注工业企业对工业用地供应的反馈机制，也很少有研究将工业企业纳入工业用地分析框架内，因此也就难以从整体上系统认识工业用地利用的机制。正如杨其静（2010）指出，一旦地方政府被赋予了管理地方社会经济事务的优先权，且又掌握了大量公共资源及其处置权，则必然成为企业追逐的对象。国有土地资源的供给正是地方政府所掌握的垄断性权力，因此，具有土地出让权力的地方政府也必然成为企业追逐的目标，从而为工业企业基于工业用地获取，形成政治关联提供了基本前提。在地方政府干预的背景下，企业政治关联的存在将为工业用地利用带来更加广泛且深刻的影响（见图4-1）。

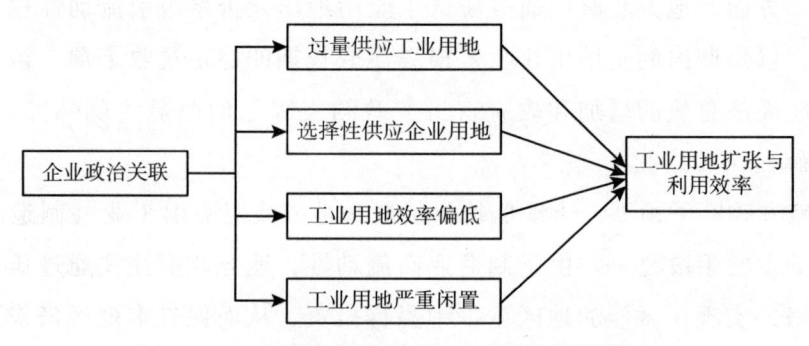

图4-1 企业政治关联影响工业用地利用途径示意

首先，企业政治关联的存在，使得地方政府和地方官员选择出让更多的土地，以满足具有政治关联企业的用地需求。具有政治关联的企业往往与地方政府具有千丝万缕的联系，甚至形成稳固的利益链。地方政府在制定发展战略或者相关企业政策时，往往优先考虑该类企业的需求。这一过程可能进一步放大地方政府过度供应工业用地的程度。资本、劳动力和土地是工业企业生产的三大投入要素，由于要素投入的可替代性，低廉的工业用地价格将诱使企业投入更多的工业用地，减少资本和劳动力的投入，从而通过节省成本以提高收益。相比于一般企业，具有政治关联的企业往往在用地审批、用地规模以及用地出让价格等方面获得额外的好处和便利，从而为企业带来更大的收益（徐伟等，2011）。具有政治关联的企业的广泛存在，将显著影响工业用地扩张与利用效率。

其次，企业政治关联的存在引发了土地供应市场的不公平现象，从而造成工业用地在企业配置中的失衡。对于公开出让的土地，看似地方政府无法操控土地出让，但是由于建设用地存在差异性，地方政府决定出让信息、出让方式等，能将土地出让给目标企业，而这目标企业往往是具有政治关联的企业，从而造成工业企业在土地获得时的差异性。例如，尽管按规定，经营性用地（包括工业用地）必须公开以招标、拍卖或者挂牌的方式出让，但是这并没有对地方政府的土地出让形成硬约束，地方政府可以通过各种名义或途径实现这一目的。张莉等（2013）将地方政府把土地出让给目标企业的行为称为"政企合谋"。Cai等（2009）认为，在中国土地市场拍卖中出让方式是有选择性的，利用拍卖理论，认为挂牌更容易实现地方政府与竞买企业的合谋。此外，地方政府还通过设置一些限制性条款，"量体裁衣"地定向出让给已经议定的企业，违背公开公平竞争原则，这样的案例在媒体上时有报道。

再次，地方政府大量低价供应工业用地，使得工业用地利用效率和配置效率普遍偏低。同时，由于具有政治关联的企业能够更加容易获得土地资源，使得它们的用地效率可能更低。当工业用地价格低于其本身要素价格，甚至存在"零地价"时，企业基于利润最大化的目标，就倾向于选择更多的土地要素与更少的非土地（资金、劳动力等）要素组合方式，这将导致企业粗放低效利用工业用地（林坚，2009）。如果具有政治关联的企业的业绩出现下滑或者倒闭状况，将直接导致大量低效用地的出现，不利于土地资源整体配置效益的提升。

最后，企业政治关联的存在可能带来工业用地的严重闲置状态，甚至助长寻租或腐败现象。具有政治关联的企业容易通过与地方政府形成"政企合谋"（张莉等，2013），实现大规模的圈地。比如在开发区内进行大规模圈地的报道时有见于报端，就是典型的例子，尤其在中西部地区，这种现象更为严重。具有政治关联的企业在获得大量土地后，要么转租，要么通过直接转为商住用地而获利（张莉等，2013）。这也进一步说明了将企业政治关联纳入工业用地分析框架的必要性。

总之，在中国特殊的转型经济体制下，地方政府—企业关系是理解中国工业用地特征的重要视角。这一视角不仅强调地方政府干预对工业用地的影响，而且还将企业政治关联这一企业反馈机制纳入到分析框架中，从而可以更加全面理解工业用地的内部作用机制。

三、本书的理论框架

在以上分析的基础上，本研究基于地方政府—企业关系视角构建工业用地利用的理论分析框架（见图4-2），可以概括如下：

首先，中国土地所有制性质以及土地市场化改革的实施，使得地方政府享有了对工业用地的垄断供应权，这也为地方政府干预工业企业用地提供了制度前提。尽管在实际运作中，土地流转具有多种方式，但是作为法定的工业用地供给途径，地方政府对工业用地的供给权受到了法律保障。

其次，转型时期中央—地方关系，以及地方政府竞争，导致了地方政府普遍采取土地出让完成城镇化的原始资本积累（Lin，2006），形成了地方政府对工业企业用地的干预。在中央政府设立的经济分权"引力"和政治集中"推力"共同作用下，地方政府具有强大的动力促进地方经济增长，同时获

第四章 地方政府—企业关系与工业用地：理论框架

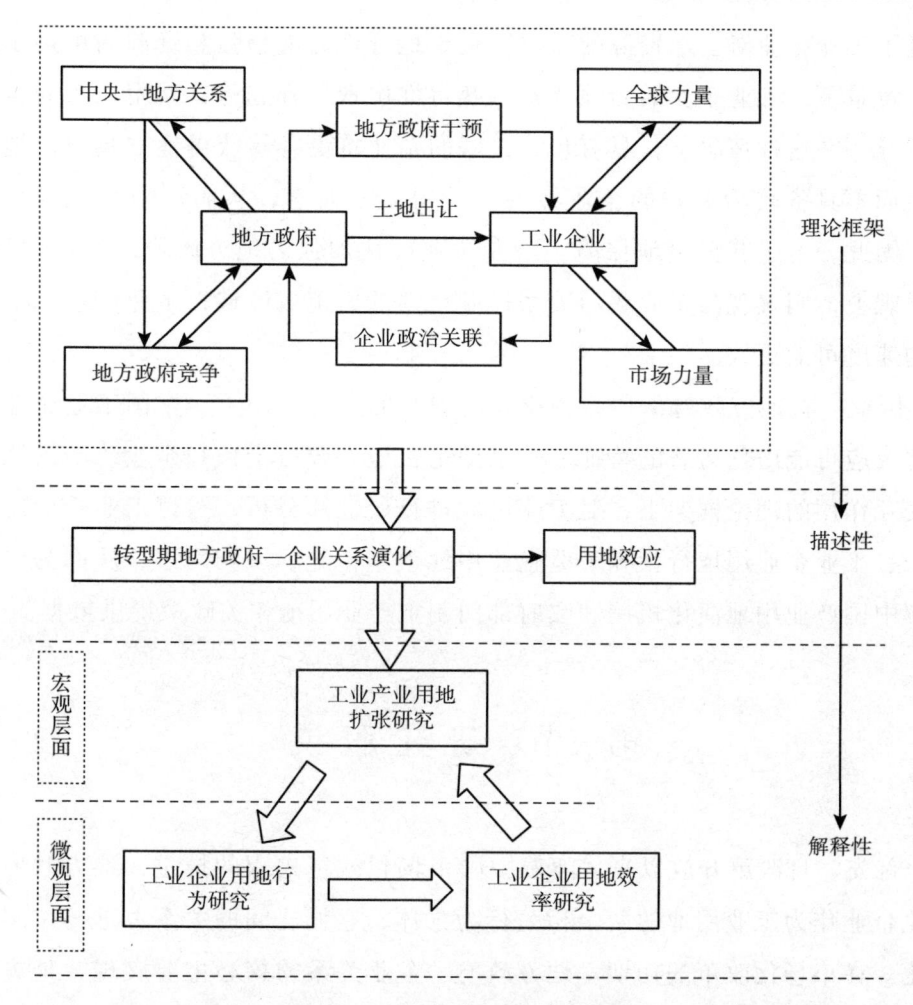

图 4-2 本书的理论分析框架

得地方政府经济利益和政治利益。然而，1994年进行的"分税制改革"，导致地方政府面对巨大的财政压力，地方政府不得不通过其他途径需求新的收入增长点。以土地所有权和使用权分离、土地有偿使用为重点的国有土地使用制度改革使得地方政府将土地出让作为新的收入点成为可能。在招商引资的激励竞争中，地方政府普遍采取了"竞次式"的价格竞争手段，大量出让工业用地。这也是目前学术界获得较多认可的理论观点。

再次，全球力量和市场力量的作用极大推进了中国工业产业的发展，也促进了工业企业对土地资源的需求。在土地管理力度趋强和资源约束逐步显现的背景下,工业企业的土地要素可获得性出现下降趋势,其用地行为也出现差异。在这种情况下,具有政治关联的企业将更容易获得地方政府土地供应,而不具备政治关联的企业将难以获得土地要素,从而影响企业经济绩效。因此,为了获得用地保障,工业企业往往加强与地方政府的政治关联。从宏观上,则表现为企业政治关联程度更强的城市或区域,工业产业用地扩张的速度可能更快。

因此,在地方政府干预和企业政治关联的交互作用下,中国工业企业的用地效应可能出现显著的特征。本书即是在地方政府干预和企业政治关联及其交互作用的理论框架下,对工业用地进行研究和分析,探讨工业产业用地扩张、工业企业用地行为和工业企业用地效率差异的影响因素,从而为深入理解中国产业用地演化机制和政府部门制定产业用地相关政策提供依据。

第三节　研究假说

首先,自改革开放以来,随着中国市场化改革进程的推进,地方政府和工业企业作为工业用地的两个相关行为主体,它们之间的关系也进行了多次演化。在市场化改革的初期,地方政府—企业关系的核心主要表现在地方政府利用各种手段扶持其所有的国有或集体企业,其用地效应也表现为地方政府所有的国有企业和集体企业用地大量增长,尤其是散布于广大村镇地区的集体企业大量扩张,造成了工业企业用地空间格局的分散化和零散化。随着市场化改革的深入,地方壁垒被打破,全球化的影响加深,地方政府—企业关系的核心演变为对外来资本的争夺,这就直接导致了地方政府通过采取"竞次式"的价格竞争手段,大量出让工业用地,并造成了工业用地的低效利用。随着土地管理力度趋强和资源约束逐步显现,地方政府—企业关系的核心演变为地方政府引导企业合理布局,从而促进产业结构调整和布局优化。因此,本书提出研究假说1:

研究假说 1：改革开放以来，不同时期不同特征的地方政府—企业关系可以导致工业用地效应的差异性。

其次，中国城市用地扩张是现有文献的研究热点。一些研究从土地需求的角度出发，认为中国快速的工业化、城镇化和经济增长是城市土地扩张的主要原因。另一些研究则从土地供给的角度出发，认为土地供应已经成为地方政府参与土地市场的强大工具，地方政府通过土地供给获得大量预算外收入，不仅为地方政府带来大量的经济利益，也为其带来政治利益，据此认为土地过度供给是造成城市土地扩张的主要原因。He 等（2014）则通过构建结构方程模型，验证了中国土地利用扩张与经济增长之间的相互影响、相互作用。Huang 等（2015）验证了"全球化、市场化、分权化"的经济转型框架是理解中国城市土地扩张的有效框架。然而，与城镇用地相比，现有研究缺乏对产业用地扩张机制的深入研究。

为此，本研究基于地方政府—企业关系视角对工业产业用地扩张进行分析。"经济分权和政治集中"使得地方政府具有干预经济，促进地方经济增长的强大动力。为了在激烈的地方政府竞争中获得优势，地方政府往往采取廉价出让工业用地的方式进行招商引资，而这也常常被认为是工业用地扩张的主要原因，这一工业用地扩张机制得到多数学者的认同（Yang and Wang, 2008；Cartier, 2001）。从企业角度来看，地方政府过度供应土地将扭曲企业的用地行为。当工业用地价格低于其本身要素价格，甚至存在"零地价"时，企业基于利润最大化的目标，就倾向于选择更多的土地要素与更少的非土地（资金、劳动力等）要素组合方式（林坚，2009），这将导致企业用地的过度使用。尤其是具有较强政治关联的企业，更容易获得更多的工业用地。当一个城市的政企关系更紧密时，城市产业用地扩张的速度可能更快。因此，本书提出研究假说 2：

研究假说 2：从宏观层面看，地方政府干预和企业政治关联及其交互作用能够显著影响工业产业用地的扩张。

再次，仅仅从宏观层面的视角分析工业产业用地扩张，显然不能全面认识工业用地的微观机制。而从微观层面进行分析工业企业用地行为和用地效率则是深入认识工业用地内部机制的重要途径。那么,工业企业用地行为和用地效率到底与哪些因素有关呢?

本研究认为,地方政府—企业关系可能是影响工业企业用地行为和用地效率的重要因素之一。地方政府在"经济分权和政治集中"的双重激励下,具有干预经济,促进地方经济增长的强大动机。地方政府干预的存在使得工业用地的供给出现了多种可能性,工业企业作为用地的主体,也可能基于自身利益选择不同的用地方式。在土地资源趋紧的形势下,对于具有政治关联的企业来说,与政府的密切关系可能在一定程度上缓解企业用地压力,从而有利于企业的成长。而对于不具备政治关联的企业来说,从政府手中获得土地难度增大,可能不得不采取租用土地或租用厂房的方式解决用地问题。这种用地行为的差异性是地方政府—企业关系差异导致的结果。

另外,企业用地效率也与地方政府—企业关系有着紧密联系。在现有研究中,政府补贴和企业位于开发区与否是表征地方政府—企业关系的两个重要代理变量。不少经验研究已经证实,企业获得政府补贴的机会与特殊的政治关联具有显著的正相关关系(Fisman,2001,陈冬华,2003;罗党论和唐清泉,2009)。在中国,政府对企业的补贴并不限于国有企业和上市公司,而是非常普遍的,而且政府发放补贴的渠道也很多,比如研发补贴、技术改造补贴、出口退税补贴等。企业能否获得补贴往往是企业政治关联程度的重要表现。对于获得政府补贴的企业来说,由于企业成本压力可能获得缓解,从而有助于企业绩效的改善。企业位于开发区与否则是地方政府干预企业的另一个重要表现。企业进入开发区,往往能够获得地方政府财税、土地和基础设施等方面的便利,从而可能获得更高的用地效率。

研究假说3:从微观层面看,地方政府—企业关系是引起工业企业用地行为和用地效率差异的重要因素。

本章参考文献

[1] 阿瑟. 奥沙利文(Arthur O'Sullivan)著,周京奎译. 城市经济学,2008:100 – 119.

[2] 白重恩,刘俏,陆洲. 中国上市公司治理结构的实证研究. 经济研究,2005,2

(5): 81-91.

[3] 边燕杰, 丘海雄. 企业的社会资本及其功效. 中国社会科学, 2000, 2 (2): 2-11.

[4] 陈冬华. 地方政府, 公司治理与补贴收入. 财经研究, 2003 (9): 15-21.

[5] 陈抗, 顾清扬. 财政集权与地方政府行为变化——从援助之手到攫取之手. 经济学, 2002, 2 (1): 111-130.

[6] 陈钊, 陆铭, 何俊志. 权势与企业家参政议政. 世界经济, 2008, 31 (6): 39-49.

[7] 顾元媛, 沈坤荣. 地方政府行为与企业研发投入——基于中国省际面板数据的实证分析. 中国工业经济, 2012 (10): 77-88.

[8] 胡旭阳. 民营企业的政治关联及其经济效应分析. 经济理论与经济管理, 2010 (2): 74-79.

[9] 蒋省三, 刘守英, 李青. 土地制度改革与国民经济成长. 管理世界, 2007, 9 (1): 1-9.

[10] 李林艳. 关系, 权力与市场: 中国房地产业的社会学研究. 社会科学文献出版社, 2008.

[11] 林坚. 中国城乡建设用地增长研究. 商务印书馆, 北京, 2009.

[12] 刘守英, 等. 土地制度改革与转变发展方式. 中国发展出版社, 2012.

[13] 罗党论, 唐清泉. 中国民营上市公司制度环境与绩效问题研究. 经济研究, 2009, 2 (108): 106-118.

[14] 潘红波, 夏新平, 余明桂. 政府干预, 政治关联与地方国有企业并购. 经济研究, 2008, 4 (4): 41-53.

[15] 孙铮, 刘凤委, 李增泉. 市场化程度、政府干预与企业债务期限结构——来自我国上市公司的经验证据. 经济研究, 2005 (5): 52-63.

[16] 唐清泉, 罗党论. 政府补贴动机及其效果的实证研究——来自中国上市公司的经验证据 [J]. 金融研究, 2007 (6a): 149-163.

[17] 陶然, 陆曦, 苏福兵, 等. 地区竞争格局演变下的中国转型: 财政激励和发展模式反思. 经济研究, 2009 (7): 21-33.

[18] 陶然, 徐志刚. 城市化, 农地制度与迁移人口社会保障. 经济研究, 2005 (12): 45-56.

[19] 田国强. 一个关于转型经济中最优所有权安排的理论. 经济学 (季刊), 2001,

1 (1): 45-55.

[20] 王海鸿, 李田. 基于政企关系视角的房地产市场中政府寻租问题研究. 经济体制改革, 2010 (2): 149-152.

[21] 王珺. 政企关系演变的实证逻辑: 经济转型中的广东企业政策及其调整. 中山大学出版社, 2000.

[22] 王立国, 鞠蕾. 地方政府干预, 企业过度投资与产能过剩: 26个行业样本. 改革, 2012 (12): 52-62.

[23] 吴文锋, 吴冲锋, 芮萌. 中国上市公司高管的政府背景与税收优惠, 2009 (3): 135-142.

[24] 徐伟, 孙永智, 企业政治资源的经济回报: 基于江苏常州企业调查数据的实证分析, 2011 (1): 86-91.

[25] 薛白. 财政分权, 政府竞争与土地价格结构性偏离. 财经科学, 2011 (3): 49-57.

[26] 杨其静. 市场, 政府与企业: 对中国发展模式的思考. 中国人民大学出版社, 2010.

[27] 余明桂, 潘红波. 政治关系、制度环境与民营企业银行贷款. 管理世界, 2008 (8): 9-21.

[28] 喻微锋, 吴刘杰. 地方政府行为, 金融发展与城乡收入差距——基于省际面板数据的实证研究. 广东金融学院学报, 2011, 26 (5): 12-22.

[29] 张功富. 政府干预, 政治关联与企业非效率投资基于中国上市公司面板数据的实证研究. 财经理论与实践, 2011, 32 (3): 24-30.

[30] 张璟, 沈坤荣. 地方政府干预, 区域金融发展与中国经济增长方式转型——基于财政分权背景的实证研究. 南开经济研究, 2008 (6): 122-141.

[31] 张莉, 高元骅, 徐现祥. 政企合谋下的土地出让. 管理世界, 2013 (12): 43-51.

[32] 张莉, 王贤彬, 徐现祥. 财政激励, 晋升激励与地方官员的土地出让行为. 中国工业经济, 2011 (4): 35-43.

[33] 章卫东, 赵琪. 地方政府干预下国有企业过度投资问题研究——基于地方政府公共治理目标视角. 中国软科学, 2014 (6): 182-192.

[34] 周黎安. 晋升博弈中政府官员的激励与合作. 经济研究, 2004 (6): 33-40.

[35] 周黎安. 中国地方官员的晋升锦标赛模式研究. 经济研究, 2007, 7 (36):

36-50.

[36] 周其仁, 樊纲, 马建堂. 大型乡镇企业研究: 横店个案笔谈. 经济研究, 1997 (5): 31-4.

[37] 周业安, 冯兴元, 赵坚毅. 地方政府竞争与市场秩序的重构. 中国社会科学, 2004 (1): 56-65.

[38] Bai C E, Lu J, Tao Z. (2006). Property rights protection and access to bank loans. Economics of Transition, 14 (4): 611-628.

[39] Bardhan P. (2002). Decentralization of governance and development. Journal of Economic perspectives, 185-205.

[40] Bertrand M, Kramarz F, Schoar A. (2004). Politically connected CEOs and corporate outcomes: Evidence from France, CEPR, Working paper.

[41] Blanchard, O., Shleifer, A. (2000). Federalism with and without political centralization: China versus Russia (No. W7616). National Bureau of Economic Research.

[42] Bourdieu P, (1986). The forms of social capital, in G John Richardson ed. Handbook of theory and research for the sociology of education, Westport CT, Greenwood Press.

[43] Cai, H., J. Henderson and Q. Zhang (2009). China's Land Market Auctions: Evidence of Corruption, NBER Working Paper.

[44] Cartier, C. (2001). "Zone Fever", the Arable Land Debate, and Real Estate Speculation: China's evolving land use regime and its geographical contradictions. Journal of Contemporary China, 10 (28): 445-469.

[45] Chen G, Cheng L T W, Gao N. (2005). Information content and timing of earnings announcements. Journal of Business Finance and Accounting, 32 (1-2): 65-95.

[46] Chong J C, Lee S H, Kim J B. A Note on Countertrade: Contractual Uncertainty and Transaction Governance in Emerging Economies. Journal of International Business Studies, 1999, 30 (1): 189-201.

[47] Durlauf. S and M Fafchamps, (2005), "Social Capital", Handbook of Economic Growth. Volume 1B. Edited by Philippe Aghion and Steven N. Durlauf.

[48] Faccio M. (2006). Politically connected firms: Can they squeeze the State? American Economic Review, 96: 369-386.

[49] Fan J P H, Wong T J, Zhang T. (2007). Politically connected CEOs, corporate governance, and Post-IPO performance of China's newly partially privatized firms. Journal of fi-

nancial economics, 84 (2): 330 - 357.

[50] Fisman R. (2001). Estimating the value of political connections. American Economic Review, 1095 - 1102.

[51] Frye T, Shleifer A. (1996). The invisible hand and the grabbing hand. National Bureau of Economic Research.

[52] Hayek F A. (1939). The economic conditions of interstate federalism. New Commonwealth Quarterly, 131: 49.

[53] Hayek F A. (1945). The use of knowledge in society. The American economic review, 519 - 530.

[54] He, C. F, Wei, Y. H. and Xie, X. Z. (2008) Globalization, Institutional Change and Industrial Location: Economic Transition and Industrial Concentration in China, Regional Studies, 42 (7): 923 - 945.

[55] He, C. F., Huang, Z. J., Wang R. (2014). Land use change and economic growth in urban China: A structural equation analysis. Urban Studies, 51 (13): 2880 - 2898.

[56] Huang, Z. J., Dennis, W. Y. H., He, C. F., et al., (2015). Urban land expansion under economic transition in China: A multi-level modeling analysis. Habitat International, 47: 69 - 82.

[57] Jiang L, Deng X, Seto K C. (2012). Multi-level modeling of urban expansion and cultivated land conversion for urban hotspot counties in China. Landscape and Urban Planning, 108 (2): 131 - 139.

[58] Johnson S, Mitton T. (2003). Cronyism and capital controls: evidence from Malaysia. Journal of financial economics, 67 (2): 351 - 382.

[59] Lin G C S. (2002). The growth and structural change of Chinese cities: a contextual and geographic analysis. Cities, 19 (5): 299 - 316.

[60] Lin G C S. (2006). Peri-urbanism in globalizing China: A study of new urbanism in Dongguan. Eurasian Geography and Economics, 47 (1): 28 - 53.

[61] Montinola, G., Qian, Y., Weingast, B. R. (1995). Federalism, Chinese style: the political basis for economic success in China. World Politics, 48 (1): 50 - 81.

[62] Musgrave, R. A. (1959). The Theory of Multi-level Public Finance. (Vol. 52, pp. 266 - 278). National Tax Association.

[63] Oates W E, Schwab R M. (1988). Economic competition among jurisdictions: effi-

ciency enhancing or distortion inducing? Journal of public economics, 35 (3): 333 – 354.

[64] Oates W E. (1972). Fiscal federalism. New York: Harcourt Brace Jovanovich.

[65] Oates W E. (1999). An essay on fiscal federalism. Journal of economic literature, 1120 – 1149.

[66] Oi J. (1992). Fiscal reform and the economic foundation of local state corporatism in China. World politics, 45 (1): 99 – 126.

[67] Portes A. (1998). Social capital: Its origins and applications in modern sociology. LESSER, Eric L. Knowledge and Social Capital. Boston: Butterworth – Heinemann, 43 – 67.

[68] Qian, Y., Weingast, B. R. (1997). Federalism as a commitment to perserving market incentives. The Journal of Economic Perspectives, 11 (4): 83 – 92.

[69] Riker W H. (1964). Federalism: Origin, operation, significance. Boston: Little, Brown.

[70] Storper, M. (1997). The Regional World: Territorial Development in a Global Economy. London and New York: Guilford Press.

[71] Su M. (2005). The Role of Foreign Investment in China's Land – Use Policy. Asian Perspective, 99 – 131.

[72] Tiebout C M. (1956). A pure theory of local expenditures. The journal of political economy, 416 – 424.

[73] Weingast B R. (1995). The economic role of political institutions: market-preserving federalism and economic development [J]. Journal of Law, Economics, and Organization, 1995: 1 – 31.

[74] Wong C P W. (1997). Financing local government in the People's Republic of China. Oxford University Press.

[75] Yang, D. Y. R., Wang, H. K. (2008). Dilemmas of local governance under the development zone fever in China: A case study of the Suzhou region. Urban Studies, 45 (5 – 6): 1037 – 1054.

第五章 转型时期地方政府—企业关系演化及其用地效应

第一节 引 言

工业化是一个国家由传统农业生产向现代化工业生产转变的过程,是现代化进程的必经阶段;工业化通过对经济增长和结构变化的影响,进而促进经济发展。自改革开放以来,中国工业化进程进入了迅速发展的时期。市场对配置资源和激励投资起着空前重要的作用,加上人民生活水平提高对消费品的巨大需求,使得快速工业化和城市化成为中国经济增长的主导因素。与工业发展相对应,工业用地的增长也成为经济发展的重要特征。与现有文献关于工业用地研究不同,本章试图从地方政府—企业关系这一独特的视角出发,系统梳理不同时期不同特征的地方政府—企业关系,及其如何对工业用地产生的影响。本章尝试按照时序将改革开放以来中国地方政府—企业关系划分为三个阶段,分别概括为"地方保护"阶段、"地方竞争"阶段和"地方引导"阶段。在对这三种关系阶段进行详细分析的基础上,剖析各种地方政府—企业关系阶段所导致的用地效应,从而可以描述性地认识中国工业用地的演化过程。

第二节　早期市场体系不发达阶段：地方保护

改革开放初期，由于市场化程度不高以及全球化程度的区域不平衡，从全国总体情况来看，地方政府普遍利用各种手段扶持其所有的国有或集体企业，进而为地方政府争取更多的经济利益。因此，在早期市场体系不发达阶段，地方政府—企业关系的核心是地方保护主义，其用地效应表现为国有企业和集体企业大量占用工业用地，从而形成了城市工业用地的雏形，以及村镇地区乡镇企业用地蔓延的总体格局。

一、地方保护主义的制度成因

中国从计划经济向市场经济的转型经历了一个"渐进式"的发展阶段。第一阶段，从改革开放初期，即20世纪70年代末～90年代中期，中国的改革开放进入一个"摸着石头过河"阶段。分权化是我国转型经济的显著特征，随着地方治理权限向地方政府的倾斜，各级地方政府一方面得到了相当部分的行政管理权力，另一方面又承担了加快本地经济发展的巨大压力，这使得各级地方政府把上级政府赋予的各项权利最大限度地用于舒缓压力上。

"层层财政包干制度"被认为是20世纪80年代以来的最重要的制度性变革之一。这项财政制度的变革极大地激发了各级地方政府发展经济的动力与压力。"层层财政包干体制"的基本做法是首先界定了各级地方政府与上级政府之间的财政上缴数量和额度；财政多收，地方政府就可以多留。由于地方政府可支配的财政收入是政府直接投资的主要来源，所以，地方财政收入分成或留成越多，地方财政可用于行政事业和经济建设的资金也就越多。财政收入层层包干，财政指标层层分解，不仅各地方建设费用与按照包干额度上缴后所剩余的财政收入有关，而且基层政府官员控制财富分配的能力，甚至官员自己的收入增长与本级所留的财政收入也是挂钩的。因此，本地财政收入留成越多，地方政府所支配的财力就越大，地方政府官员的收入也就越有可能增长。在这种引入财政承包的体制下，基层地方政府官员也面临着巨大的压力，对于他们来说，不努力改善本地福利水平，官员则被认为是没有本事，官位就坐不稳（汪晖和陶然，2013）；而依靠传统计划经济条件下的"等、靠、要"等手段来发展经济又越来越受到体制变革的限制，出路只能是努力扩大本地财源。

随着"层层财政包干体制"的推行，地方政府与中央之间的目标函数已经不完全一致了，这使地方政府在经济活动中扮演的角色也发生了变化。各级地方政府已由过去主要作为中央政府的代表转变为本地区利益的代表，由过去主要代表中央政府监督和管理企业转变为本地区企业经营的代理人。在这种背景下，地方政府有激励对地方经济进行干预，尤其是对企业进行扶持。在改革的初期阶段，中国各地第二、第三产业增长的主要驱动力是各类被地方政府（包括农村社区组织）直接投资和所有的企业，即地方国有企业和乡镇企业，而像私营企业和外资企业等流动性较强的企业还未成为推动地方经济增长的一支力量。由于意识形态和国家政策的限制，在改革开放之初，私营企业的发展并没有获得国家的鼓励，甚至在一些地方还受到各种政策的限制，因此地方政府也没有条件将私营企业的增长作为发展经济的手段。虽然伴随经济体制的改革，我国对外开放也从 20 世纪 80 年代初开始，但是外商直接投资的增长同样受到很强的政策导向性。由于沿海经济特区和改革试点省份享受中央政府特殊的政策待遇，不仅享受较低税率，还享受对外商投资颇具吸引力的各种有利的制度和政策环境，因而外商直接投资高度集中于这些地区，而中国其他大部分地区对于这类投资的竞争程度并不那么激励（汪晖和陶然，2013）。

因此，在改革之初，消费品需求上升、大量廉价劳动力存在和地方政府大力扶持下，那些地方政府所有的企业实现了快速增长，同时，地方政府甚至直接介入生产的投资活动，大规模投资新企业，以期实现地方政府促进经济增长的目标。在财政税收方面，为了在财政承包制体系下获得更大的地方利益，地方政策往往采取转移本地企业收入以回避潜在的中央政府税收。如地方政府通过隐藏企业利润或减少征税，实行所谓的"把肉烂到锅里"的政策，或者干脆将预算内收入转为预算外收入乃至体制外收入（汪晖和陶然，2013）。

为了保护这些地方国有企业和乡镇企业的发展，地方政府一方面采取了限制私营企业发展的政策，另一方面也通过采取地方保护主义政策，使得其管辖下的这些企业不受外地企业经济的影响。有证据表明，地方政府通过有意识地对外地商品实施各种保护主义措施来封闭地方市场，而这一时期存在的大量的地区间产业重构和价格趋异现象也反映了地区间贸易壁垒和地方保护主义的存在（Bai et al., 2004）。总体来说，改革开放初到1990年中期，地方政府—企业关系的核心主要表现在地方政府利用各种手段扶持其所有的国有或集体企业，包括通过隐瞒利润和实施地区保护主义政策等（汪晖和陶然，2013）。

二、工业用地的雏形

这种政企关系下，地方政府对国有或集体企业的扶持，导致了20世纪80~90年代前期，国有企业和乡镇企业大量占用土地的现象，从而形成了城市内部和村镇地区大量的工业产业用地。由于缺乏规划，这些工业产业用地总体布局不合理，星星点点，成为目前存量工业用地的主要来源。比如，以苏南为代表的乡镇工业迅速发展，形成"进厂不进城，离土不离乡"的工业化发展模式，但这种"村村点火，户户冒烟"的分散工业形式也造成土地资源的严重浪费和低效利用。在珠三角地区，村集体普遍推进农村社区工业化，大量乡镇企业迅速发展，成为推动工业化的重要力量。

第三节 市场化改革深化期：地方竞争

1992年后，随着新一轮市场化改革的推进，地方政府—企业关系发生了重大转变,其核心由"地方保护"转变为"地方竞争"。这一时期,地方政府开始通过招商引资大量吸引外来投资(包括外商投资),甚至通过包括压低土地价格,放松环境管制和提供优惠财税政策的措施吸引投资。其结果是导致了开发区用地的大规模扩张,以及工业产业用地的低效蔓延。

一、地方竞争的形成

首先,20 世纪 90 年代中期以后,经济发展形势和政策环境发生了深刻的变革,使得这一时期的政企关系也发生了演化。这些因素包括:一是以邓小平 1992 年南方谈话为起点的新一轮市场化改革的启动。各地地方保护主义实施下的重复建设,导致产能过剩问题异常严重,促使了新一轮市场化改革的实施。新一轮市场化改革进一步将市场经济作为资源配置的基础性方式,积极打破地区间的贸易壁垒,扶持私营企业的发展,进一步扩大对外开放的范围已吸引外商直接投资,国内市场化一体化得到了加强,使得产品市场竞争日益激烈。这种情况下,地方政府很难通过有效的地方保护主义政策保护国有企业和乡镇企业的发展,加上金融体制的改革抑制了地方政府采用行政性贷款扶持国有和乡镇企业,使得这些企业的发展空间被压缩,成为地方政府的负资产。为此,一场大规模的国有企业和乡镇企业改制不得不开始,到 1996 年底,70% 的小型国有企业在一些省份实现了私有化,其他省份也有半数改制(汪晖和陶然,2013)。

其次,1994 年后以财权上收、事权保留为基本特征的分税制改革的实施。分税制改革不仅在保持政府支出责任划分不变的同时,显著向上集中了财政收入,也大大限制了地方政府利用正式税收工具扶持当地制造业企业的机会。分税制的实施压缩了地方政府通过正式途径增加预算内收入的空间,也未能相应调整不同级别政府间支出责任的划分。同时,地方国有和乡镇企业在 20 世纪 90 年代中期后的大规模改制、重组和破产极大地增加了社会保障支出的压力,而社保支出基本上是地方政府的责任,因此,分税制改革导致地方政府的实际财政支出责任显著加大。收入上移和支出责任事实上的增加迫使地方政府不得不全力增加本地财源。然而，由于无法继续从改制的国有、乡镇企业获取稳定财源，地方政府开始热衷于吸引私人投资，包括外商直接投资，来培养新地方税基。因此，地方政府在经济发展中所扮演角色逐渐从地方国有、乡镇企业所有者过渡为本地企业征税者。

在一些背景下，政企关系也随着发生了剧烈的演变，地方政府在对待地方国有和乡镇企业、私营企业和外商投资企业的态度发生了重大转变。一是地方政府加快了与其所属企业的脱钩步伐。市场化改革的进一步深入，以及地方国有和乡镇企业亏损增加和非公有制企业的成长带来的压力，使得改制的步伐加快。二是创造有利于非公有制经济发展的竞争环境。各级地方政府对个体和私营经济不仅仅局限于一般性的鼓励和扶持，而是把重点放在如何消除对个体私营经济和个体经济活动的各种体制和政策性的歧视上，扭转按所有制倾斜的发展思路，给予个体私营经济一个平等竞争、公平发展的环境。三是提高投资环境的竞争力，吸引外来投资，包括外商直接投资。由于私人企业包括外商直接投资企业具有更大的流动性和根据各地政府提供的优惠投资条件来选择投资地的主动性，导致地方政府努力提高区域的投资环境，包括基础设施的功能配套、要素使用价格的下调等措施，提高区域的竞争力，并与其他地区进行激烈的竞争。

因此，这一时期的地方政府—企业关系的核心可以概括为地方政府为吸引外来投资所形成的地方竞争。由于争取制造业投资可用的税收工具随分税制改革日益缩减，地方政府开始更多地依赖于各种非税收手段。除了降低劳工工资、环保管制要求外，提供廉价工业用地和补贴性配套基础设施等优惠条件成为地区间制造业投资竞争的主要工具。比如，在很多地方，基础设施完备的工业用地仅以名义价格、甚至是所谓的"零地价"出让给投资者50年。有些地方还采取返还土地出让金等优惠政策出让工业用地。因此，20世纪90年代中后期以来，地方政府开始大规模建设工业开发区，直接导致了工业用地的大规模扩张。工业用地价格的低廉，进一步刺激了企业用地的冲动，一定程度上造成了工业用地效率的低下和闲置用地的大量发生。

二、开发区的扩张

开发区的扩张是这一时期工业产业用地扩张的重要载体。1992 年,邓小平同志南方谈话将我国开发区建设推至高潮。据报道,到 1992 年底,我国各类开发区达 8 700 个,而当时全世界开发区总数才 9 600 个。针对此情况,国务院于 1993 年发出《关于严格审批和认真清理各类开发区的通知》(国发[1993] 33 号),急欲为"开发热"降温(李琦,2007)。然而,这只对省级以下的开发区建设起到部分约束作用,却并未遏止国家级开发区的设立。仅 1993 年 4 月,七个国家级经济技术开发区被批准成立;5 月又有 3 个国家级开发区批准设立。总的来看,这一阶段是我国开发区过热建设阶段,暴露出"不顾数量""仓促上马""低效停滞"等多方面问题;尽管国家中途整顿,但地方政府热情不减,基层开发区的建设也没有被完全遏制。

开发区开发过滥,导致各地开发区的恶性竞争。为了招商引资,各地开发区各出奇招,甚至可能突破国家土地、税收法规及相关政策,不断推出低地价、低税收等各种优惠政策吸引企业入驻。有的地方甚至免地价,导致国有土地资产大量流失(李琦,2007)。即使在开发效益较好的开发区,由于早期开发区建设起步时,默许企业"圈地",那些早先进入园区的企业圈占大量土地,致使后进企业无地可用,这种现象在经济发达地区较为普遍。低廉地价导致工业"圈地"的另一个后果是为早先进入园区的企业提供炒地皮的机会。

同时,地方政府在开发建设中大多选择外延式发展道路,造就了很多超大型开发区。国家先后次审批的 222 个国家级开发区,累计审批 2 323.42 平方公里,平均每个占地 10.47 平方公里,远高于国外开发区的平均规模——1 平方公里左右(见表 5 - 1)。然而,由于冒进式的建设,开发区土地投资额远落后于国外,有些开发区土地投资额不足 30 万元/亩,而新加坡、中国台湾等国家和地区均在 100 万美元/亩,低投入必然导致低产出,引发低效率的粗放型土地利用方式(赵小风等,2012)。据调查,当前开发区土地资源的配置效率并为达到较优状态,在 54 个国家级经济技术开发区,以建筑容积率表示的土地利用强度只有 0.24,开发区占地平均只有 57%得到有效利用,闲置土地高达 43%(卢新海,2004)。而一些省级、市县级开发区的情况则更为严重,以湖南省为例,58 个省级开发区开发业绩均不尽人意,注册企业平均约百家,累计完成投资平均不过 3 亿元,完成工业产值不足 115 亿元,远低于工业发达国家和地区的平均水平。

表 5-1　　　　　　　　第 1~6 批国家级开发区数量及规模

	第 1 批	第 2 批	第 3 批	第 4 批	第 5 批	第 6 批	合计
个数	52	43	46	44	20	17	222
面积(公顷)	71 135	12 141	64 378	50 908	28 164	5 613	232 341
单个开发区平均面积(平方公里/个)	13.68	2.82	14.00	11.57	14.08	3.30	10.47

资料来源:赵小风等,2012。

随着国家对土地监察管理的力度逐步加大,开发区的扩张势头也得到了部分遏制。2003 年国务院下发了《关于暂停审批各类开发区的紧急通知》《关于清理整顿各类开发区加强建设用地管理的通知》等,对各类开发区进行清理整顿与规范管理,取得了显著成效。截至 2008 年,开发区数量减少到 1 374 个,规划面积由 3.86 万平方公里减少到 6 365 平方公里,压缩比例分别达到 80.0%和 83.5%(赵小风等,2012)。

三、工业产业用地增长显著

本节以国土资源部土地利用变更调查数据(1996~2008 年)为基础,刻画工业产业用地的扩张情况,以期从总体上认识以地方竞争为特征的地方政府—企业关系对工业产业用地扩张的影响。

图 5-1 显示了全国独立工矿用地与城镇用地增长趋势(1996~2008 年)(注:因资料局限,暂不含港澳台地区,下同)。从 1996~2008 年,与

城镇用地增长几乎同步,独立工矿用地呈现快速增长的趋势。独立工矿用地由 1996 年的 276.87 万公顷增长至 2008 年的 404.15 公顷,增长率达到 46%。该结果表明伴随着中国的城镇化进程,从 20 世纪 90 年代中期~21 世纪中后期,制造业用地实现了快速增长。

图 5-1 全国独立工矿用地与城镇用地增长量示意(1996~2008 年)

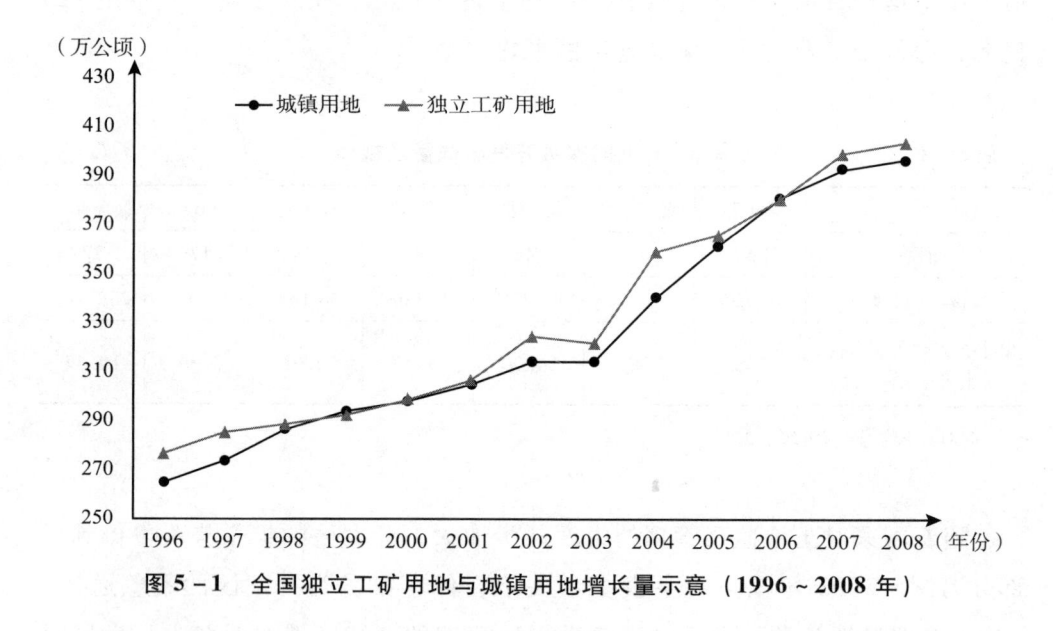

表 5-2 列出了 1999~2008 年十年间东部、中部和西部地区的独立工矿用地增长量。可以看出,东部地区的工业用地增长量远高于中部和西部地区,这与东部地区的工业化和城镇化水平远高于中西部地区是相吻合的。同时,从前一个 5 年和后一个 5 年的增长量比较来看,2004~2008 年的增长量要高于 1999~2003 年,表明工业用地出现加速扩张的态势。

表 5-2　　　　　　　　　分区域独立工矿用地增长量　　　　　　单位:万公顷

时期	东部	中部	西部
1999~2003 年	18.456	3.234	7.425
2004~2008 年	28.859	11.481	4.302
合计	47.315	14.715	11.727

资料来源:国土资源部。

表 5-3 展示了各省区市层面独立工矿用地增长量。1999~2003 年，工业用地增长最快的地区主要分布在东部沿海的北京、山东、珠三角、长三角的江苏、浙江和上海等省区市。2004~2008 年，东部沿海省区普遍是工业用地增长最快的地区。该结果也表明，工业用地的扩张呈现显著的区域差异。

表 5-3　　　　　各省份独立工矿用地增长量和增长率统计表

省份	增长量（万公顷）		增长率（%）	
	1999~2003 年	2004~2008 年	1999~2003 年	2004~2008 年
北京市	1.109	0.617	14.06	6.12
天津市	0.686	1.463	11.96	17.64
河北省	0.964	3.130	5.38	15.57
山西省	0.826	1.769	7.33	13.65
内蒙古自治区	0.385	2.893	3.14	20.93
辽宁省	0.514	2.236	3.49	13.30
吉林省	0.252	0.412	3.98	6.20
黑龙江省	0.046	0.583	0.38	4.69
上海市	1.646	0.772	24.86	8.40
江苏省	3.065	7.394	17.49	26.75
浙江省	3.241	3.049	37.29	19.88
安徽省	0.181	1.504	2.00	14.65
福建省	0.504	3.097	7.73	36.93
江西省	0.491	0.686	5.70	6.78
山东省	2.981	2.780	11.63	8.74
河南省	0.470	1.989	2.26	8.91
湖北省	0.388	0.899	4.54	9.35
湖南省	0.289	0.746	3.43	8.07
广东省	3.319	3.035	12.24	8.64
广西壮族自治区	0.405	1.111	5.12	13.00
海南省	0.022	0.175	0.54	4.17

续表

省份	增长量（万公顷）		增长率（%）	
	1999~2003年	2004~2008年	1999~2003年	2004~2008年
重庆市	0.172	0.480	5.35	12.28
四川省	0.695	0.368	9.08	4.21
贵州省	0.226	0.562	5.04	10.70
云南省	0.333	0.829	5.29	11.69
西藏自治区	0.015	0.066	4.46	15.91
陕西省	0.149	0.204	2.77	3.49
甘肃省	0.110	0.178	1.78	2.76
青海省	0.115	0.414	7.78	24.39
宁夏回族自治区	0.169	0.494	10.49	20.72
新疆维吾尔自治区	5.442	0.708	65.11	4.78

数据来源：全国土地利用变更调查数据（1996~2008年）。

第四节 产业升级下的调整期：地方引导

经过10多年高速粗放式的工业化发展阶段，我国不同地区逐步进入了经济进一步转型阶段，产业升级与结构调整势在必行，再加上资源环境约束条件的显现，使得我国较发达地区，尤其是东部发达地区的地方政府—企业关系发生了再次调整。地方政府—企业关系已经不再表现为地方政府以招商引资为目的的"地方竞争"，而是逐步转变为对制造业企业的引导，或概括为"地方引导"。同时，随着国家土地宏观调控政策的不断完善，逐步形成了对工业用地更加规范的管理措施，也迫使地方政府在工业用地供给和管理上更加规范，工业用地调整与升级也逐步成为常态。

一、地方政府—企业关系的再调整

20世纪中后期以来，随着经济的进一步发展，经济形势和国家政策的进一步调整使得地方政府—企业关系出现了新的特征。这些调整因素包括：

一是经济进一步转型发展的压力。经过近30年的快速发展阶段，我国经济总量出现了快速增长的态势，并已跃居世界第二位，但是产能过剩和消费内需不足等结构性问题仍然困扰着经济的健康发展，而且我国工业存在大量低端、高耗能、高污染等产业类型，需要通过产业升级和结构调整等一系列手段促进经济转型，实现经济持续发展。

二是资源环境约束的凸显。在我国城市地区，尤其是东部沿海城市地区，土地资源已经成为制约经济发展的重要因素，城市用地的快速增长使得后续土地资源严重不足，以粗放型发展为特征的发展模式已经难以为继，使得土地集约利用与城市内涵式发展成为中国大多数城市的必然选择（魏后凯等，2014）。

三是国家力量的进一步落实。耕地保护已经成为国家土地政策的核心，土地集约利用也成为国家基本国策，有关工业用地的法律法规进一步完善，比如国土资源部出台了《工业用地采取招标、拍卖和挂牌出让的管理办法》，以及促进工业用地集约利用的一系列政策，使得地方政府不得不在工业用地出让和利用方面采取进一步的集约措施。

在这些因素的作用下，地方政府—企业关系的核心也逐步调整为"地方引导"，即地方政府积极引导工业企业开展产业升级，并在空间上合理布局，从而出现了全国范围内产业升级和产业转移的趋势，促进了工业用地结构的调整和布局优化，有利于工业用地效率的改善。

二、国家宏观调控政策的落实

针对我国耕地锐减、城市过度扩张及土地利用效率低下，特别是工业用地粗放利用等突出问题，国务院高度关注，并将土地政策纳入国家宏观调控体系之中（赵小风等，2012）。2003年，国务院办公厅出台了《关于清理整顿各类开发区加强建设用地管理的通知》（国办发［2003］70号），随后国家发展和改革委员会、国土资源部、住房和城乡建设部和商务部联合颁发了

《关于清理整顿现有各类开发区的具体标准和政策界限》（发改外资［2003］2343号）。这两份文件明确了清查整顿的内容、重点、具体标准、政策界限、管理办法等。2004年，国务院《关于深化改革严格土地管理的决定》（国发［2004］28号）提出了实行强化节约和集约用地政策，指出要提高土地利用率和增加容积率，对工业项目用地必须有投资强度、开发进度等控制性要求。2006年，国务院《关于加强土地调控有关问题的通知》（国发［2006］31号）提出统一制定并公布建立工业用地出让最低价标准。同年12月，国土资源部发布《实施全国工业用地出让最低价标准的通知》（国土资发［2006］307号），规定了不同土地等级的工业用地出让最低价标准，并于2009年再次出台《关于调整工业用地出让最低价标准实施政策的通知》（国土资发［2009］56号），对部分工业项目土地出让最低价进行了调整，以促进经济较快发展。

2008年，国务院《关于促进节约集约用地的通知》（国发［2008］3号）进一步明确了节约集约利用土地的重要性，就节约集约用地提出了五大方面的要求：审查调整各类相关规划和用地标准、提高建设用地利用效率、健全节约集约用地长效机制、推进农村集体建设用地节约集约利用、落实节约集约用地责任。同时，国土资源部发布和实施《工业用地建设用地控制标准》的通知（国土资发［2008］24号）对不同等级土地的投资强度和容积率做了明确规定。2008年，国土资源部还相继出台了行业标准《建设用地节约集约利用评价规程》（TDT－1008－2008）和《开发区土地集约利用评价规程（试行）》，对城市建设用地和开发区集约利用评价和集约利用潜力测算做出了详细的规定。这两部规程旨在全面掌握城市建设用地（开发区）集约利用状况及集约利用潜力，提高土地利用效率，为国家和各级政府制定土地政策和调控措施提供科学依据，也为开发区扩区升级审核、动态监控及有关政策制定提供依据。可见，城市土地集约利用，特别是工业用地集约利用已经受到国家高度关注，并在实践中不断探索和完善。

2012年，国土资源部《关于大力推进节约集约用地制度建设的意见》给出了引导相关制度建设的具体建议。同年，在1999年版本的基础上修订了《闲置土地处置办法》。2013 年，国土资源部《开展城镇低效用地再开发试点指导意见》确定在 10 个省区市开展相关试点，低效用地再开发工作逐步在各地开展起来，其中如何提升产业用地利用效率也成为工作重点。

三、工业用地升级与效率提升

随着经济进一步转型、资源环境压力凸显和国家宏观调控政策转变，地方政府—企业关系发生了新的调整，其用地效应也发生了变化。地方政府不再采取盲目的、不惜代价的方式供应工业用地，而是采取更为理性的方式引导工业用地利用。在对待外商直接投资方面，也逐步采取有选择的竞争策略。根据我们在广东省和江苏省的调研，随着资源约束的增强，地方政府在吸引外来投资方面显得更为谨慎。选择企业的依据包括企业是否符合地方的产业政策、企业的投资强度是否满足地方有关用地门槛、企业的环保是否达到相关要求等。尤其是在产业转移背景下，新引进的企业需要满足更多的条件。这种积极的政企关系下，工业用地的扩张变得更为理性，而且工业用地效率的提高也逐步得以落实。

根据国土资源部对国家级开发区土地集约利用的评价结果（2012 年度），341 个国家级开发区的土地开发强度不断提高，工业用地趋于集约。如综合容积率为 0.83，与 2010 年度基本一致，比 2008 年度提高了 0.02；建筑密度 29.28%，比 2008 年、2010 年度分别提高了 3.1 个、1.7 个百分点；工业用地综合容积率 0.83，比 2008 年、2010 年度分别提高了 0.07、0.02；工业用地建筑系数 47.30%；比 2010 年度提高了 2.48 个百分点。从土地利用效益来看，土地的投入产出均不断提高。如 341 个国家级开发区单位工业用地固定资产投资达到 5 407.31 万元/公顷，工业用地产出强度达到 12 984.94 万元/公顷，高新技术产业用地产出强度为 26 668.11 万元/公顷[①]，均高于往年（见图 5-2、图 5-3、图 5-4）。

---

① 数据来源：国土资源部网站 http://www.mlr.gov.cn/zwgk/zytz/201301/t20130107_1173335.htm.

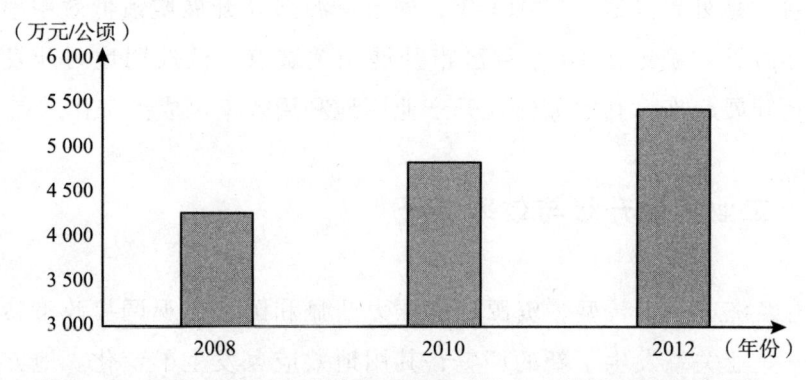

图 5-2　2008~2012 年国家级开发区单位工业用地固定资产投资

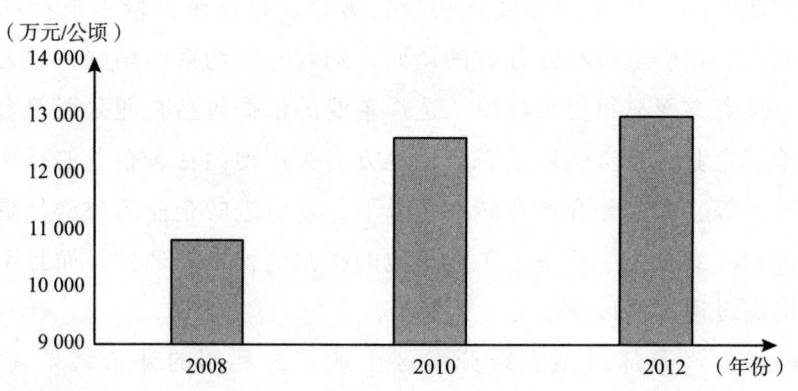

图 5-3　2008~2012 年国家级开发区单位工业用地产出强度

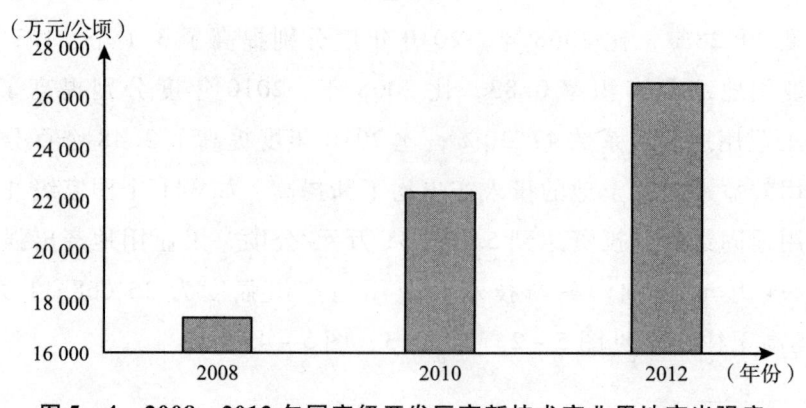

图 5-4　2008~2012 年国家级开发区高新技术产业用地产出强度

第五节 小　　结

通过以上分析，本章主要有以下结论：

第一，从宏观层面看，随着我国改革开放的推进，市场化改革的不断深化，地方政府—企业关系出现了明显的从"地方保护""地方竞争"再到"地方引导"三阶段演化过程。"地方保护"主要为早期市场体系不发达阶段地方政府—企业关系的特征，地方政府采取地方保护主义的措施扶持地方政府所有的国有企业和集体企业的发展。"地方竞争"主要为市场化改革深化期地方政府—企业关系的特征；在这一时期，地方政府采取地方竞争的策略吸引外来投资，促进本地经济增长。"地方引导"则是在经济进一步转型和资源环境约束加强的背景下地方政府—企业关系出现的新特征。

第二，地方政府—企业关系的转变带来工业用地不同的扩张与使用特征。早期工业用地扩张主要表现为国有企业和集体企业对工业用地的大量占有；市场化深化改革之后，工业用地扩张主要表现为开发区的扩张和FDI及私营企业的使用；现阶段"地方引导"的地方政府—企业关系则有助于制造业用地效益提升（见表5-4）。

表5-4　　　　地方政府—企业关系演化及其用地效应对比表

时期	阶段	地方政府—企业关系主要特征	制度与社会背景	用地效应
20世纪70年代末~90年代中期	早期市场体系不发达阶段	地方保护	财政包干制度	国有企业和集体企业大量占用工业用地
20世纪90年代中期~2005年	市场化改革深化期	地方竞争	市场化改革深入；国企改制；分税制改革	地方政府大规模建设工业开发区；工业用地的大规模扩张
2005年至今	产业升级下的调整期	地方引导	经济转型；资源约束；国家宏观调控	工业用地结构调整与效率提升

本章参考文献

[1] 李琦. 开发区土地可持续利用研究. 同济大学, 2007.

[2] 卢新海. 开发区土地资源的利用与管理. 中国土地科学, 2004, 18 (2): 40-44.

[3] 汪晖, 陶然. 中国土地制度改革难点、突破与政策组合. 商务印书馆, 2013.

[4] 魏后凯, 等. 中国城镇化: 和谐与繁荣之路. 社会科学文献出版社. 北京, 2014.

[5] 赵小风, 黄贤金. 基于分层视角的工业用地集约利用机理研究: 以江苏省为例. 科学出版社, 北京, 2012.

[6] Bai C E, Du Y, Tao Z, et al. (2004). Local protectionism and regional specialization: evidence from China's industries. Journal of International Economics, 63 (2): 397-417.

第六章　地方政府干预、企业政治关联与地级市工业用地扩张研究

以土地为中心的城镇化是中国经济社会转型的重要特征。城市土地扩张不仅是经济增长的结果，同时也是推动城市经济增长的原因。在这一背景下，中国城市土地扩张迅速，成为制约中国土地资源可持续利用的重要因素。在城市土地利用类型中，工业用地的扩张尤为迅速，城市用地结构中工业用地比例居高不下，工业用地利用效率总体低下。如何合理调控工业用地扩张，同时提高工业用地利用效率已经成为贯彻节约集约用地基本国策的关键点。

工业用地扩张机制是理解中国城市工业用地利用内在逻辑的最重要环节之一。本章基于"地方政府干预和企业政治关联构建的政企关系"分析框架和研究假说，以现有城市用地扩张研究为基础，考察地方政府干预、企业政治关联对中国工业用地扩张的影响机制，同时突出它们之间的交叉作用可能带来的影响。此外，工业用地扩张空间相互作用也是本研究关注的重点。

第一节　引　　言

城市扩张是全球城市发展历史上的一个显著特征。我们可以把镜头拉到更广阔的历史进程中考察，在过去的200年间，城市土地扩张一直在快速增

长。在全球具有代表性的30个城市中,城市土地扩张面积从1930~2000年平均增长了16倍,年增长率为3.3%(安杰尔,2015)。在全球120个样本城市中,城市土地覆盖面积在20世纪最后10年以每年3.7%的速度扩张,若以这种短期增长率计算,全球城市土地扩张面积将会在19年内翻一番(安杰尔,2015)。全球城市扩张不仅表现在发达国家,如美国这样的城市蔓延非常突出的国家,同时也表现在发展中国家。在过去的几十年里,发展中国家的很多城市正在经历迅速的城市化过程,城市大规模扩张,对城市周边土地的需求量极大(安杰尔,2015)。据联合国人口署2012年的预测数据,从2010~2050年,较发达国家的城市人口将仅增加1.7亿人,每年的增速为0.6%;但发展中国家的城市人口将会增加26亿,是较发达国家的15倍,每年的增速为2.4%,也是较发达国家的4倍。

作为过去30年经济快速增长的发展中国家之一,中国的城市用地扩张是转型时期伴随城镇化过程的一个重要现象,是认识中国城镇化的一个重要切入点。城市用地的扩张一方面,为房地产、商业服务业发展、制造业产业发展、基础设施建设提供了必要条件,为城镇化提供了基本保障;另一方面,由于中国转型时期特殊的制度安排,土地成为地方政府工业化和城镇化的重要手段(He et al.,2016),城市用地的快速扩张也在一定程度上带来了城市蔓延和用地效率的低下,构成了对中国土地资源可持续利用的巨大挑战。已有研究从土地需求、土地供给和土地制度安排等多重视角分析了中国城市用地扩张的驱动因素,但是目前尚缺乏对分土地用途类型的用地扩张机制的深入探讨,尤其是对城镇化过程中工业产业用地扩张的驱动因素的分析仍显不足(Tu et al.,2014;Huang et al.,2015)。

经过30多年的发展,中国工业产业规模突飞猛进,一跃成为"制造业大国""世界工厂",工业产业用地也迅速扩张,并成为城市建设用地中的重要组成部分。研究工业产业用地扩张不仅可以丰富中国城市用地扩张机制研究,也可以为完善工业用地政策提供依据。在现有文献研究基础上,本章拟从地方政府—企业关系视角分析地方政府干预和企业政治关联对工业产业用地扩张的影响,从而为考察中国转型阶段工业用地扩张研究提供一个可能的分析框架。值得说明的是，本章拟从宏观尺度，即地级市尺度开展工业产业用地扩张研究；而下一章则进一步从微观尺度，通过工业企业用地行为刻画研究工业用地扩张的微观机制。

第二节　中国城市工业用地扩张的驱动因素

工业产业用地扩张与工业化进程是分不开的。20世纪80年代以后，中国工业化进程跨入高速发展阶段。改革开放给中国工业发展带来新的历史机遇，市场对配置资源和激励投资起着空前的促进作用，快速工业化和城市化成为中国经济增长的主导因素。中国国内庞大的消费需求、廉价的劳动力、低廉的土地成本和原材料成本吸引着国内外的资本和技术，而这一时期，周边的中国香港、中国台湾、日本、韩国以及欧美等国家和地区却面临产业转型升级的困境，两者的发展形势形成强烈互补。外资纷纷涌入国内，各地加快发展外向型经济，加工制造业获得快速发展。随着产业转移的推进，进入21世纪之后，中国逐渐成为"世界工厂"，逐渐成为世界上的制造业中心。随着工业化进程的加速发展，工业产业用地也迅速增长，成为城市建设用地的重要组成部分。

工业化快速进程仅仅在一定程度上解释了中国工业产业用地扩张的机制，中国转型期特殊的制度安排也是影响工业产业用地扩张的重要原因。地方政府廉价出让工业用地进行招商引资被认为是工业用地扩张的主要原因，这一工业用地扩张机制得到多数学者的认同（Yang and Wang, 2008；Cartier, 2001）。地方政府在分权化的经济激励和集权化的政治激励共同作用下，具有了推动地方经济快速增长的动力。地方政府往往通过低地价甚至零地价出让工业用地，吸引企业投资、促进就业增长和人口集聚，这样不仅可以增加本地和上级政府分成的持续增值税收入，促进经济增长；而人口集聚更为商业地产和住宅地产创造了市场，因此也将有更多的机会通过市场化的方式高价出让市区土地，通过高额土地出让金及相关税费扩充地方财政。地方政府又可以通过土地出让金等相关土地收入投入到城市基础设施和投资环境的改善，从而吸引更多的 FDI（外商直接投资），以及国内工业和商服业投资，形成良性循环，促进城市经济增长（He and Huang, 2014）。这样的发展模式直接导致了地方政府对工业用地的过度出让行为，并直接导致工业用地过度扩张。现有研究对这一影响因素进行了理论研究，但对这一机制的定量验证仍然不足。为了弥补这一不足，本章拟从定量分析角度，研究地方政府干预对工业产业用地扩张的影响，并将地方政府干预分解为地方政府干预动机、能力和水平分别予以考察（见图 6-1）。

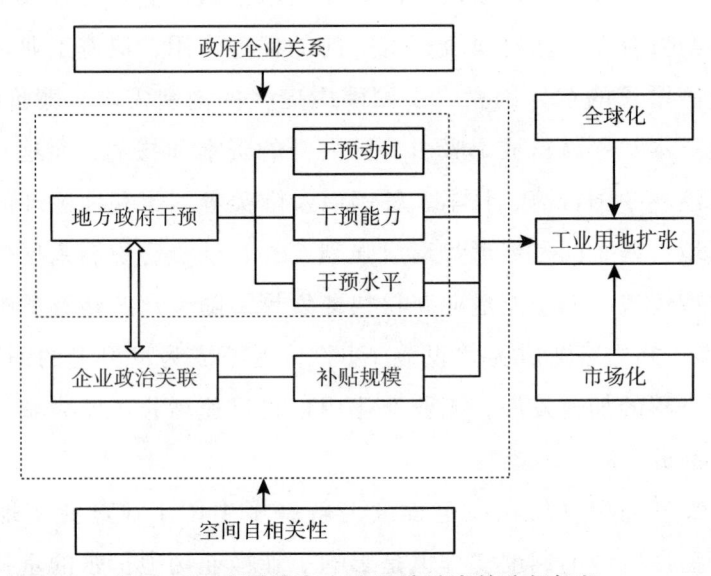

图 6-1 中国城市工业用地扩张的分析框架

地方政府干预动机是指地方政府干预工业企业用地的目的和原因。地方政府一方面是"经济参与人"，希望所辖区域的经济总量、财政税收、就业率等越高越好；另一方面，地方政府又是"政治参与人"，他们关注政治晋升。自 20 世纪 80 年代初以来，中国地方官员的选拔和提升的标准由过去的纯政治指标变成经济绩效指标，尤其是当地 GDP 增长率。不同地区的地方官员不仅在经济上为 GDP 和利税进行竞争，而且同时也在官场上为晋升而竞争（周黎安，2004）。Shleifer 和 Vishny（1994）认为政治家为追求自身的政治目标会利用企业获取利益。中国以 GDP 为标准的地方官员考核体制更会诱发这种行为。政府可以通过对企业生产的操控将公共事业目标内化于企业经营中，如政府要求企业积极参与地方经济建设，进行能源交通等基础项目投资，或利用上市公司的融资渠道收购兼并地方国企，帮助其脱贫解困以缓解财政赤字和降低地区失业率（钟海燕等，2010）。在地方政府干预中，由于地方政府对土地供应的垄断权，使得地方政府通过土地供给干预企业投资和生产环节成为行之有效的方法，也因此广泛存在。地方政府通过土地供给干预企业投资和生产有利于促进就业稳定社会环境、投资新兴产业和增加当地的税收以及促进 GDP 的增长等，这些都是政绩考核的关键指标。因此，就业、社会稳定和 GDP 增长等政绩考核指标是地方政府干预的主要动机。

地方政府干预不仅表现在干预动机上，还表现在干预能力上。地方政府干预能力是指政府拥有干预的资源和权力等。根据我国土地管理制度安排，地方政府拥有对土地供应的垄断权力，具有为工业企业提供低价土地的可能性，这构成了地方政府通过土地供应干预企业用地行为的基本前提。然而，具有垄断土地供给的权力并不代表地方政府能够顺利吸引企业的投资，还取决于地方政府所具有的财政能力和行政能力。工业用地的供给一般需要地方政府进行收购储备，涉及农用地转用的，还需要地方政府进行征地补偿的财力支撑；同时，工业用地的供给往往需要对土地进行"四通一平"等措施，这些都需要地方政府具有较强的财政能力才能保障。按照陶然等（2009）的理论，地方政府往往通过地价甚至零地价出让工业用地，吸引企业投资、促进就业增长，这也需要提供政府财政能力的支持。因此，地方政府财政能力是其干预企业用地行为的重要因素。其次，具有较高行政能力的地方政府也可能具备更强的干预能力。比如省级城市和副省级城市比一般的地级城市具有更多的行政权力，在金融、财政、规划等方面能采取更多的措施吸引企业投资；而那些设置工业园区或具有多个工业园区的城市，也可能具备更强的干预企业投资能力。因此，地方政府干预能力也是影响制造业企业用地扩张的重要因素。

此外，地方政府干预水平也是反映地方政府干预的重要指标，地方政府干预水平指地方政府干预企业行为的程度。地方政府干预水平反映的是地方政府通过土地供给干预经济发展的实际水平，因此，它能够反映出地方政府在具备干预动机和干预能力后，实际反映出来的干预程度。地方政府干预动机、能力和水平是地方政府干预企业用地行为的三个方面。

中国不同层级的地方政府可能对制造业企业用地扩张带来显著影响。中国的地方政府一般可分为省级、地市级、区县级和乡镇级。不同级别的地方政府具有不同的行政权限和职能，但中国是一个自上而下的中央集权国家，以及中国实行的经济分权模式，使得上级地方政府对下级地方政府具有重要影响力。这不仅表现在中国经济分权是从中央到省级、再到市级、区县级的自上而下式分权，下级政府的很多经济权力需要有上级政府授以；而且还表现在上级政府在很大程度上掌握着下级政府官员的任免权。周黎安（2007）从政治激励的角度看地方政府，认为上下级政府之间的关系就好比承包制关系，上级政府通过将公共职能逐渐下包，并在晋升锦标赛的作用下，激励地方政府促进区域经济发展。因此，不同层级的地方政府可能均能够对工业企业用地行为进行干预，并促进用地扩张。

同层级地方政府之间的竞争也是中国转型时期的重要现象。在"官员晋升锦标赛"的作用下，地方政府有足够的激励与同级政府之间展开竞争，从而赢得经济和政治利益。现有研究表明，地方政府竞争一方面推动中国转型经济快速发展，另一方面也带来诸如重复建设、公共品供给结构扭曲、市场贸易壁垒等问题。同样，地方政府通过土地供给在吸引制造业企业投资方面展开激励竞争，地方政府往往压低土地价格进行价格竞争，甚至提出"零地价"或"负地价"，而且通过配套一系列的措施，如土地出让金返还、补贴、税费减免等，以实现对制造业企业的投资，从而实现经济增长和促进就业。因此，地方政府的相互模仿和竞争行为也进一步导致了工业用地的大量扩张。

从企业角度来看，地方政府过度供应土地将扭曲企业的用地行为。当工业用地价格低于其本身要素价格，甚至存在"零地价"时，企业基于利润最大化的目标，就倾向于选择更多的土地要素与更少的非土地（资金、劳动力等）要素组合方式，这将导致企业用地的过度使用。尤其是具有较强政治关联的企业（一般可以用获得政府补贴的规模来观察），更容易获得更多的工业用地。当一个城市的政企关系更紧密时，城市产业用地扩张的速度可能更快。

另外，在经济全球化背景下，全球力量对工业产业用地扩张的影响也是重要因素。全球化作用下，外商直接投资极大促进了我国经济的发展，同时也吸引了大量外资企业进入中国，成为推动中国工业用地增长的重要力量。Su（2005）的研究表明，在广东省，超过23%的农用地占用是由 FDI 造成的；Jiang 等（2012）也指出10%的 FDI 增长将带来农转用地2.38%的增长，因此全球资本已经成为珠三角地区城镇化的重要力量（Lin，2006）。为了吸引 FDI，各地地方政府纷纷建立开发区或工业园区，造成了"开发区热"，从而大大促使了工业产业用地的扩张。

市场化和市场力量对工业产业用地扩张的影响也是不容忽视的。中国的转型经济伴随着市场化改革的进程，市场化一方面，赋予企业更多的经济决策权，打破地方壁垒，从而为制造业的发展提供了市场环境；另一方面，市场化也催生了大量非国有企业的成立和发展。这些非国有企业的快速发展增加了用地需求，也在一定程度上促进了制造业产业的用地扩张。

总之，地方政府—企业互动关系是研究工业产业用地扩张的重要视角，同时转型时期全球力量和市场力量的作用也在一定程度上产生了影响。因此，需要将它们纳入统一的框架进行实证分析。另外，还需要结合中国分权体制的实际情况，将不同层级的地方政府，以及地方政府之间的竞争考虑进去，从而为理解工业产业用地扩张提供更为全面的实证研究。

本章拟采用国土资源部土地利用变更调查数据2004~2008年，探讨工业产业用地扩张的驱动因素和作用机制，本章拟解决以下问题：（1）地方政府—企业关系是否影响工业产业用地的扩张？如何影响？（2）地方政府—企业关系对工业产业用地扩张是否存在区域差异？（3）不同层级的地方政府干预，是否均可以作用于工业产业用地扩张？（4）地方政府竞争是否导致了工业产业用地扩张的空间自相关,如果是,在控制空间自相关作用后,地方政府—企业关系对工业产业用地扩张是否仍然具有显著作用?

以下几部分的内容包括:第三部分为数据来源与描述,第四部分为实证模型和变量设置,第五部分为上述问题的计量统计结果分析,第六部分为结论。

第三节 数据来源与描述

本章利用 2005~2008 年地级市层面的土地利用变更调查数据进行研究,该数据由国土资源部整理并提供。国土资源部定期开展土地利用变更调查工作,对各个自然年度内的全国土地利用现状、权属变化,以及各类用地管理信息,进行调查、监测、核查、汇总、统计和分析等。其开展全国土地变更调查工作的目的是,掌握全国年度土地利用现状变化情况,保持全国土地调查数据和国土资源综合监管平台基础信息的准确性和现势性,以满足国土资源管理和经济社会发展的需要①。土地利用现状调查主要由区县级国土部门负责执行,调查结果由区县级国土部门核实确定后,层层汇总上报至国土资源部。该数据也是目前能获取的关于中国土地利用现状的官方数据,与其他来源的数据相比,具备权威性,并且可以获得分类型的土地数据。其土地分类参照《全国土地分类》(过渡期间适用)执行。

根据《全国土地分类》(过渡期间适用)(见表 6-1),土地利用变更调查数据划分为 3 级类。一级类划分为三类,分别为农用地,建设用地和未利用地。二级类共划分为 10 类,其中农用地划分为耕地、园地、林地、牧草地和其他农用地 5 类;建设用地划分为居民点及独立工矿用地、交通运输用地和水利设施用地 3 类;未利用地划分为未利用土地和其他用地两类。建设

---

① 《全国土地变更调查工作规则(试行)》国土资发(2011)180 号。

用地三级类划分为13类，主要包括城市、建制镇、农村居民点、独立工矿用地、盐田、特殊用地、铁路、公路、机场等用地类型。

表6-1 《全国土地分类》（过渡期间适用）

一级类		二级类		三级类	
编号	三大类名称	编号	名称	编号	名称
1	农用地	11	耕地	(略)	
		12	园地		
		13	林地		
		14	牧草地		
		15	其他农用地		
2	建设用地	20	居民点及独立工矿用地	201	城市
				202	建制镇
				203	农村居民点
				204	独立工矿用地
				205	盐田
				206	特殊用地
		26	交通运输用地	261	铁路用地
				262	公路用地
				263	民用机场
				264	港口码头用地
				265	管道运输用地
		27	水利设施用地	271	水库水面
				272	水工建筑用地
3	未利用地	31	未利用土地	(略)	
		32	其他土地		

资料来源：国土资源部。

本书拟采用该土地分类的独立工矿用地作为城市工业用地的代理变量，主要有如下几点考虑：（1）按照《全国土地分类》（过渡期间适用）的指标定义，独立工矿用地指居民点以外的各种工矿企业、采石场、砖瓦窑、仓库及其他企事业单位的建设用地，不包括附属于工矿、企事业单位的农副业生产基地。因此，独立工矿用地基本涵盖了工业用地主体。（2）独立工矿用地虽然包含一定量的矿业用地，但从广义来说，矿业用地也属于大工业用地的范畴；而且，从本书基于政企关系视角来看，矿业企业和制造业企业在与地方政府关系上具有一定的相似性。本书据此认为，纳入一定量的矿业企业用地，不会对工业产业用地扩张机制带来显著性影响。（3）独立工矿用地可能未能涵盖部分纳入建成区内的工业企业用地，这可能一定程度上影响城市工业用地的总量。但考虑到本书所研究的对象为工业产业用地的增长量，而工业用地的变化主要集中在非中心城区的郊区或远郊区，因此，这部分缺失用地数据对本章的研究影响较为有限。（4）现有文献也将该数据作为研究城镇用地和工业用地的主要资料来源，如 Lin（2009）、Wang 等（2012）和 Huang 等（2015）的研究。

首先，我们将 2005~2008 年独立工矿用地在地级市尺度的增长量进行空间分析（见表6-2）。从全国范围来看，独立工矿用地的增长量呈现区域的差异性。增长较快的地区主要分布在东部沿海地区，如京津冀城市群、山东半岛城市群、长三角城市群，以及福建、广东、辽宁等省份的地级市。东部地区率先进行改革开放，对外开放政策的倾斜和区位优势的作用使得东部地区大量吸引外商直接投资，国际贸易也迅速增长，成为我国工业化和城市化的桥头堡，因此这些地区的独立工矿用地普遍增长较大。相比之下，中部地区的用地增长量不大，这与其工业化进程较慢，工业区位优势较差等相关。其次，西部地区也增长相对缓慢，这与其经济发展水平也有一定的关系。当然，在西部地区，也有增长较快的城市，比如重庆、昆明和鄂尔多斯市等，主要是因为城市分布着我国重要的重工业基地，可能是政策导向的结果。总体来看，我国独立工矿用地增长存在显著的区域不平衡性。这种区域不平衡的出现，除了全球化的影响外，是否还存在其他的影响因素，值得去探究。

表 6-2　　工业用地增长量排名前 30 名的城市列表（2005~2008 年）

单位：公顷

排名	城市名	工业用地增长量	排名	城市名	工业用地增长量
1	苏州市	18 063.7	16	烟台市	5 636.6
2	天津市	14 632.8	17	石家庄市	5 381.7
3	佛山市	11 067.4	18	鄂尔多斯市	5 119.4
4	无锡市	10 575.5	19	扬州市	5 042.5
5	泉州市	9 185.6	20	潍坊市	4 986.4
6	南通市	8 878.3	21	秦皇岛市	4 918.3
7	哈尔滨市	8 149.6	22	重庆市	4 798.9
8	上海市	7 717.6	23	台州市	4 584.1
9	通辽市	7 597.3	24	镇江市	4 545.1
10	沈阳市	7 338.4	25	漳州市	4 486.6
11	南京市	7 295.1	26	厦门市	4 409.5
12	盐城市	6 403.0	27	长沙市	4 337.3
13	东莞市	6 398.1	28	大连市	4 285.3
14	北京市	6 172.6	29	泰州市	4 079.2
15	嘉兴市	6 025.6	30	昆明市	3 978.0

资料来源：全国土地利用变更调查数据（2005~2008 年）。

现有理论表明，不同地区的地方官员不仅在经济上为 GDP 和利税进行竞争，而且同时也在官场上为晋升而竞争（周黎安，2004）。因此，地方政府为了实现在招商引资竞争中胜出，进而促进 GDP 增长，可能通过竞相低价出让工业用地，从而使得独立工矿用地的增长呈现空间自相关特征。为了进一步探析地级市独立工矿用地是否具有空间自相关效应，本书运用探索性空间分析技术（ESDA）（Anselin et al.，2006），计算了我国地级市独立工矿用地增长量的 Moran's I 值。Moran's I 值的计算公式如下：

$$I = \frac{n \sum_i \sum_j W_{ij}(x_i - \overline{x})(x_j - \overline{x})}{(\sum_i \sum_j W_{ij}) \sum_i (x_i - \overline{x})^2}$$

其中 n 代表城市的个数，$W_{ij} = 1$ 则表示城市 i 和城市 j 之间的距离未超过判断城市之间是否为邻近的门槛距离（d）。如果超过，则 $W_{ij}=0$。X_i 和 X_j 代表城市工业用地的增长量。为了保障每个城市均有邻接单位，本书选择 $d=330\text{km}$[①]。

根据测算结果，Moran's I 值为 0.1692，而且 P 值小于 0.01，说明地级市独立工矿用地增长量具有显著的空间自相关效应，地方政府确实存在基于工业用地增长的地方竞争。为了进一步探析各空间单元的自相关程度，本书运用局部空间自相关分析技术，对地级市独立工矿用地增长量绘制了 LISA 集聚图。LISA 集聚图将区域与周边自相关划分为 5 个类型，分别为"高—高""低—低""高—低""低—高"以及空间自相关不显著（P>0.05）。"高—高"表示研究区域为高值，其周边区域也为高值，因此研究区域为高值聚集区，具有显著的高值空间相关性；相反，"低—低"表示研究区域为低值，其周边区域也为低值，表明研究区域为低值聚集区，具有显著的低值空间相关性。"高—低""低—高"为两类特殊的区域，被称为热点（hotspot）区域。"高—低"表示研究区域为高值，而其周边区域为低值；而"低—高"区域正好相反。从分析结果来看，"高—高"地区主要在京津冀地区和长三角地区，在福建省和山东半岛也有个别分布。"低—低"区域主要在中部地区的湖南、湖北和西部地区的广大地区。LISA 集聚图一方面表明了我国工业用地增长空间自相关效应的存在，另一方面也显示了高值集聚和低值集聚的分布。

四年的增长数据可能掩盖年份之间的差异，因此本书进一步分析历年独立工矿用地的变化。从空间布局来看，历年的独立工矿用地增长量基本呈现一致的特征，即增长量较快的城市基本分布在东部地区，中西部城市的增长率总体上相对较低，但仍然存在年份之间的差异，如随着时间的推移，中西部地区建设用地变化的程度小于东部地区。总体上看，历年独立工矿用地增长也基本验证了四年合计的独立工矿用地增长的空间分布特征。

[①] 选择 $d=330\text{km}$，是因为内蒙古和西部地区有些地级市面积太大，而距离测定是以区域中心点为起点设定，所以若距离设置小于 330km，将出现一些地级市没有邻接单元的情况。

第四节 实证模型与变量设置

一、实证模型

本书主要从地方政府—企业关系视角研究工业产业用地的扩张。本书通过构建计量模型实证检验理论框架对工业产业用地扩张的解释程度。为了实现这一目标,本书设计了三个计量模型。

首先是普通的 OLS 模型。该模型直接检验理论框架对工业产业用地扩张的解释程度,其表达式为:

$$Land_i = \beta_0 + \beta_1 Intervent_i + \beta_2 Connect_i +$$
$$\beta_3 Intervent_i \times Connect_i + \beta_4 C_i + \varepsilon_i \quad \text{(OLS)}$$

模型中 $Land_i$ 表示第 i 个地级市 2005~2008 年独立工矿用地的增长量,$Intervent_i$ 和 $Connect_i$ 分别代表第 i 个地级市地方政府干预变量和企业政治关联变量,同时引入它们的交叉变量,反映它们的交互作用。C_i 代表城市控制变量。ε_i 为残差项。为了排除变量内生性的影响,本模型的自变量均用滞后一年的数据表示。

其次是空间回归模型。该模型的主要目的是考察在控制空间自相关效应的影响后,理论模型对工业产业用地扩张的解释能力。空间回归模型主要分为空间滞后模型(SDM)和空间误差模型(SEM),其表达式分别为:

$$Land_i = \beta_0 + \rho WLand_i + \beta_1 Intervent_i + \beta_2 Connect_i +$$
$$\beta_3 Intervent_i \times Connect_i + \beta_4 C_i + \varepsilon_i \quad \text{(SDM)}$$

式中 ρ 为空间滞后系数,$WLand_i$ 为空间滞后变量。其他符号含义与上式相同。该模型的含义是空间单元的增长量受到该空间单元自身因素和周边空间单元增长量($WLand_i$)的双重影响。

$$Land_i = \beta_0 + \beta_1 Intervent_i + \beta_2 Connect_i + \beta_3 Intervent_i \times Connect_i + \beta_4 C_i + \varepsilon_i$$

$$\varepsilon_i = \gamma W \varepsilon_i + \mu \qquad \text{(SEM)}$$

式中残差项 ε_i 并非完全随机，而是受到空间相关性的干扰。在控制了空间干扰效应（$\gamma W \varepsilon_i$）之后，μ 即为随机干扰项。该模型认为空间单元增长量与由非系统性的扰动因素有关，这种随机扰动带来的效应即为空间相关性。空间回归模型运用 Geoda 软件来完成。

最后是计量模型为多层模型（Multi-level Modeling）。该模型可以考察不同空间尺度的自变量对因变量的影响。本研究使用该模型检验省级地方政府干预和市级地方政府干预对工业产业用地增长的影响。其表达式为：

$$Land_{ijt} = \beta_0 + \beta_1 Intervent_{ijt} + \beta_2 Connect_{ijt} + \beta_3 Intervent\_P_{jt} +$$
$$\beta_4 C_{ijt} + \beta_5 DMYear + \mu_{0j} + \varepsilon_{ij} \qquad \text{(MLM)}$$

式中 $Land_{ijk}$ 表示 t 年份隶属于省份 j 的地级市 i 的独立工矿用地增长量。$Intervent_{ijt}$、$Connect_{ijt}$、C_{ijt} 分别表示 t 年份隶属于省份 j 的地级市 i 的地方政府干预、企业政治关联和城市控制变量。$Intervent\_P_{jt}$ 表示 t 年省份 j 的地方政府干预变量。因为本研究使用 2005～2008 年历年的用地增长量，为了控制时间效应，模型中引入年份虚拟变量 $DMYear$。μ_{0j} 代表省级尺度的残差项；ε_{ij} 代表地级市尺度的残差项。模型的回归采用 R 软件执行。

二、变量设置

本研究利用地级市的独立工矿用地增长量（LAND）表示工业产业用地扩张，主要基于以下三方面考虑：一是独立工矿用地是独立于城市范围之外的工矿用地，鉴于我国的产业空间规划中基本上要求将工业企业布局于城市核心区外，因此我们可以认为独立工矿用地应该是工业产业用地的主体部分，虽然在城市内部仍然存在一部分工业用地；二是本研究考察的是工业产业用地的扩张，相对而言，城市内部工业用地较为稳定，而城市范围之外的工矿用地则变化较大，也是扩张的主要区域，因此从这个角度看，独立工矿用地增长量能够较好地反映工业产业用地的扩张；三是全市域范围内工业产业用地的数据还难以准确获得，因此，使用独立工矿用地增长量作为代理数据也是目前能够获得的较好来源。

本研究的理论模型将地方政府—企业关系分解为地方政府干预和企业政治关联。地方政府干预反映的是地方政府通过土地杠杆影响工业产业用地的程度。本书进一步将地方政府干预分解为地方政府干预动机、地方政府干预能力和地方政府干预水平。

地方政府干预动机是指地方政府干预工业产业用地的目的和原因。按照前述分析，本书引入产能贡献（INDUS）和就业贡献（JOB）两个指标进行衡量。产能贡献（INDUS）使用地级市过去5年工业总产值增长量的算术平均值来衡量。就业贡献（JOB）使用地级市过去5年工业从业人员增长量的算术平均值来衡量。本研究预期地方政府干预动机对产业用地扩张有正向影响。

地方政府干预能力是指政府拥有干预的资源和权力等。本研究主要从两个方面反映地方政府干预能力，一是财政能力（EXPEN），用市级政府预算内财政收入除以预算内财政支出来衡量；二是行政能力（DZ），用是否包含国家级经济技术开发区或高新技术开发区来衡量，主要考虑到开发区的设立将有助于地方政府提供更大的行政自由度，从而更容易实现招商引资。本研究预期地方政府干预能力对产业用地扩张有正向影响。

地方政府干预水平是指地方政府干预企业行为的程度。在此，我们引入变量干预水平（LTFEE），指地方政府土地出让金占财政收入的比重。一般来说，地方政府土地出让金占财政收入的比重代表这地方政府利用土地资源干预地方经济的水平，该比重越高，表明地方政府利用土地杠杆干预企业行为的水平可能更高。

在省级尺度上，本书仅引入省级地方政府干预能力，因为省级政府在制定政策和争取指标时，存在差异性。省级地方政府如果具有较强的干预能力，那么工业产业用地扩张将得到更大程度的政策支持和财政支持。相对应地，本书引入省级政府财政能力（EXPEN_P）和行政能力（DZ_P）来衡量。省级政府财政能力（EXPEN_P）由省级政府预算内财政收入除以预算内财政支出获得；行政能力（DZ_P）表示全省还有国家级经济技术开发区或高新技术开发区的个数。本研究预期省级政府干预能力能够正向影响工业产业用地扩张。

地方政府—企业关系的另一个分解变量为企业政治关联，本书用补贴水平（SUBSIDY）来衡量，具体指城市新成立规模以上企业获得政府补贴的比例。政府补贴被认为是反映地方政府—企业关系的重要变量，具有政治关联的企业往往更容易获得政府的补贴。如果一个城市新成立规模以上企业获得政府补贴的比例越大，那么可以认为从整体上看，该城市政府和企业关系越密切。本研究预期符号为正。

另外，本研究同时将全球力量和市场力量引入模型中，考察全球化和市场化对工业产业用地扩张的影响。全球化变量为外商投资（FDI），用外资企业（含港澳台企业）产值占城市工业总产值的比重来表示；市场化变量为非国有比重（NSOE），用非国有及国有控股工业产值占工业总产值的比重衡量。本书预期全球力量和市场理论对工业产业用地扩张有正向影响。

最后，本书引入三个城市控制变量，分别控制城市的社会、经济发展水平和资源约束水平。这三个控制变量分别为人口密度（DNES）、二产比重（SECOND）和人均耕地面积（PCULTI）。

表6-3列出了变量的定义及其预期符号。表6-4为变量的描述性统计表。

表6-3　　　　　　　　　　变量定义表

变量	内涵	指标		指标含义	预期符号
因变量	工业产业用地扩张	独立工矿用地增长	LAND	独立工矿用地增长量	
地方政府干预	动机	产能贡献	INDUS	过去5年工业总产值增长量的算术平均值	+
		就业贡献	JOB	过去5年工业从业人员增长量的算术平均值	+
	能力（市级）	财政能力	EXPEN	市级财政收入/市级财政支出	+
		行政能力	DZ	是否包含国家级经济技术开发区或高新技术开发区	+

续表

变量	内涵	指标		指标含义	预期符号
地方政府干预	能力（省级）	财政能力	EXPEN_P	省级财政收入/省级财政支出	+
		行政能力	DZ_P	含有国家级经济技术开发区或高新技术开发区的个数	+
	水平	干预水平	LTFEE	土地出让金占财政收入的比重	+
企业政治关联	政企关系	补贴水平	SUBSIDY	城市新成立规上企业补贴率	+
全球力量	全球化	外商投资	FDI	外资企业（含港澳台）产值/工业总产值	+
市场力量	市场化	非国有比重	NSOE	非国有及国有控股工业产值/工业总产值	+
控制变量	社会	人口密度	DENS	人口总数/总面积	+
	经济	第二产业比重	SECOND	第二产业产值/GDP	+
	资源	人均耕地	PCULTI	耕地面积/总人口	−
	年份	年份虚拟	DMYear	2004~2008年虚拟变量	+

表6-4　　　　　　　　　　变量描述统计表

变量名	观测值	均值	标准差	最小值	最大值
LAND	286	0.15	0.25	−1.10	1.81
INDUS	286	0.68	1.69	−1.15	15.70
JOB	286	−0.29	1.29	−5.86	5.97
EXPEN	286	0.50	0.21	0.09	1.18
DZ	286	0.22	0.41	0	1.00
LTFEE	286	0.60	0.66	0	8.88
SUBSIDY	286	0.08	0.17	0	1.00
FDI	286	0.15	0.18	0	0.94
NSOE	286	0.57	0.24	0.03	1.00
DENS	286	4.03	3.02	0.05	23.62
SECOND	286	0.47	0.12	0.20	0.87
PCULTI	286	1.35	1.20	0.04	7.83

表6-5为变量之间的相关系数表。表中显示各个自变量之间的相关系数不高，可能同时引入回归模型中。

表6-5　　变量相关系数表

变量	LAND	INDUS	JOB	EXPEN	DZ	LTFEE	SUBSIDY	FDI	NSOE	DENS	SECOND	PCULTI
LAND	1.00											
INDUS	0.49	1.00										
JOB	0.13	0.30	1.00									
EXPEN	0.36	0.51	0.20	1.00								
DZ	0.32	0.47	0.12	0.54	1.00							
LTFEE	0.11	0.08	0.02	0.10	0.10	1.00						
SUBSIDY	0.34	0.26	-0.01	0.17	0.12	0.07	1.00					
FDI	0.32	0.47	0.28	0.33	0.39	0.04	0.04	1.00				
NSOE	0.26	0.20	0.17	0.01	-0.01	0.25	0.12	0.44	1.00			
DENS	0.22	0.44	0.00	0.40	0.26	0.18	0.17	0.34	0.31	1.00		
SECOND	0.19	0.29	0.11	0.57	0.19	-0.03	0.07	0.07	-0.17	0.18	1.00	
PCULTI	-0.06	-0.20	-0.05	-0.38	-0.18	-0.21	-0.02	-0.28	-0.24	-0.44	-0.17	1.00

除了土地数据之外，其他数据主要来源于中国统计年鉴（2004～2009年），城市统计年鉴（2004～2009年）和中国区域经济统计年鉴（2004～2009年）。土地出让金数据来源于中国国土资源统计年鉴（2004～2009年）。为了保障不同年份经济数据之间的可比性，本书均用消费者价格指数（CPI）将经济数据折算至2004年。

第五节　实证结果分析

一、所有城市样本的模型回归结果分析

表6-6显示了所有城市样本的回归结果。模型（1）~模型（4）依次引入地方政府干预动机、能力、水平以及企业政治关联变量，模型（5）进一步将全球力量和市场力量变量引入，模型（6）和模型（7）则引入了地方政府干预与企业政治关联的交叉变量。因变量为2004～2008年独立工矿用地增长量，自变量除地方政府干预动机和补贴率变量外，其余变量均为2004年数据。模型的R2在0.2~0.5，可以在一定程度上解释产业用地扩张的作用机制。

模型（1）的回归结果表明地方政府干预动机对工业产业用地扩张有重要影响，但两个变量的影响情况不同。现有理论认为，地方政府大量出让工业用地的目的是促进GDP增长和增加劳动力就业，但本书的研究结果部分支持了这一观点。INDUS的回归系数显著为正，表明地方政府追求工业总产值的动机能够显著促进产业用地扩张。JOB的回归系数则不显著，表明提高就业增长并不能显著促进工业产业用地扩张，或者换句话说，地方政府大量出让工业用地的动机并非来自对就业增长的追求。模型（2）引入了地方政府干预能力，回归结果以预期完全相符。EXPENS和DZ的回归系数显著为正，表明地方政府财政能力和行政能力的增强确实能够显著促进工业产业用地扩

表6-6 所有城市的回归结果

变量	(1)	(2)	(3)	(4)	(5)	(6)	(7)
INDUS	0.0710***	0.0603**	0.0604**	0.0521**	0.0448**	0.0220	0.0385**
JOB	-0.00432	-0.00574	-0.00590	-0.00205	-0.0114	-0.0177	-0.00798
EXPEN		0.191**	0.188**	0.161*	0.183**	0.201**	0.0969
DZ		0.0387*	0.0367*	0.0428*	0.0511*	0.0571*	0.0606*
LTFEE			0.0278	0.0237	0.0113	0.0251	0.0159
SUBSIDY				0.322***	0.306***	0.463**	-0.399
FDI					0.0880***	0.0941*	0.0996*
NSOE					0.228***	0.238***	0.197***
INDUS × SUBSIDY						0.0796***	
JOB × SUBSIDY						0.0754	
LTFEE × SUBSIDY						-0.386	
EXPEN × SUBSIDY							0.754**
DZ × SUBSIDY							0.335
DENS	0.00158*	0.000056	-0.00058	-0.00161	-0.00673	-0.00449	-0.00636
SECOND	0.133*	-0.0200	-0.00362	0.0131	0.137	0.134	0.146
PCULTI	0.0105	0.0179*	0.0203**	0.0166*	0.0254***	0.0274***	0.0248**
_cons	0.0186	-0.0103	-0.0333	-0.0381	-0.234***	-0.255***	-0.167*
N	286	286	286	286	286	286	286
R^2	0.247	0.267	0.273	0.315	0.360	0.411	0.379

注：*$p<0.1$，**$p<0.05$，***$p<0.01$。

张。地方政府财政能力和行政能力的增强，不仅能够为工业用地供给提供必要的财政支持，尤其是当工业用地出让是以低地价的方式进行时，地方政府财政支持就显得尤其重要；而且也能够为招商引资提供更多的政策支持，从而辅助工业用地的供给。模型（3）引入地方政府干预水平变量，其回归结果为正，符合预期，但影响并不显著。这可能与土地出让金收入主要是由房地产和商服用地的出让获得有关。

模型（4）引入了企业政治关联变量，其回归结果显著为正，与预期相符。企业政治关联变量用地方政府对新成立规模以上企业的补贴率（SUBSIDY）来衡量，SUBSIDY 每提高 1%，则独立工矿用地扩张 0.322% 的单位。该回归结果表明，对于一个城市来说，地方政府—企业的关系越紧密，或者政企关系越好，则独立工矿用地扩张规模越大。良好的政企关系可以使企业获得地方政府更多的用地支持，缓解企业的用地压力，甚至获得超额的用地规模。模型（5）引入了全球力量和市场力量的变量，其回归系数显著为正，这也验证了定性分析所获得的初步结论。由于中国的工业化进程是伴随着对外开放开展的，FDI 的大量涌入和国际贸易的发展，促进了外资企业在华业务的快速发展，从而也带来了对工业用地的大量需求；另外，中国工业化进程与市场化改革密切相关，市场化改革催生的大量非国有企业的发展，也大大增长了用地需求。

模型（6）模型（7）则引入地方政府干预与企业政治关联的交叉变量。回归结果显示，地方政府产值贡献动机与企业政治关联交叉变量（INDUS × SUBSIDY），以及地方政府财政能力与企业政治关联交叉变量（EXPEN × SUBSIDY）的系数显著为正，预示着地方政府干预与企业政治关联交互作用明显。地方政府干预越强，企业政治关联程度更深的城市，其独立工矿用地增长规模也更大，这也验证了本书所建立的理论框架能够解释工业产业用地扩张。

二、中国工业用地扩张机制的区域差异

不同区域的工业产业用地扩张机制是否存在差异？本书将研究样本按区

域区分为东部、中部和西部地区进行计量分析（见表6-7）。回归结果显示，东部、中部、西部样本在工业产业用地扩张机制方面存在较大差异。首先，地方政府产能贡献动机在东部和西部地区显著为正，而在中部地区则影响不显著。这可能与中部地区尚处于产业转移的衔接带，转移进入的制造业产业发展正处于初始阶段，未形成明显的产能增长有关。其次，在地方政府干预能力对产业用地扩张的影响来看，东部地区的影响不显著，而与之形成强烈对比的是，中部地区的影响显著为正。这也表明，在研究时期范围内，由于国家土地政策的约束和地方土地资源趋紧，东部地区的地方政府在出让工业用地时表现得更为谨慎，其考虑的因素也越来越多，地方政府干预能力已经不是工业产业用地扩张的主要原因；而中部地区的工业发展正处于上升阶段，尤其是中部地区作为产业转移的核心区域，对从东部地区转移来的企业竞争也非常激烈，从而促使地方政府加大对基础设施的投资力度和相关经济活动的干预力度。因此，对于中部地区来说，地方政府财政能力和行政能力在促进工业产业用地扩张方面显得尤为重要。

表6-7　　　　　　　　工业产业用地扩张机制的区域差异

变量	东部		中部		西部	
	(1)	(2)	(3)	(4)	(5)	(6)
INDUS	0.0510**	0.0453**	-0.0368	-0.0446	0.187***	0.205***
JOB	-0.0227	-0.0202	0.0306	0.0303	-0.0499**	-0.0408**
EXPEN	0.0884	0.0270	0.317***	0.285**	-0.0469	-0.255***
DZ	0.0215	0.0325	0.167***	0.155***	0.0307*	0.0208
LTFEE	0.0404	0.0443	-0.117**	-0.119**	0.0174	0.0380*
SUBSIDY	0.359***	-0.842	0.125	0.451	0.0721*	-0.632**
FDI	0.174*	0.162*	-0.103	-0.113	0.229	0.185
NSOE	0.250	0.227	0.228***	0.222***	0.0438	0.0381
DENS	-0.0114	-0.00935	-0.00706	-0.00671	-0.0169***	-0.0141***
SECOND	0.245	0.262	-0.0151	-0.00238	0.0114	0.169**
PCULTI	0.0540	0.0551	0.0108	0.00911	-0.0118	-0.00114

续表

变量	东部		中部		西部	
	（1）	（2）	（3）	（4）	（5）	（6）
EXPEN × SUBSIDY		0.676		0.648		1.919***
DZ × SUBSIDY		0.899		1.733**		0.424**
_cons	−0.285	−0.218	−0.0781	−0.0791	0.0225	−0.00405
N	115	115	110	110	61	61
R^2	0.344	0.364	0.361	0.378	0.608	0.731

注：* $p<0.1$，** $p<0.05$，*** $p<0.01$。

另外一个值得关注的变量是企业政治关联变量。对于东部地区和西部地区来说，企业政治关联的增强能够促进独立工矿用地扩张，而在中部地区企业政治关联的作用并不显著。这一回归结果也可以从区域资源差异的角度获得解释。东部地区的土地资源日益紧张，使得土地资源的获得变得更为困难。在这一情况下，企业政治关联的存在将使企业有途径，也有能力通过与地方政府的沟通、协商，甚至是寻租中缓解土地资源的紧张，而且促进工业产业用地扩张。而对于中期来说，土地资源相对较为丰富，地方政府招商引资的动机也更为明确，因此企业政治关联的存在与否对于企业获得土地资源的影响不大。对于西部地区来说，企业政治关联的作用显著为正，可能与西部地区市场化程度较低，国有工业经济比重加大有关。

全球力量和市场力量的作用也存在显著的区域差异。全球力量主要在东部地区发挥作用，显著促进工业产业用地扩张。这可能与东部地区市场化程度普遍较高，而全球化程度差异较大有关。市场力量则主要在中部地区具有显著作用，预示着非国有经济的成长对中部地区工业产业用地扩张至关重要。

地方政府干预与企业政治关联的交互作用在东部地区表现不明显，在中西部地区则更为显著。这一结果也再一次验证了东部地区在资源约束增强的背景下，地方政府工业用地出让行为演变得更为理性，所考虑的影响因素也更多。

三、引入空间自相关的回归结果分析

本书进一步研究引入空间自相关效应后,地方政府—企业关系对工业产业用地扩张的影响。表6-8是空间滞后模型(模型1、模型3、模型5)和空间误差模型(模型2、模型4、模型6)的空间计量回归结果。首先,空间滞后变量(W_LAND)和空间误差变量(LAMNDA)的回归系数显著为正,空间滞后单元的产业用地规模增长1%,研究单元的产业用地规模增长0.197%,以及空间误差单元的产业用地规模增长1%,研究单元的产业用地规模增长0.22%,说明工业产业用地扩张存在着显著的空间自相关效应。

表6-8　　　　　　　　　引入空间自相关的回归结果

变量	(1) LAG	(2) ERROR	(3) LAG	(4) ERROR	(5) LAG	(6) ERROR
INDUS	0.0412***	0.0429***	0.0161*	0.0183**	0.0348***	0.0366***
JOB	-0.0102	-0.0106	-0.0168	-0.0175	-0.00681	-0.00745
EXPEN	0.164**	0.19**	0.176**	0.215**	0.0787	0.105
DZ	0.0578	0.052	0.0665*	0.0558	0.0683*	0.06*
LTFEE	0.0102	0.0118	0.0244	0.0251	0.0149	0.0163
SUBSIDY	0.289***	0.323***	0.459*	0.477*	-0.447	-0.37
FDI	0.0798*	0.0813*	0.0829*	0.086*	0.0909*	0.0941*
NSOE	0.205***	0.223***	0.207***	0.228***	0.171***	0.191***
INDUS × SUBSIDY			0.0817***	0.0809**		
JOB × SUBSIDY			0.0838	0.08		
LTFEE × SUBSIDY			-0.411*	-0.379*		
EXPEN × SUBSIDY					0.738***	0.755***
DZ × SUBSIDY					0.388	0.325
DENS	-0.00672	-0.00652	-0.00436	-0.00394	-0.00639	-0.00598
SECOND	0.0983	0.0849	0.0814	0.055	0.107	0.0897

续表

变量	(1) LAG	(2) ERROR	(3) LAG	(4) ERROR	(5) LAG	(6) ERROR
PCULTI	0.0233**	0.0238*	0.0246**	0.0251*	0.0224*	0.0234*
W_LAND	0.197**		0.271***		0.203*	
LAMBDA		0.22**		0.301**		0.226**
_cons	-0.214***	-0.208***	-0.230***	-0.215***	-0.145*	-0.141**
N	286	286	286	286	286	286
R^2	0.368	0.366	0.425	0.422	0.387	0.385
BP	444.67***	435.37***	358.93***	351.28***	405.86***	398.56***
SLRT	2.69	1.86	5.37**	3.71*	2.88*	1.95

注：*$p<0.1$，**$p<0.05$，***$p<0.01$；SLRT：Spatiallikelihood ratio test。

解释变量的回归系数符号和显著性基本与普通 OLS 回归一致，但有所降低，表明了普通 OLS 模型一定程度上高估了自变量的解释力度。如地方政府行政能力（DZ）的回归系数不再显著，表明在控制空间自相关作用以后，是否设立国家级开发区的影响不再显著。这也在一定程度上表明，设立开发区是地方政府招商引资竞争的重要手段。

四、多层模型的回归结果分析

为了进一步分析不同层级地方政府干预对工业产业用地的影响，本研究引入省级地方政府干预能力变量，并运用多层模型予以考察。表 6-9 展示了回归结果。结果显示，省级地方政府财政能力变量（EXPEN_P）和省级地方政府行政能力变量（DZ_P）的回归系数均显著为正，表明省级政府干预能力能够显著促进工业产业用地扩张。与地市级政府干预能力的回归系数显著为正联系起来，表明地方政府干预在不同空间尺度上均能显著促进工业产业用地扩张。与现有研究相比，本研究深化了对地方政府干预作用的认识。

表 6-9　　　　　　　　　　多层模型的回归结果

变量	Model1	Model2	Model3	Model4
INTERCEPT	-0.605***	-1.201***	-1.149***	-1.321***
市级变量				
EXPEN	1.582***	0.761**	1.282***	0.757**
DZ	0.262**	0.337**	0.266**	0.284*
INDUS			0.001	0.0005
JOB			0.001	0.022
LTFEE			0.007	0.036
SUBSIDY			0.114*	-0.478
FDI			0.663**	0.544
NSOE			0.659***	0.509**
省级变量				
EXPEN_P		2.611***		2.305***
DZ_P		0.041*		0.049*
控制变量				
DENS	0.031*	0.008	0.008	0.003
SECOND	-0.315	0.067	0.293	0.334
PCULTI	0.069*	0.037	0.083**	0.027
DM2006	0.443***	0.413***	0.436***	0.407***
DM2007	0.611***	0.541***	0.561***	0.507***
DM2008	-0.089	-0.179	-0.181	-0.211
OBS.	1 144	1 144	1 144	1 144
R-squared	0.1049		0.1229	
F-statistic	16.63***		11.3***	
BIC	4 277	4 262	4 326	4 281

注：* $p<0.1$，** $p<0.05$，*** $p<0.01$。

第六节 小 结

本章采用 2005~2008 年土地利用变更调查数据，从地方政府—企业关系的角度探讨了地方政府干预与企业政治关联对工业产业用地扩张的影响。统计结果显示，地方政府干预能够显著促进工业产业用地的扩张，但具体来说，地方政府干预动机、能力和水平对工业产业用地扩张的影响程度不同。地方政府干预的产能贡献动机，以及地方政府干预能力的影响显著，但地方政府干预的就业动机和地方政府干预水平的影响不显著。企业政治关联的提高有利于工业产业用地扩张。计量结果还显示全球力量和市场力量是推动工业产业用地扩张的重要推动力。

地方政府—企业关系的影响存在显著的区域差异。对于东部地区而言，地方政府干预的产能贡献动机和企业政治关联是工业产业用地扩张的关键因素；对于中部地区而言，地方政府干预能力是工业产业用地扩张的主要因素，而企业政治关联所表现的作用不明显；对于西部地区来说，地方政府干预的产能贡献动机、是否设立开发区以及企业政治关联均是重要的影响因素。这一研究发现可以从区域经济发展水平和资源约束条件等方面的差异得到合理的解释。

本章还考虑了工业产业用地扩张的空间自相关效应。空间探索性分析发现了空间自相关效应的存在，以及高值集聚和低值集聚地区。空间回归模型进一步验证了工业产业用地扩张的空间相关，附近地级市单元产业用地的扩张能显著带动本单元用地的扩张，一定程度上验证了地方政府竞争的存在。在控制空间自相关效应以后，地方政府—企业关系框架仍能较好地解释工业产业用地的扩张。

最后，多层模型回归结果显示了不同层级地方政府干预均能带动工业产业用地的扩张。省级政府通过财政支持和政策支持，同样可以显著促进产业用地扩张。

本章的贡献在于,首次运用地方政府—企业关系分析框架研究了工业产业用地的扩张,并通过将地方政府干预分解干预动机、干预能力和干预水平,深化了现有文献对工业产业用地扩张机制的认识。本章的贡献还在于,通过空间计量模型和多层模型的运用,发现了工业产业用地扩张的空间自相关效应,以及地方政府干预的空间尺度效应,是对现有中国土地利用文献的重要补充。

本章参考文献

[1] 什洛莫·安杰尔(著),贺灿飞等(译). 城市星球. 科学出版社,2015.

[2] 陶然,陆曦,苏福兵,等. 地区竞争格局演变下的中国转型:财政激励和发展模式反思. 经济研究,2009(7):21-33.

[3] 周黎安. 晋升博弈中政府官员的激励与合作. 经济研究,2004(6):33-40.

[4] 周黎安. 中国地方官员的晋升锦标赛模式研究. 经济研究,2007,7(36):36-50.

[5] 钟海燕,冉茂盛,文守逊. 政府干预、内部人控制与公司投资. 管理世界,2010(7):98-108.

[6] Cartier, C. (2001). "Zone Fever", the Arable Land Debate, and Real Estate Speculation: China's evolving land use regime and its geographical contradictions. Journal of Contemporary China, 10 (28): 445-469.

[7] He, C. F., Huang, Z. J., Wang R. (2014). Land use change and economic growth in urban China: A structural equation analysis. Urban Studies, 51 (13): 2880-2898.

[8] Huang, Z. J., Dennis, W. Y. H., He, C. F., et al., (2015). Urban land expansion under economic transition in China: A multi-level modeling analysis. Habitat International, 47: 69-82.

[9] Jiang L, Deng X, Seto K C. (2012). Multi-level modeling of urban expansion and cultivated land conversion for urban hotspot counties in China. Landscape and Urban Planning, 108 (2): 131-139.

[10] Lin G C S. (2006). Peri-urbanism in globalizing China: A study of new urbanism in Dongguan. Eurasian Geography and Economics, 47 (1): 28-53.

[11] Lin S W, Ben T M. (2009). Impact of government and industrial agglomeration on

industrial land prices: A Taiwanese case study. Habitat International, 33 (4): 412 - 418.

[12] Shleifer A, Vishny R W (1994). The Politics of Market Socialism. Journal of Economic Perspectives, 8 (2): 165 - 176.

[13] Su M. (2005). The Role of Foreign Investment in China's Land - Use Policy. Asian Perspective, 99 - 131.

[14] Tu F, Yu X, Ruan J. (2014). Industrial land use efficiency under government intervention: Evidence from Hangzhou, China. Habitat International, 43: 1 - 10.

[15] Wang, L., Li, C., Ying, Q., et al., (2012). China's urban expansion from 1990 to 2010 determined with satellite remote sensing. Chinese Science Bulletin, 57 (22): 2802 - 2812.

[16] Yang, D. Y. R., Wang, H. K. (2008). Dilemmas of local governance under the development zone fever in China: A case study of the Suzhou region. Urban Studies, 45 (5 - 6): 1037 - 1054.

第七章 微观尺度下政企关系对工业企业用地行为的影响研究

第一节 引 言

第六章从地级市尺度探讨了地方政府—企业关系对工业产业用地扩张的影响。从宏观层面看，在中央—地方关系和地方政府竞争的压力下，地方政府通过土地出让干预手段，极大促进了工业产业用地的扩张。同时，企业政治关联也是影响工业产业用地扩张的重要因素，企业政治关联越强的地区，工业产业用地扩张更快的可能性就越大。但是，我们仍然不清楚，在微观尺度上，地方政府的土地出让激励如何影响制造业企业的用地行为？而工业企业又是如何反馈于这样的土地出让激励？具体来说，地方政府过度出让工业用地是否能够带来制造业企业用地可获得性的普遍增强？是否会在一定程度上扭曲制造业企业用地行为？这些问题无疑是非常重要的，对这些问题的回答有助于理解中国工业企业用地的现状及其绩效，更重要的是能使我们以小见大，从微观层面更深入理解中国工业产业用地的扩张机理。

为了认识工业产业用地扩张的微观机理和工业企业用地行为，本书选择案例研究的分析方法，开展企业访谈。企业访谈可以与企业所有者进行面对面的交流，能够充分了解企业所有者对特定问题的直接看法，从而可以掌握第一手资料。同时，企业访谈也可以对宏观计量分析结果进行验证，深化对研究问题的认识。鉴于此，本章拟基于江苏省无锡市制造业企业的访谈数据，从地方政府—企业关系的视角，分析制造业企业用地的可获得性及其使用状态，探讨制造业企业用地行为的内在驱动力，从而认识工业产业用地扩张的深层次动因。

第二节　工业企业用地行为的微观机制

古典西方经济学往往将促进国民财富增长的要素分成三类，即资本、劳动以及自然资源（包括土地），土地要素的重要性在古典西方经济学理论发展上获得凸显。然而，从新古典经济理论开始，土地要素往往被忽略，对其在经济发展中的重要性也没有获得足够重视。在西方发达国家的生产函数中，土地要素被技术进步所代替，要么被删除，要么被包含在资本要素中，成为资本要素的一部分。

在转型经济国家中，土地发挥着重要作用，尤其是土地可获得性可以显著影响企业的发展和经济的增长（Anderson，2012）。企业通过结合资本、劳动力和土地要素生产产品。相对于资本和劳动力的自由获得，土地的可获得性则受到更多的限制，比如土地产权的不清晰，土地市场的不完善或者土地管理制度的缺失等。在一个自由竞争的市场，一个利润最大化为原则的企业通常会在资本、土地和劳动力投入中进行平衡，直到各投入要素的边界成本与市场价格相同（Anderson，2012）。如果土地资源受到限制，企业将无法得到合适的土地使用规模，这将使得企业无法获得最优的要素投入比例，从而导致整体资源配置的低效率。显然，土地资源限制将增加企业的成本，从而降低效率。在这种情况下，企业有可能通过对向政府官员寻租而获得额外的土地许可。因此，对土地使用的限制将鼓励非正常的支付或寻租（Estrin et al.，2009）。

作为转型经济国家的中国，土地要素对制造业企业生产和发展仍然起到重要的作用。然而，与其他国家在转型过程中将土地资产私有化不同，中国仍然保持着土地的国家所有权和集体所有权。按照《中华人民共和国土地管理法》规定，中华人民共和国实行土地的社会主义公有制，即全民所有制和劳动群众集体所有制。全民所有，即国家所有土地的所有权由国务院代表国家行使。在实际操作过程中，国家土地所有权往往由国务院授权各地方政府行使，从而为地方政府取得对工业用地的垄断供应权提供了法律保障。

因此，地方政府对工业用地的供应成为影响制造业企业用地行为的重要因素。现有理论研究表明，地方政府在经济和政治双重激励的作用下，在区域竞争中为了招商引资，不惜通过"竞次式"（race to bottom）的恶性竞争，为制造业投资者提供低价土地。罗云辉（2003）对东部沿海地区，尤其是长三角各市县之间的土地引资竞争研究中，发现了类似"竞次式"的价格竞争。这种以压低土地价格为特征的地方政府工业用地供给行为，一方面导致了工业用地的过度出让，另一方面也在一定程度上扭曲了工业企业用地行为。林坚（2009）指出，当工业用地价格低于其本身要素价格，甚至存在"零地价"时，企业基于利润最大化的目标，就倾向于选择更多的土地要素与更少的非土地（资金、劳动力等）要素组合方式，这将导致企业粗放低效利用工业用地。

另外，企业政治关联也是制造业企业用地行为的重要影响因素。关系网络在中国经济社会中发挥着重要的作用，与地方政府形成比较紧密的关系网络，能够为企业的成长和发展带来诸多好处。正如前面所述，在转型经济国家中，土地对于企业而言仍然是极为重要的投入要素，特别是在中国，获得政府审批的土地往往意味着企业能够以低于市场价的成本获得土地。徐伟等（2011）的研究表明，企业借助政治资源获得的来自政府的好处是多方面的。首先是更容易获得各种直接的优惠政策扶持，其次是政府审批的土地以及各种政府合同。相比之下，企业规模对企业获得上述稀缺资源的作用并不总是有效，而企业历史以及加入行业协会这些因素则对企业获得上述稀缺资源没有帮助。

因此，本章尝试用案例研究的方法，验证以地方政府干预和企业政治关联为核心的分析框架在何种程度上可以解释转型期中国制造业企业用地行为特征。

第三节 案例选择与研究设计

本研究选择江苏省无锡市惠山区钱桥街道作为研究案例。江苏省无锡市是中国民族工业和乡镇工业的摇篮,是苏南模式的发祥地。2013年,无锡市规模工业完成产值14 890.7亿元,工业总量继续在全国位居第七位,比上年增长2.4%;完成规模工业增加值3 057.3亿元,比上年增长7.0%。全市工业产值超1亿元企业1 746家,超10亿元企业239家。全市规模以上工业实现主营业务收入14 450.5亿元,比上年增长2.1%。无锡市工业企业具有较强的实力,其中有14家企业入围"2013年中国企业500强",占江苏省入围数(49家)的28.6%;同时,有21家企业入围"2013年中国制造企业500强"①。江苏省无锡市工业发达,是研究工业企业用地行为较为理想的案例地。

与无锡市工业快速发展相对应,无锡市工业用地也迅速扩张,现已成为城市用地的重要组成部分。以近年来无锡市国有土地供应为例,无锡市工业仓储用地所占比例保持在30%以上,成为土地供应量最大的用地类型(见表7-1)。

表7-1　无锡市市区土地供应计划(2011~2014年)

年份	合计(公顷)	商服用地(公顷)	工矿仓储用地(公顷)	住宅用地(公顷)	公管公服用地(公顷)	交通用地(公顷)	水利设施(公顷)	特殊用地(公顷)	工矿仓储用地比重(%)
2011	3 320	343	655	847	30	1 270	100	75	19.73
2012	3 467	390	1 254	899	225	473	212	14	36.17
2013	2 938	131	1 050	572	263	698	218	6	35.74
2014	2 064	139	742	349	291	394	136	13	35.95

资料来源:无锡市国土资源局。

---

① 数据来源:无锡市统计局。

本研究选取的访谈企业坐落在无锡市惠山区钱桥街道，是无锡市最具代表性的制造业工业集聚区之一。钱桥街道位于无锡市中心城区的东北部，位于无锡市向北发展的两个轴带之一，地理区位优越。钱桥街道2014年完成全社会销售收入594.8亿元，同比增长4%；其中完成工业销售收入237.8亿元。全街道共有167家规上企业，完成产值218.2亿元[①]。钱桥街道被称为"焊管之乡""冷轧之都"，拥有近千家焊管、钢管及带钢企业。同时，钱桥街道也拥有制钢的上下游行业，形成较为完善的产业链，是我国重要的钢制品生产基地。

案例研究是在当地政府部门的协助下开展的。本研究选择当地有代表性的11家企业开展访谈。访谈的时期在2015年1月。每次案例访谈均与企业的主要负责人（董事长或总经理）进行，以确保获得的信息全面、可靠和真实。本研究采取半结构的访谈方式，每个访谈约进行1.5个小时，主要问及：①企业的发展史和企业家基本情况；②企业土地获得的相关信息；③企业土地使用情况；④企业在用地方面的计划；⑤当地基础设施条件；以及⑥地方政府提供的支持和帮助等。此外，为了更进一步从宏观层面了解当地产业用地发展，本研究还安排了与政府机构和相关职能部门负责人进行深入访谈。质性访谈后，将访谈录音转换为逐字记录，并参照社会学方法对记录进行语义的编码（coding）和合并同类的提取分析。同时，为了完善有关信息，还通过企业网站或地方发展报告等二手资料对数据进行了补充。

第四节 制造业企业用地取得与使用行为的异质性

本研究通过考察不同制造业企业用地取得与使用的差异化战略，探讨制造业企业用地行为的影响因素。不同的企业，因具有不同的企业特征，在不

---

① 数据来源：无锡市钱桥街道招商办。

同的阶段可能选择不同的用地策略（见表7-2）。通过本次案例分析，本书将研究影响工业企业用地策略背后的关键决定因素。

表7-2　无锡市钱桥街道6个制造业企业的基本特征及用地策略

企业	A	B	C	D	E	F
成立年份	2001	1995	2005	2006	2004	2007
工业产值（亿元）	7	5	1	1	1	0.6
员工人数	250	400	150	200	100	80
主要产品	冷轧电工钢带（片）	橡胶硫化剂、橡胶粘合剂	齿轮和轿车自动皮带张紧器	小型工程机械	冷轧设备产品	高端钢管材料
所有制	私营企业	股份制	私营企业	私营企业	私营企业	私营企业
用地行为特征	租赁集体土地，通过挂牌转为国有土地	租赁集体土地，通过挂牌转为国有土地，拟整体搬迁	购买国有土地，增加用地容积率	购买国有土地，收购周边产业用地	购买存量工业用地，转租土地	租赁现有企业土地和厂房

资料来源：作者根据访谈资料整理。

企业A：租赁集体土地，通过挂牌转为国有土地。

企业A成立于2001年，是一家高新科技企业，主要生产高技术含量的精轧优特钢和精轧合金锌钢卷/带。企业A先后荣获江苏省质量信得过企业、江苏省优秀民营企业、江苏质量诚信AAA名牌企业等荣誉，是无锡市惠山区十佳投资发展企业之一。企业A的年产值达到7亿元，员工人数200余人，是无锡市钱桥街道的核心制造业企业之一。该企业已开始进行股份制改革，并计划于近两年内上市。

在企业成立之初（2001年），企业A与村集体签订了50年的土地租赁合同，占地面积约50亩。为了扩大公司的生产规模，企业A于2010年通过挂牌方式获得企业附近国有土地27亩，总金额817万元，土地价格约为30万元/亩。现有土地规模约为80亩，已基本满足企业发展要求。

"企业成立那时的政策还没有那么严格，与集体租赁土地还是允许的。当时为了节省资金，选择了与村集体租赁土地。当时大部分企业都是这样操作的，我们也不例外。但是现在不行了，都得用国有土地，所以我们前几年就从政府那边买了一块地（注：国有土地）。"[与企业总经理访谈记录]

同时，该企业为了满足上市公司的基本要求，已经按照相关政策对从村集体租赁的土地进行补缴土地出让金，从而将该地块的所有权属性由集体性质转为国有性质。再通过政府对国有土地的转让，该企业获得该地块的国有土地使用权。按照土地管理法规定，只有国有土地才能享有合法的土地抵押贷款权和合法的转让权，而集体土地缺乏这些基本权利。然而，企业使用集体土地的动机往往是价格上的优惠。两者的优势比较来看，即使是规模较大的企业，也往往倾向于使用集体土地。

"现在为了上市，需要把原来的租赁地转为国有性质，……，也没办法，得补缴出让金才行。"[与企业总经理访谈记录]

企业 B：租赁集体土地，通过挂牌转为国有土地；企业拟整体搬迁。

企业 B 也是一家高新技术企业，主要生产橡胶硫化剂、橡胶粘合剂，是汽车配件子午轮胎的配套专用材料。企业 B 的业务前身是无锡华盛化工助剂厂，鉴于企业上市需要，2012 年 12 月新设成立股份公司，注册资本 4 620 万元，被列为省科技上市企业培育计划入库企业。企业产品外销30%，内销70%。企业近年实现年产值 5 亿元，员工人数约为 400 人。企业 B 现有土地50 亩，企业用地的获得也是通过与村集体签订租赁协议实现，但同样是为了上市需要，也已将土地所有权属性转为国有性质。

"2004 年搬迁过来，当时是买的集体土地 50 年使用权。由于 3 年以前（即 2012 年）需要股改上市，我们这地现在已经转为国有出让了。之前拿的地是 5 万元/亩，现在补缴了 35 万元/亩的出让金，……，这个地方区位就是好，所有补缴那么多也是没办法的；企业为了发展，只能补缴。"[与企业董事长访谈记录]

补缴土地出让金在一定程度上加重了企业的资金成本。按照政策规定，国有土地可以进行抵押贷款,以缓解企业资本需求。但在实际操作中,由于国家政策导向和中小企业面临的实际情况,通过土地抵押贷款也是困难较大。

"转为国有土地以后,应该是可以拿去贷款抵押。但是中国银行体制有点问题,银行的钱不愿意贷给中小企业,而愿意贷给政府。而政府又不能生产价值,没有产出,这就有很大麻烦。这是国家政策导向的出了问题。"[与企业董事长访谈记录]

另外,企业的行业性质也在一定程度上影响了企业未来用地行为。鉴于该企业属于化工行业,具有一定的污染密集型性质,因此不符合无锡市规划的行业导向,故在未来用地时可能存在较大的不确定性,企业若想在无锡市市区获得新的土地,已基本不可能。在这种情况下,搬迁也就成为该企业未来发展的一个选项。

"我们这个行业跟化工有点沾边,不太符合无锡的规划,因此再想往周边扩是不太可能,……,因为不符合周边的城市规划。未来可能考虑搬迁到化工园区。"[与企业董事长访谈记录]

对于是否将工厂搬迁到中西部地区,企业也有自己的考虑。最重要的问题不是土地成本的问题,而是搬迁地人员素质、文化差异、政府效率等都与东部地区差别较大,难以形成较高的生产效率。因此,企业往往较为谨慎,或者采取其他替代方案。这位董事长给出了这样的陈述:

"中部地区的观念不一样,效率太低。不仅政府的效率低,人员素质也较低。企业生产不仅要看成本,也得看产出。如果配套不到位,人员素质不到位,产出也难提高。中部地区有些人员培训两年也上不了岗位。现在我们企业往往采取业务发包的方式更好。"[与企业董事长访谈记录]

企业C:购买国有土地,以提高容积率缓解用地压力。

企业C是具有较强开发能力、制造能力和检验能力的齿轮和轿车自动皮带张紧器专业制造公司,是江苏省高新技术企业,是国内首家开发制造轿车发动机皮带自动张紧器的专业厂家,同时也是上海大众、一汽大众、安徽奇瑞等汽车制造公司的指定OEM供应商。该企业2005年由相邻区县搬迁到钱桥街道，是由地方政府招商引资而落户的企业。企业老总是外地知名企业家，具有一定的官方家族背景。企业用地是通过从政府中购买国有土地获得。

"企业所有土地都是国有土地。当时来的时候，这里的土地已经是三通一平，已经是工业用地。当时政府出让的价格大概是6.5万元/亩。"［与企业董事长访谈记录］

企业负责人在描述当时企业区位选择时，显得比较轻松。企业区位选择似乎是一个多方案的比较，从中选择了一个最优方案。他是这样描述的：

"当时各个开发区都在招商，我们是希望企业少支付一些资金。这里刚好有一大规模的土地可以出让，所以就落地在这了。……，另外也考虑员工上下班回家不要太远，这个地方刚好与之前的区位接壤"。［与企业董事长访谈记录］

该企业对未来土地利用的扩张没有太多的诉求，一方面是业务发展对土地资源的需求还没有那么紧张；另一方面也由于企业对用地提前做了较好的规划，使得现有土地效能挖掘潜力比较大。

"我们对土地进行了提前规划，在保障安全的时候加多楼层，所以现在还预留一点地。比如办公楼现在是3楼，但我们之前打了5层楼的地基"。［与企业董事长访谈记录］

企业D：购买国有土地，收购周边产业用地。

企业D成立于2006年，以生产小型工程机械为主。该企业生产的风冷柴油机配件系列，在国内行业中占有率达到90%。近年来开发生产工程建筑机械，产品主要有：平板夯、切割机、冲击夯、混凝土振动机、混凝土抹平机、潜水泵等工程机械。因国内市场需求有限，该企业产品基本为外销。该企业的负责人为本地企业家，属于白手起家。在2010年通过与镇政府沟通，通过竞标的方式，获得现在这里的办公室，大概20亩地，价格约为38万元/亩。显然，这个地方相对于年产值7 000万元左右的企业来说，使用空间已经很小。因此，该企业对未来发展空间的诉求比较强烈。

2010年左右，该企业因业务发展的需求，曾经在安徽郎溪无锡工业园圈了200亩地。但圈完土地后，一直没有正式开发运营。直到2010年在无锡获得一块土地以后，该企业已经放弃了在安徽郎溪无锡工业园的投产计划。企业负责人给我们提供了以下的解释：

"搬过去我们也不太方便，人力资源、人脉资源都不太理想。那个时候过去的企业都后悔了，有700多家。当时郎溪的人过来招商，我们也过去。……，不过还得需要看投入产出比才行，因为那边的人员素质、技术等都不够，不能满足企业发展要求，那样的话产出就很难提高。我们想了想就不去了。"[与企业总经理助理访谈记录]

对于中部承接工业园可能提供便宜的土地、优惠税费等条件，企业往往还是比较理性地进行对比。中部地区比较丰富的土地资源和较为优惠的土地价格，并非企业考虑的唯一标准。

然而，东部地区资源竞争的现实情况仍然存在。对于现有用地空间仍然较小的实际情况，企业D现已开始与地方政府积极沟通，希望能够在当地获得额外的用地。但这种方案难度也很大。

"目前与东北大学进行合作，做研发中心，开展技术创新。……，做做（地方政府）工作，准备就在这附近再扩充，但能否批下来不确定。以前（地方政府）关心少一点，现在企业成长快了以后，政府给的支持也比较多了。"[与企业总经理助理访谈记录]

是否可以从其他经营状况较差的企业中盘活用地，也是有很大难度。一个原因是原有企业要价太高，往往比市场价高出很多，甚至几倍；另一个原因是这些土地比较零碎，难以形成规模。

企业E：购买存量工业用地，转租土地。

企业E主营冷轧设备产品。企业成立于2004年，最早注册资本50万。企业属于材料供应商，市场主要是在国内。客户主要在外地，不在无锡。从整体行业发展态势来看，冷轧行业不太景气，因此企业利润也相对以前低了很多。

值得指出的是，企业负责人的背景比较特殊。企业老总以前是在政府机关，尤其是1997~1998年在政府招商部门，负责招商引资工作。之后，由于各种原因，下海创办这个企业。企业老总由于与地方政府关于有较好的联系，因此在获得生产资源方面比较有优势。企业现有土地约50亩地，由政府出让获得，出让价格约为10.5万元/亩。

由于国家政策、行业态势和企业发展的原因，导致了企业成本上升，利润减少，企业当前并没有扩大规模生产的计划。企业甚至出现了分割、转租现有土地的想法。

"土地已经够了。目前行业发展形势不是太好，利润太低。我们甚至有些多余的土地。可以转让或是转租。"[与企业总经理访谈记录]

企业F：租赁现有企业土地和厂房。

企业F是一家由本地企业家创办的股份制企业，以生产高端钢管材料为主。该企业成立于2007年，2014年年产值达到6 000多万元，在当地也算一家经营效益较好的中型企业。因企业信誉很好，企业的业务量不断攀升。与其他企业不同的是，该企业一直以向其他企业租赁土地和厂房的方式获得生产空间。对于为什么要采取租赁厂房的方式生产，企业经理给出了这样的理由：

"2007年土地供应量已经较前几年少了，土地价格已经攀升到10多万元每亩地。那时我们企业刚成立，也一时买不起。即使这么高的价格，要是没有关系，仍然买不到地。我们当时要是也'腐败'一下，说不定也能拿到块地。"[与企业总经理访谈记录]

对很多企业来说，工业用地价格的攀升已经让他们很难承受得起这样的成本。对于很多中小企业来说，新买一块地将占用他们本身就有限的流动资金，所以对于他们，买地并不是一个合适的选择。这位经理给我们算了一笔账：

"现在无锡钱桥地区的国有土地价格大概在50万元/亩左右。现在我的企业用地约 20 亩，那么就相当于 1 000 万元的资本，而且还要造厂房，所需要的资金量就更大。现在国家支持资金都被国企垄断，银行又不愿意贷款给中小企业，所以我们得在民间借款。现在的民间借款在 10% 的利息，而且是每年复利。这 1 000 万借款，我借 3 年的话，3 年后我就得连本带息支付 1 331 万元。这非常不划算。而且现在经济不稳定，企业能做得好也不容易。"[与企业总经理访谈记录]

第五节 制造业企业用地行为的空间差异性

在以上案例分析的基础上，本书基于地方政府—企业关系的理论视角，进一步理解制造业企业在不同情境下的用地策略。在本书的理论框架中，地方政府—企业关系可以分解为地方政府干预和企业政治关联，分别从地方政府和企业的角色理解地方政府—企业关系的作用机制。

一、东部发达地区制造业企业用地策略的演化

制造业企业用地策略主要包括制造业用地的获得与使用。由于中国实行的特殊的土地管理制度，使得地方政府—企业关系对企业用地策略具有显著影响。

首先，本书认为地方政府干预对企业用地策略具有重要影响。分权化是转型时期中国经济增长的重要制度背景和推动力（Wei，2001），经济激励和政治激励促使地方政府具有发展地方经济的强大动力，从而使地方政府在地方经济事务中扮演越来越重要的角色。地方政府往往作为规划者、参与者和政策制定者的角色干预地方产业和企业的发展。另外，地方政府作为国有土地的垄断供应者，具有了通过土地干预企业发展的能力。在分税制改革的作用下，地方政府开启了"以地谋发展"的道路。为了在激烈的地方竞争中赢得胜利，地方政府往往采取包括压低地价、按投资额度返还部分出让金在

内的各种方式进行招商引资。以珠三角为例，20世纪90年代末和21世纪初，很多市、县、镇级地方政府提出了"零地价"来争取工业发展。长三角也出现类似的情况，即便在土地资源最为紧缺的浙江省，征地和基础设施配套成本高达10万元/亩的工业用地，平均出让价格只有8.6万元/亩（陶然，2010）。在地方政府干预程度较强的背景下，这种低地价出让工业用地的方式带来了制造业企业较为宽松的用地环境，尤其是对外来投资企业来说显得更为重要。本章案例中，企业C的情况则属于这一类型。作为外来企业，企业C在土地使用方面获得了地方政府的大力配合，不仅在用地规模上较为充裕，而且在用地条件上也相对较好，实现了"三通一平"；更重要的是企业仅承担了6.5万元/亩的低用地价格。因此，地方政府干预直接影响了制造业企业的用地策略。

  在调研过程中，我们也发现，制造业企业获得工业用地并非来自地方政府出让这一个途径，通过从村集体手中租赁集体建设用地也是一个重要途径，而且这一途径对本地企业来说广泛存在。出现这一现象的原因有以下三方面：一是乡镇企业改革的原因。20世纪90年代中后期，大量的乡镇企业发生转制。部分乡镇企业转制为私营企业，原有乡镇企业用地也相应地转变为新的私营企业用地。在这个过程中，原有乡镇企业用地基本不转变所有制性质，仍然归集体所有，只不过土地使用权转让到新的企业中。另一部分乡镇企业在经营不善的情况下被迫倒闭，从而使原有用地发生闲置。村集体为了创收，将原有的企业用地转租给其他企业。二是土地管理制度改革的原因。20世纪80~90年代，由于有偿出让土地并没有制度化，大量企业，尤其是私营企业选择从村集体租赁土地经营。三是企业为了节省成本的考虑。从村集体中租赁土地的成本小于从地方政府出让获得的土地成本，出于成本和企业自身条件[①]考虑，企业往往选择从村集体租赁用地。祁新华等（2010）的问卷调查中，在回答企业创办时的厂址与办公场所的来源时，49.5%的创办者利用自家的房屋或本行政村、本乡镇以及其他乡镇或家庭的房屋或公共

---

  ① 在调研过程中，大量企业表明，在企业初创阶段，资金都不充裕。如果花费部分资金购买土地，将使企业流动资金非常有限。

建筑物。可见，一半企业左右的企业创办时利用自家或集体的闲置房屋作为经营场所，以此来降低企业的成本。地方政府为了尽快推进地方工业化进程、提高财政收入，也往往采取默许或支持的态度。本研究案例中，企业 A 和企业 B 均属于这种方式获得土地要素。

其次，即使在地方政府干预程度较高的情况下，企业政治关联的存在仍能够为企业获得土地要素提供更大的便利条件。企业政治关联的存在主要有以下几个方式，一是企业负责人本身即来自地方政府部门。这种天然的联系使得企业与政府之间形成了密切的往来关系，企业负责人能够在信息、资源、政策等方面获得更多的便利。这也包括企业从地方政府获得土地要素。本案例研究中，企业 E 即属于这种类型。我们的调研发现，负责人来自地方政府招商部门的企业 E，在用地方面获得了更大的支持。二是来自外来资本。由于地方政府对外来资本的偏好，外来资本具有政治关联的基本前提。本案例研究中，企业 C 即为该类型。企业 C 能够获得较充裕的土地要素，与其外来资本的身份就有密切关系。三是来自企业本身的成长。大企业或者对地方财政收入和就业具有较大贡献的企业，也能获得地方政府的支持，从而实现政治关联。本案例中企业 D 即属于这种情况。企业 D 在成为中等规模企业后，随即获得了地方政府用地方面的支持就是很好的例子。四是来自企业家个人的努力，通过与地方政府官员加强联系而获得用地支持。本案例中企业 F 的负责人，在访谈中即明确表达了这一观点。

总之，地方政府干预和企业政治关联的存在，都在一定程度上提高了企业用地的可获得性。地方政府干预使得企业用地的自由度获得了改善，企业政治关联则进一步提高了这类企业的用地可获得性，这两个因素相互作用的结果在宏观上即表现为制造业产业用地的快速扩张。我们的企业访谈结果也符合第四章关于地方政府—企业关系演化及其用地效应的研究成果，这些企业在获得土地时，基本处于地方政府—企业关系演化的第二阶段，即地方竞争阶段。这一阶段的显著特征是，地方政府为了招商引资，往往采取优惠的政策，包括低地价方式进行地方政府之间的竞争，从而推动了工业产业用地的扩张。

然而，近十年来，随着东部地区资源环境约束的增强，以及国家宏观政策的调整，使得地方政府干预企业用地的能力和愿意都发生了变化，企业政治关联的作用也发生了变化，从而出现了新的用地策略。

随着东部发达地区资源约束的增强，新增用地资源已经较少；同时，由于国家宏观调控政策的加强，东部地区建设用地指标趋于紧张，使得地方政府在出让新增用地上显得更为谨慎。这一阶段也可以与第四章的分析相对应，即为"地方引导"阶段。该阶段最主要的特征是地方政府不再盲目向工业企业提供土地，而是采取更为理性的方式引导企业用地，引导产业升级，促进工业用地结构和布局的调整。在我们调研的无锡市钱桥街道，可用的新增工业用地已经所剩无几。地方政府官员也非常清楚这一点。因此，在引入工业项目时，也对用地效率提出了更高的要求。换句话说，地方政府干预企业用地的能力和愿意都有所减弱。在这种情况下，企业政治关联的存在对于企业用地获得的作用明显上升。那些与政府关系密切的企业也更容易获得用地便利，而其他企业只能通过转租的方式获得土地使用。

在这一分析逻辑下，制造业企业用地策略也发生了差异化。这种差异化概括起来主要有四个类型：首先，企业为了上市需要，将企业用地性质转性为国有土地，从而解决企业用地的长期保障（企业 A 和企业 B）。其次，具有政治关联的企业，往往容易获得更多的土地资源，尤其是那些乡镇企业转制的企业，它们往往通过转租的方式将土地租给其他中小企业，以获得土地租金（企业 F）。再次，通过从地方政府出让获得土地的企业，基本上都保持土地的长期使用（企业 C 和企业 D）。最后，对于国有土地来说，那些具有政治关联的企业，在获得土地要素的便利后，也容易将多余的土地要素转租给中小企业，成为一部分中小企业用地和厂房的主要来源（企业 E）（见图 7-1）。

综上所述，企业用地来源和使用与地方政府—企业关系密切相关，地方政府—企业关系的演化，也带来了制造业企业用地策略的演化和企业间的差异化。

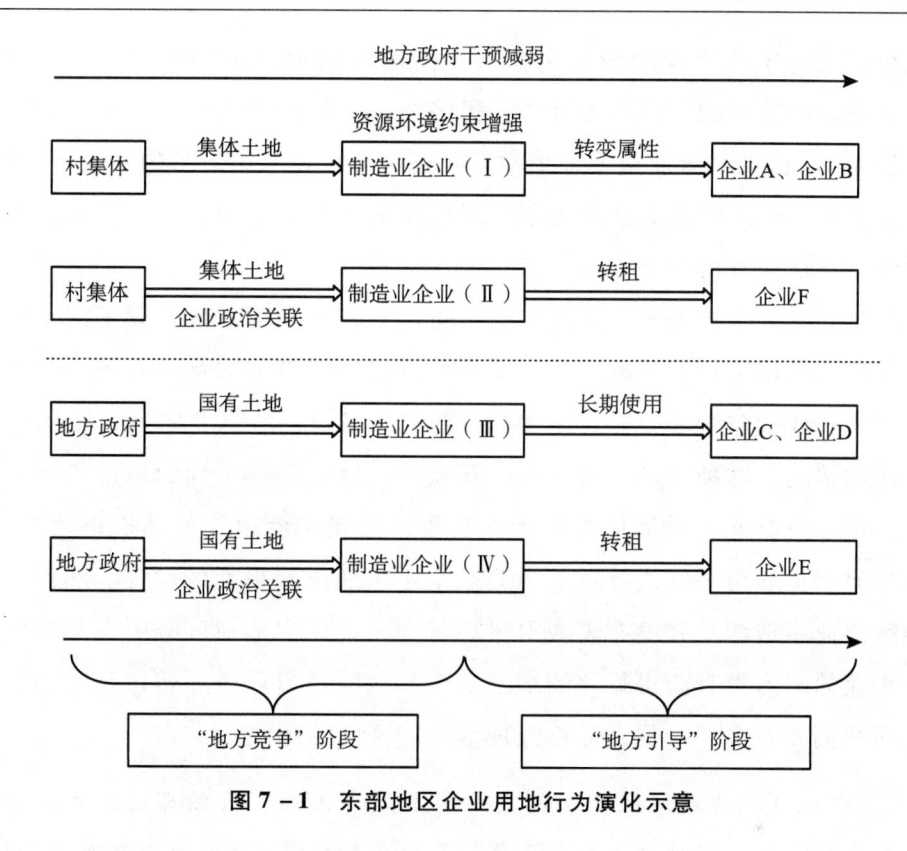

```
                    地方政府干预减弱
─────────────────────────────────────────────────▶

┌──────┐  集体土地   ┌──────────┐   资源环境约束增强   ┌────────────┐
│村集体 │──────────▶│制造业企业（Ⅰ）│─── 转变属性 ───▶│企业A、企业B│
└──────┘            └──────────┘                    └────────────┘

┌──────┐  集体土地   ┌──────────┐                    ┌────────────┐
│村集体 │──────────▶│制造业企业（Ⅱ）│──── 转租 ─────▶│   企业F    │
└──────┘ 企业政治关联 └──────────┘                    └────────────┘

┌────────┐ 国有土地  ┌──────────┐                    ┌────────────┐
│地方政府 │────────▶│制造业企业（Ⅲ）│─── 长期使用 ──▶│企业C、企业D│
└────────┘          └──────────┘                    └────────────┘

┌────────┐ 国有土地  ┌──────────┐                    ┌────────────┐
│地方政府 │────────▶│制造业企业（Ⅳ）│──── 转租 ─────▶│   企业E    │
└────────┘企业政治关联└──────────┘                    └────────────┘
```

└──────"地方竞争"阶段──────┘└──────"地方引导"阶段──────┘

图 7-1　东部地区企业用地行为演化示意

二、工业企业用地策略的区域差异

　　企业用地策略不仅存在时间演化差异，而且还具有显著的区域差异。这种区域差异也可以从地方政府—企业关系的视角加以认识。

　　如前所述，近年来，随着东部地区资源环境约束的增强，以及国家宏观政策的调整，地方政府干预的程度和广度都发生了变化。地方政府在出让工业用地时，不仅在用地规模上比较谨慎，在工业用地价格上也普遍增长。根据我们的调查，无锡市钱桥街道工业用地的价格出现了快速增长。2005年以前，工业用地价格基本在10万元/亩以下；2010年，工业价格已经增长至30万元/亩；至2015年1月，工业用地价格已达到50万元/亩，而且增长的势头仍然在继续。一方面，不断高企的工业用地价格使得制造业企业承受了更大的成本压力；另一方面，不断呈现的土地稀缺性也使土地的可获得性急剧减小。很多中小企业纷纷表示，工业用地已经很难买得起。在这种情况下，企业政治关联的显得更为重要。很多企业在访谈中也提及，现在要是没有"关系"，已经很难获得土地要素了。这一结论也与第五章的发现相一致：在东部地区，企业政治关联显著影响城市制造业产业用地扩张，而地方政府干预的重要性则有所减弱。

而在中部、西部地区，情况有所不同。尤其是中部地区，属于国家层面的产业转移承接区，地方政府为了招商引资提供了较多的优惠政策，包括土地、财税和环境监管等方面。比如，中部某省目前仍然有"零地价"供应工业土地的情况。这种现象表明，在中部地区，地方政府干预的角色仍然非常显著，地方政府通过低地价参与地方竞争，实现招商引资的动机仍然存在。地方政府干预的结果直接导致了制造业企业用地可获得性的增强。然而，中部地区产业用地增长并没有表现得很显著，尤其是中部地区吸引东部地区制造业企业的努力没有获得显著的结果。东部地区制造业企业转移到中部地区的成功案例并不多，一位企业总经理给出了这样的感慨：

"到外地（指中部地区）去的企业基本没有出路，虽然那边的条件比较好，如土地白送，税收可以免交7年，电费在基准标准的基础上再便宜0.1~0.2元/度，环保也不来找麻烦。"［与企业 E 总经理访谈记录］

中部地区地方政府干预的强大作用，在一定程度上减弱了企业政治关联的重要性。不管企业政治关联是否存在，对于在中部地区的制造业企业来说，获取土地要素相对容易。因此，地方政府—企业关系是分析制造业企业用地行为差异的重要视角（见表7-3）。

表7-3　　　各区域地方政府—企业关系对制造业企业用地行为影响的差异性

地方政府—企业关系	东部地区	中部地区
地方政府干预	弱	强
企业政治关联	强	弱

第六节 小 结

基于地方政府—企业关系视角，本章以无锡市钱桥街道工业企业为案例，分析了制造业企业用地行为的差异及其影响因素。

首先，通过案例分析，本研究发现制造业企业用地来源存在着差异性。概括起来，现有制造业企业用地来源主要有3类，分别为租赁村集体用地、购买国有土地、租赁其他工业企业用地。制造业企业用地来源的差异与地方政府—企业关系具有重要联系。本地企业和外来企业在获得土地要素方面表现迥异。为了规避较高的用地成本，并基于本地企业在地方较强的社会网络，本地企业在早期往往通过租赁村集体用地获得开办企业的初始用地。而对于外来企业来说，由于信息不对称所带来的不稳定因素，以及地方政府采取的低地价供地策略，使得外来企业趋向于选择使用国有土地，以降低未来可能存在的政策或运营风险。对于地方政府来说，也往往对本地企业和外来企业进行区别对待，本地企业往往规模较小，并且流动性较差，因此提供较大的用地优惠对地方政府来说并没有太大的激励；外来企业则情况相反，一般规模较大，且具有较强的流动性，因此地方政府为了在区域竞争中获胜，有激励采取低地价，加大土地供给的方式提供优惠，以在竞争中获胜。这一过程具有循环累积效应，在地方政府的差别策略下，本地企业普遍采取租赁村集体用地的方式以低成本获得大量土地，而外来企业则通过地方政府竞争获得大量的土地供应，这在宏观上表现出工业用地的快速扩张。

其次，我们的研究也发现了企业政治关联对工业企业用地获得的重要性。企业政治关联的存在使得该类企业在土地要素获得难易程度和规模上均与其他企业具有显著差异。正如杨其静（2010）指出，一旦地方政府被赋予了管理地方社会经济事务的优先权，且又掌握了大量公共资源及其处置权，则必然成为企业追逐的对象。作为国有土地的垄断供应方，地方政府土地供给成为企业发展的重要影响因素。我们的调查发现，工业企业改善政企关系的途径主要有：①成长为大中型企业或本地龙头企业，以获得政府的扶持；②通过"先天"的企业负责人官方背景；③通过企业负责人与政府官员建立良好的正式或非正式关系。不管通过哪个途径，政企关系的改善都能为企业解决用地困境提供支持。

再次，随着地方政府—企业关系的转变，制造业企业用地行为也发生了演变。制造业企业用地行为主要包括四类：一是，企业为了上市需要，将企业用地性质转性为国有土地，从而解决企业用地的长期保障；二是，具有政治关联的企业，往往容易获得更多的土地资源，它们往往通过转租的方式将土地租给其他中小企业，以获得土地租金；三是，通过从地方政府出让获得土地的企业，基本上都保持土地的长期使用；四是，对于国有土地来说，那些具有政治关联的企业，在获得土地要素的便利后，也容易将多余的土地要素转租给中小企业，成为一部分中小企业用地和厂房的主要来源。用地行为的差异性与政企关系密切相关，正是由于企业政治关联的存在，使得获得较多土地的企业可以通过转租等方式获得额外的租金；而那些没有政治关联的企业在资源约束下，往往采取租赁的方式满足用地需求，从而造成了土地使用的不平衡现象。

最后，本研究也发现了不同区域地方政府—企业关系对制造业企业用地行为影响的差异性。对于东部地区来说，地方政府干预的重要性减弱，而企业政治关联的重要性增强；而对于西部地区来说，地方政府干预的重要性增强，而企业政治关联的重要性减弱。不同地区发展阶段的差异性，带来了地方政府—企业关系影响的差异性，也带来了制造业企业用地行为的差异性。

本章的贡献在于基于地方政府—企业关系视角，解读了中国制造业企业用地行为的时间差异性和空间差异性，验证了地方政府干预和企业政治关联的相互作用，是造成工业用地快速扩张、工业用地配置不合理、工业用地效率偏低，以及工业用地出现严重闲置现象的重要根源，为从微观层面理解制造业企业用地提供了实证依据。

本章参考文献

[1] 林坚. 中国城乡建设用地增长研究. 商务印书馆，北京，2009.

［2］罗云辉，林洁．苏州，昆山等地开发区招商引资中土地出让的过度竞争——对中国经济过度竞争原因分析的一项实证．改革，2003（6）：101－1－6.

［3］祁新华，朱宇，张抚秀．企业区位特征，影响因素及其城镇化效应．2010，30（2）：220－227.

［4］陶然，汪晖．中国尚未完成之转型中的土地制度改革：挑战与出路．国际经济评论，2010（2）：93－123.

［5］徐伟，孙永智，企业政治资源的经济回报：基于江苏常州企业调查数据的实证分析，2011（1）：86－91.

［6］杨其静．市场，政府与企业：对中国发展模式的思考．中国人民大学出版社，2010.

［7］Anderson. (2012). Access to land and building permits, obstacles to economic development in transition countries. Article in Land Line. Lincoln Institute of Land Policy. 10－17.

［8］Estrin, Saul, Hanousek, Evzen Kocenda, et al., (2009). Effects of privatization and ownership in transition economies. Journal of Economic Literature, 47: 699－728.

［9］Yehua Dennis Wei. (2001). Decentralization, marketization, and globalization: the triple processes underlying regional development in china. Asian Geographer, 20 (1－2): 7－23.

第八章 政企关系、市场力量与工业企业用地效率研究

第一节 引　言

第六章的经验研究表明，在地级市尺度，财政分权下的地方政府干预以及特殊的企业政治关联共同促进了工业产业用地规模的扩张。第七章从微观视角考察了转型期地方政府干预下，企业属性尤其是企业政治关联程度对企业用地配置和使用的重要影响，同时，也指出工业产业用地扩张的微观机制。前两章的实证研究均表明地方政府—企业关系对工业企业用地扩张的重要作用。然而，这种政企关系是否对工业企业用地效率造成显著影响呢？这是一个更为重要的问题。

工业产业用地扩张研究和工业企业用地效率研究是全面认识工业用地利用机制的两个方面。一方面，工业产业用地扩张是工业用地利用的直接外在表现。从工业化和城镇化对土地资源需求的角度看，工业产业用地扩张可能是中国经济快速增长的必然结果。在中国特殊的转型经济背景和土地管理制度下，工业产业用地扩张还与地方政府回应中央政府的经济激励和政治激励有关。另一方面，工业企业用地效率则体现工业用地利用的内在质量，是工业用地利用问题最为核心的环节。只有以提升工业企业用地效率为目标，工业产业用地扩张调控才更具有针对性。因此，开展工业企业用地效率的研

究，一方面可以加深对工业用地利用机制的理解，另一方面也可以为调控工业产业用地扩张提供进一步依据。

已有文献对工业企业用地效率的影响因素进行了不同角度的分析，主要包括企业投入、经济发展水平、城镇化率、企业区位条件等。但是，从政企关系视角分析工业企业用地效率的文献并不多见。地方政府与企业形成什么样的关系，不仅能够直接影响企业的经济绩效（王珺，2000），也可以影响企业土地资源的可获得性和使用方式（本书第七章的主要结论），因此，综合起来，本书认为政企关系可以影响工业企业的用地效率。本章尝试引入企业是否获得政府补贴和企业是否位于开发区内作为政企关系的代理变量，研究政企关系对工业企业用地效率的影响。

政府对企业的补贴被认为是政企关系最直接的表现之一（杨其静，2010；Fisman，2001）。一方面，政府对企业的补贴可以理解为地方政府对企业活动的扶持，因此是地方政府干预的重要表现；另一方面，政府对企业的补贴也不是普遍性的，只有那些与地方政府具有一定关联的企业才可能获得，尤其是在中国特殊的社会背景下，政府补贴往往是企业政治关联的表现形式（杨其静，2010）。

企业是否位于开发区内则是另外一个可以作为政企关系代理变量的指标。中国的开发区设立起源于20世纪80年代，主要有国家级开发区和省级开发区。中国先后通过6批次共设立了国家级开发区222家，通过8批次共设立省级开发区1 346家。国家在开发区内实施特殊开放和优惠政策，通过建立高效管理体系，吸引外资和先进技术，从而实现要素集聚，带动区域经济发展。与区位于开发区外的企业相比，区位于开发区内的企业能够获得优惠的政策支持，比如低地价、税收减免、信息传递以及优越的基础设施支持等，这些都可以看成是地方政府扶持与干预企业活动的重要表现。同时，我们也需要注意到的是，并不是所有的企业都能够进入开发区。从政府方面来看，需要符合一定条件的企业，比如投资强度、就业人数等，才能进入开发区。或者，那些与地方政府关系更为密切的企业，其进入开发区的概率也越大。因此，企业政治关联也可能是企业能否进入开发区的一个重要因素。总之，企业是否位于开发区内是地方政府—企业关系的重要体现。

鉴于此，本章以 2003~2008 年上海市规模以上电子制造业企业为微观样本，研究政企关系对制造业企业用地效率差异的影响。本书选择政府补贴和企业是否位于开发区内作为政企关系的两个代理变量，更具体地说，本书研究政府补贴和企业是否位于开发区内对工业企业用地效率的影响。值得说明的是，政府补贴代理变量不具备空间属性，而企业是否位于开发区内代理变量具有空间属性，这也是本研究选择这两个代理变量的主要原因。我们认为，从政企关系这个特殊的视角，有可能折射出地方政府的政治力量以及企业能动性对企业用地行为的影响力，从而有利于更深入地理解中国土地利用的基本特征，为有针对性地贯穿节约集约用地这一基本国策提供理论支撑。

第二节　地方政府—企业关系视角下的工业企业用地效率研究

一、关于工业企业用地效率差异的现有研究及其不足

用地效率在不同的企业之间存在差异是非常普遍的现象已不足为奇，但何种原因导致了用地效率差异是现有研究非常感兴趣的问题，因为这不仅反映出企业生产率的高低，而且还关系到整个国家的土地资源可持续利用。

企业用地效率的差异首先与企业的投入产出有关。土地经济学表明，在同一块土地上，如果投入更多的资本和更多的劳动力，有可能获得更多的经济产出，那么单位面积的产能就更大。因此，增加投入以提高产出是企业用地效率提高的一大因素。但是，企业用地效率仅仅与企业的投入强度有关吗？现有研究从不同角度提出了不同的观点。

从宏观层面分析，企业所在城市的社会经济发展水平是影响企业用地效率的重要原因。比如，Louw 等（2012）在研究荷兰产业园区空间生产力的

区域差异时发现，空间生产力受到城市化率、产业园中制造业就业率以及土地发展政策的影响。考虑到中国疆域广阔，区域间经济社会发展不平衡，城市化水平也不相同，因此不同的区域之间企业用地效率存在显著的差异。郭贯成和熊强（2014）指出影响城市工业用地效率的主要因素是工业行业规模、土地市场化水平、工业行业对外开放程度、工业行业集聚程度。高佳等（2014）研究也表明人口密度、城市化率、资本投入强度是影响辽宁省土地经济密度变动的主要驱动力。此外，企业用地效率差异的行业因素也具有显著影响，不同类别的行业土地利用效率水平差异很大，比如，各行业用地效率的高低呈以下特点：电子＞化工＞机械＞冶金＞纺织＞医药＞农产品加工，这可能是由行业特点和生产特点造成（赵小风等，2011）。

在微观方面，企业的区位因素被视为一个更为重要的导致用地效率差异的因素，因为区位条件好的企业往往能够更容易接近原材料产地，或者更容易接近市场，从而带来更好的经济表现（孟媛等，2011）。比如，李伦和郝前进（2014）的研究表明，工业园区单位土地产出受到区位因素的影响，呈现随到市中心距离增加的负向梯度分布形态，同时交通可达性对工业园区单位土地产出有显著的影响。鉴于此，有学者提出通过加强规划，协调好制造业的空间布局，可以有效提高企业用地效率（Meng et al.，2008）。

除了以上因素外，近些年地方政府的作用来也备受关注。首先，地方政府工业用地出让行为是导致企业用地效率较低的主要原因，政府大量出让工业用地直接导致了工业用地效率不高（Tu et al.，2014）。而且，地方政府工业用地出让方式也与土地利用效率密切相关。如王克强等（2013）发现划拨交易导致土地资源粗放利用，出让交易方式有助于提高土地集约利用水平，"招拍挂"出让有助于提高工业用地配置效率。杨其静等（2014）指出地方政府在土地引资的竞争中不仅存在着竞相增加土地出让面积和降低地价的底线竞争行为，还存在着竞相降低引资质量的底线竞争行为。而这种引资质量的降低与企业用地效率不高密切相关。其次，地方政府对工业用地的管理也存在不足之处，引入企业的容积率和投资强度往往达不到建设控制标准（陈伟等，2014）。贾宏俊等（2010）也指出当前中国工业用地集约利用存在着缺乏科学规划、供地过程不规范、批后监管不足等问题。邹伟等（2014）基于江苏省的典型企业调查研究，发现土地保有税对工业企业的土地利用效率具有显著正向影响，因此认为开征土地保有税不失为提高企业用地效率的一个途径。

无疑，上述研究具有十分重要的意义。但当我们仔细分析现有研究时，容易发现现有成果在研究企业层面的影响因素时，往往强调企业自身的属性或者行业属性等；而在研究地方政府作用时，往往仅强调地方政府土地出让或工业用地管理方面的影响。很少有研究将地方政府—企业关系的共同影响引入企业用地效率研究中。尤其是当企业与地方政府之间保持某种特殊的政治关联时，包括企业用地效率在内的企业经济绩效都有可能发生改变。我们把其中的逻辑关系概括为：由于地方政府的积极干预，企业所具备的特殊的政治关联使得这些企业能够从政府那里得到廉价的资源（包括土地资源）和特殊的保护，从而享受到额外的"政治租金"，有助于提高经济绩效，包括企业用地效率。如何来检验地方政府—企业关系能否对企业用地效率产生影响呢？其中一个基本的问题是，如何从微观层面找到衡量地方政府—企业关系的代理变量？这一代理变量至少能在某一方面反映地方政府—企业关系的强度。本章尝试引入政府补贴和开发区设立作为两个代理变量。

二、政府补贴的影响分析

许多文献在讨论企业政治关联对企业价值、融资活动和政府补贴的影响时，除了所有权和行业性质外，还有其他一些变量作为企业与政府特殊政治关联的代理指标。比如，Claessens 等（2008）就用企业的政治捐款数据衡量企业的政治关联，并发现在选举过程中为巴西联邦议员提供政治捐款的企业在竞选后可以显著地获得更多的银行贷款，并实现更高的股票收益。当然，更为常用的是企业大股东和高管的政治背景，比如是否是议会议员、政府高官或者是否与高层政治人物具有密切关系，而且大多都发现特殊的政治关系有助于企业获得上市机会、便利的融资条件和政府补贴（陈冬华，2003；

Faccio, 2006; 吴文锋等, 2009)。

这些变量与企业政治关联之间的关系确实比较紧密, 但由于信息披露的限制, 这些变量很难利用一般的大样本企业数据库获得, 因此也难以开展类似研究, 而企业所获得的政府补贴收入可能是一个相对较好的选择 (杨其静, 2010)。首先, 不少经验研究已经证实, 企业获得政府补贴的机会与特殊的政治关联具有显著的正相关关系 (Fisman, 2001, 陈冬华, 2003; 罗党论和唐清泉, 2009)。其次, 在中国, 政府对企业的补贴并不限于国有企业和上市公司, 而是非常普遍的。而且政府发放补贴的渠道也很多, 比如研发补贴、技术改造补贴、出口退税补贴等。再次, 政府在执行补贴时具有很大的灵活处置权, 一些正式标准或要求并不能被政府严格遵守。或者换句话说, 企业能否获得政府补贴并不一定是制度规定的结果, 何况大量的政策本身也是政府制定的 (杨其静, 2010)。最后, 一般的大样本企业数据库也会报告企业的补贴收入, 从而使得这一变量具有可操作性。

当我们引入政府补贴作为政府与企业特殊政治关联的代理变量时, 那前述的企业政治关联与企业用地效率之间的逻辑关系也就存在。从而我们得到以下推论: 政府补贴可以扩大制造业企业的用地效率差异。

三、开发区设立的影响分析

政府补贴是一个较好的代理变量, 但也存在一个问题, 即它缺乏空间属性, 因此难以从空间视角对政企关系与工业企业用地效率进行深入分析。为此, 本章引入第二个代理变量, 即政府设立的开发区。本书认为, 如果一个企业坐落在开发区内, 则它与地方政府具有的政治关联更强; 反之, 则企业与地方政府的政治关联较弱。

开发区是中国经济转型过程产业空间组织的一种"转型制度"形式。建立开发区、吸引外来资本进入是地方政府增加就业、促进出口和经济增长的普遍现象。地方政府为获得资本投资进行竞争, 资本则选择投资成本低、投资回报率高的地区进入。影响投资成本的因素很多, 但是在投资"落地"阶段，影响投资成本的直接因素有土地成本、税收、基础设施规模经济（其中尤其是交通、通信设施）、通关便利、物流快捷等。而这些因素往往受地方政府的控制和调节。因此，地方政府除了承诺在开发区内保护产权之外，还有激励去想方设法降低投资的直接成本，甚至不惜牺牲现有的财政收入来提供这些要素。由于这些措施只能在开发区内实施，相对于原有体制和区域来说，开发区内的企业获得的超额政策收益实际上也成为一种租金，这种租金可以称之为"政策租金"（郑江淮等，2008）。由此，我们可以认为，开发区作为政府主导的经济增长载体，最初通过提供财政、税收和土地等方面的优惠政策——"政策租金"，来吸引投资，而企业进驻开发区的目的是获取该"政策租金"。

一旦进入开发区，企业将从"政策租金"中获得收益。相对于开发区外的企业来说，在获得相同规模的土地基础上，开发区企业在财政和税收等多方面可以获得政府的优惠政策，从而可以获得更多的资本积累投入到再生产环节，进而提升土地利用效率。而本身开发区内和开发区外的企业在获得土地上所付出的代价也差异较大，这也进一步促进了开发区内企业的资本积累，有利于企业效率提升。李伦和郝前进（2014）通过实证研究表明，开发区内的基础设施较为完善，为园区内企业提供了便利，降低了生产成本；同时，开发区的鼓励政策更多，其中包括各类减免政策，人才政策和贷款政策等，在一定程度上提高了企业生产效率。

因此，从某种意义上说，这种"政策租金"体现了地方政府—企业关系的内涵，即相对于开发区外的企业来说，开发区内的企业能够从"政策租金"中获得额外的好处，这一额外的好处不仅可以为开发区内企业带来产权保护，而且还能够带来额外的资本积累，从而改善企业的经济绩效以及用地效率。从这个角度出发，企业是否位于开发区内可以成为地方政府—企业关系的一个代理变量。那么，开发区的设立促进工业企业用地效率的内在机制是什么呢？或者说，开发区的设立通过什么样的途径或效应促进了工业企业用地效率的提升呢？本书将其归纳为三个效应：选择效应、要素累积效应和集聚经济效应。

首先，选择效应是开发区主动吸引企业入驻的直接结果。开发区一般设在城市郊区，并且大多设立在没有工业基础的区块。也就是说，大多数在开发区内的企业是在开发区设立后才被引入的。因此，对于开发区来说，能够引入效率高的企业是开发区的必然要求，而且通过招商引资吸引好企业入驻往往也成为大多数开发区政绩考核的一个重要标准。尤其是在东部地区，在资源较为紧张的情况下，吸引效率高的企业入驻也是解决发展空间的重要措施。同时，开发区也存在一些硬性指标，考核企业是否能够入驻。如江苏张家港所辖各类工业园区项目土地投资强度每亩不低于 500 万元人民币；杭州萧山的国家级开发区和省级开发区工业项目的固定资产投资强度原则上高于 450 万元/亩（外资项目高于 70 万美元/亩）；山东省济南市也明确严格工业项目用地投资强度控制，国家级开发区不低于 290 万元/亩、省级开发区不低于 240 万元/亩等①。虽然各地要求有所不同，但都设置了相应的门槛以选择企业入驻。这样的结果必然形成了开发区的选择效应，即效率高的企业选择性地进入了开发区，从而可能导致开发区内外企业用地效率的差异。

其次，要素累积效应指的是企业投入（包括资本、劳动力、固定资产和创新投入等）的自我追加所产生的绩效提升效果。开发区土地供应的基本流程是，地方政府通过从农民那里征用土地，将集体土地转为国有土地后，再通过"三通一平"或"七通一平"将土地转为熟地后，将土地转让给工业企业使用。与开发区外企业有所不同的是，开发区内企业所获得的土地均为具有较完整使用权能的国有土地。相对于集体土地来说，国有土地具有更强的保障能力，能发挥"产权安全岛"的作用。在对未来有较强预期的前提下，企业的理性行为是加大对土地的投入，包括资本投入和劳动力投入，从而获得更高的经济产出。

最后，集聚经济效应是开发区设立间接为企业提供的好处。开发区通过优惠政策和积极的产业引导，不断吸引企业入驻，从而实现了企业集聚。企业集聚于开发区内，不仅可以带来地方化经济，也可以在一定程度上实现城

---

① 数据来源：作者根据相关城市国土资源部门网站整理。

市化经济。相同行业或相似行业企业集聚可以利用市场优势和劳动力优势降低企业的各种成本，从而提高经济效益。按照 Marshall 的理论，企业集聚所带来的外部性包括三方面，一是地方化的劳动力市场共享所带来的好处，二是专业化的投入产品共享，三是基于人力资本积累和面对面交流的积累所引发的知识外溢。当然，开发区也吸引不同行业的企业入驻，这些不同行业，尤其是上下游产业集聚在开发区内，通过增强相互之间的中间品流动、知识共享和信息沟通等途径提升劳动生产率，从而实现企业效率的增长。因此，集聚经济效应的存在可能是开发区内外企业用地效率差异的重要原因。

综上所述，本书认为开发区的设立可以成为地方政府—企业关系的重要代理变量。开发区设立主要通过选择效应、要素累积效应和集聚经济效应直接或间接地提升开发区内制造业企业的经济绩效，有助于提高工业企业用地效率。从而本书得到第二个推论：开发区设立是开发区内制造业企业的用地效率较高的重要原因，开发区设立扩大了制造业企业的用地效率差异。

基于以上分析得到的基本推论，本章将应用上海市电子制造业企业微观数据（2003~2008年），通过构建计量回归模型的分析方法对政企关系如何影响工业企业用地效率进行实证检验。

第三节 政府补贴是否造成了制造业企业用地效率差异？

一、模型与变量设定

为了深入考察政府补贴对企业用地效率差异的影响，本章设计了以下三个回归方程。

为了考察是否获得政府补贴对企业用地效率差异的影响，而将虚拟变量

$dsubsidy$ 作为解释变量引入回归方程中：

$$\ln(efficiency_{it}) = \beta_0 + \beta_1 dsubsidy_{it} + \beta_2 X_{it} + \varphi + \varepsilon_{it} \qquad (8-1)$$

但是，虚拟变量 $dsubsidy$ 只表明了企业是否获得补贴这一性质，而不能更好反映补贴数量变化对企业用地效率的影响。为了考察企业获得的补贴数量或者企业人均补贴数量在多大程度上影响企业的用地效率，本书分别用 $subsidy$ 和 $subaverage$ 去代替 $dsubsidy$，由此形成了两个回归方程：

$$\ln(efficiency_{it}) = \beta_0 + \beta_1 \ln(subsidy_{it}) + \beta_2 X_{it} + \varphi + \varepsilon_{it} \qquad (8-2)$$

$$\ln(efficiency_{it}) = \beta_0 + \beta_1 \ln(subaverage_{it}) + \beta_2 X_{it} + \varphi + \varepsilon_{it} \qquad (8-3)$$

在这三个回归方程中，i 表示企业，t 表示年份。$efficiency_{it}$ 表示企业 i 在 t 年的用地效率。X 是控制变量的集合，包括企业资本投入、企业劳动力投入、企业成立年数和企业外部集聚经济等可能影响企业用地效率的因素。φ 表示年份的固定效应。ε_{it} 是误差项，服从正态分布。

需要指出的是，在回归方程（8-1）中，$dsubsidy$ 的系数反映了是否获得补贴对企业用地效率的百分比影响；与之不同，在回归方程（8-2）和方程（8-3）中，$\ln(subsidy_{it})$ 和 $\ln(subaverage_{it})$ 的系数分别表示企业用地效率对企业所获补贴数量和企业人均补贴数量变化的弹性。除此之外，在这三个回归方程中，企业资本投入、企业劳动力投入和企业外部集聚经济也分别表示企业用地效率 $efficiency_{it}$ 对这些变量变化的弹性。

本研究所使用的数据为上海市电子产业微观企业数据，由上海市地质调查研究院提供。该数据的 2003~2008 年上海市国有及规模以上非国有工业企业的调查数据库为基础，与上海市电子工业企业用地数相匹配获得。匹配过程包括国土管理部门现有用地资料的查询、地籍调查数据库的配准和现场调查核实等步骤。

企业用地效率（EFFICIENCY）是指企业在一个土地地块上投入资本、劳动力及其他相关投入后所获得的产出，因此本书使用企业的地均工业产值作为表征变量。本书使用企业是否获得政府补贴的虚拟变量（DSUBSIDY）来表示企业是否存在特殊的政治关联；若企业获得了政府补贴收入，则赋值为 1，否则为 0。同时还引入企业每年补贴收入（SUBSIDY）和企业每年人均补贴收入（SUBAVERAGE）这两个连续变量来衡量企业所获得的补贴程度，以考察企业政治关联程度的影响。

本书还引入了多个控制变量，以控制影响企业用地效率的其他因素。企业的投入是影响用地效率的重要因素，一般来说，投入越大，产出可能越大，则企业用地效率可能更高。因此，本书控制了企业的资本投入（CAPITAL）和劳动力投入（LABOR）。另外，市场力量所带来的集聚经济也是影响企业用地效率的重要因素，本书用企业周边从业人数（AGGLOM）来表示。AGGLOM 的计算方式如下：首先计算企业周边 0~1km，1~2km，…，$(d-1) \sim (d)$ km（$d=1 \sim 9$）范围内的电子产业从业人数，然后根据这些从业人数距离企业的直线距离 d 进行衰减加总，从而获得集聚经济变量。同时，本书控制了企业运营时间、年份虚拟变量和所有制虚拟变量。所有价值变量以 2003 年为基准，从而剔除了通货膨胀水平的影响。变量定义表见表 8-1，主要变量的描述统计见表 8-2。从表 8-2 中可以发现，在 2003~2008 年，平均而言约为 23% 的企业获得了政府补贴。在原始数据中，我们还发现，那些受补贴的企业往往都能持续获得政府补贴。

表 8-1　　　　　　　　　　变量定义表

变量	内涵	指标		指标含义	预期符号
因变量	企业用地效率	用地效率	EFFICIENCY	企业年产值/占地面积	
自变量	政企关系	补贴行为	DSUBSIDY	是否能够获得地方政府补贴	+
			SUBSIDY	企业每年补贴收入	+
			SUBAVERAGE	企业每年人均补贴收入	+
控制变量	市场力量	集聚经济	AGGLOM	周边企业从业人员	+
	资本投入	资本总量	CAPITAL	企业资产投入	+
	劳动力投入	从业人员	LABOR	企业从业人员总数	+
	企业属性	成立年数	AGE	企业运营时间	+/-
	年份变量	虚拟变量	YEAR	年份虚拟变量	+/-
	所有制变量	虚拟变量	OWNERSHIP	所有制虚拟变量	+/-

表 8-2　　　　　　　　　　　主要变量的描述统计

变量名	观测值	均值	标准差	最小值	最大值
EFFICIENCY	4 529	39.94	482.47	0.01	19 300.00
DSUBSIDY	4 529	0.23	0.42	0.00	1.00
SUBAVERAGE	1 029	5.21	18.91	0.00	421.32
SUBSIDY	1 029	1 853.37	12 986.33	1.00	272 653.00
AGGLOM	4 529	17 583.95	60 259.62	1.59	1 791 436.00
AGE	4 529	9.39	7.97	1.00	103.00
LABOR	4 529	416.14	1 101.20	2.00	30 965.00
CAPITAL	4 529	9.89	60.53	0.01	1 810.00

表8-3显示了补贴企业和非补贴企业的主要变量比较。我们发现，在2003~2008年，总体而言，补贴企业的平均地均产出高出非补贴企业13.11万元/平方米，占非补贴企业平均地均产出的43.97%。从其他产出变量来看，补贴企业的人均产出、投入产出比也高于非补贴企业。另外，从投入来看，补贴企业的地均资本投入比非补贴企业的地均资本投入高出1.55万元/平方米，地均劳动力投入也高出107人/公顷。因此，补贴企业更高的地均产出是否因为更高的地均投入而获得的呢？本书将通过更深入的实证分析来验证这一问题。

表 8-3　　　　　　　补贴企业和非补贴企业的主要变量对比

时间	企业分类	地均产出（万元/平方米）	人均产出（万元/平方米）	投入产出比（%）	地均资本投入（万元/平方米）	地均劳动力投入（人/公顷）
2003~2008年	补贴	42.92	805.12	28.30	9.66	954
	非补贴	29.81	590.74	23.22	8.11	847

二、实证结果

表8-4报告了模型的回归结果，其中模型（1）~模型（4）是针对方程

8-1的回归结果，模型（5）~模型（6）分别是方程（8-2）和方程（8-3）的回归结果。

表8-4　　　　　　　　是否获得补贴与企业用地效率差异

变量	(1)	(2)	(3)	(4)	(5)	(6)
DSUBSIDY	0.218***	0.109**	0.157***	0.128**		
lnSUBSIDY					0.159***	
lnSUBAVERAGE						0.173***
lnAGGLOM				0.102***	0.0629*	0.0614*
AGE		0.00432	0.00871***	0.00949***	0.0149	0.0139
lnCAPITAL		0.176***	0.155***	0.150***	0.0235	0.0198
lnLABOR		0.595***	0.587***	0.566***	0.636***	0.819***
年份	否	是	是	是	是	是
所有制	否	否	是	是	是	是
_cons	10.28***	5.882***	5.861***	5.243***	5.414***	5.378***
N	4 529	4 529	4 529	4 529	1 007	1 029
R^2	0.002	0.369	0.375	0.382	0.403	0.407

注：* $p<0.1$，** $p<0.05$，*** $p<0.01$。

在模型（1）中，我们仅仅将是否获得补贴作为解释变量。其结果显示，在不考虑其他因素的条件下，与非补贴企业相比，补贴企业的人均工资将高出21.8个百分点。不过，该模型的 R^2 只有0.002。当随着其他解释变量和控制变量的引入，模型的 R^2 迅速提升，即模型的解释力度大大提高。在这个过程中，是否获得补贴的回归系数有所下降，但总体而言，其对企业用地效率的影响仍然非常显著。

模型（2）中，我们引入企业投入变量、企业运营年数以及年份固定效应后，补贴企业的用地效率仍然高出非补贴企业10.9%。同时，该模型的 R^2 也大幅度提高到0.369。这也表明，企业投入和企业运营年数确实是导致企业用地效率差异的重要因素。

模型（3）中，我们以私营企业作为参照变量，进一步控制企业的所有制效应。其回归结果显示，在控制所有制性质对企业用地效率的影响之后，是否获得补贴对企业用地效率的影响仍然是显著的，且补贴企业用地效率比非补贴企业用地效率仍然高出 15.7%。此外，回归结果也发现，外资企业和港澳台企业的用地效率显著高于私营企业，而国有企业和集体企业的用地效率与私营企业没有显著性差异。

模型（4）中，本研究进一步控制了集聚经济效应。现有理论表明，集聚经济能够通过建立统一的劳动力市场、中间产品市场和专业化的服务以及信息溢出等，降低企业的各种成本，从而显著提高生产效率（Marshall，1890）。回归结果显示，模型的 R^2 提高到了 0.382。从回归结果看，是否获得补贴对企业用地效率的影响非常显著，且补贴企业用地效率比非补贴企业用地效率仍然高出 12.8%。从控制变量的回归结果看，地均资本投入每变动 1%，企业用地效率增加 0.150%；地均劳动力投入每变动 1%，企业用地效率增加 0.566%；集聚经济每提高 1%，企业用地效率增加 0.102%；运用时间越长的企业，其用地效率也越大。这一回归结果也再次表明了企业投入水平和集聚经济对企业用地效率的显著影响。

通过模型（1）~模型（4），我们已经发现，是否获得补贴就导致了企业用地效率的显著差异。那么，是否补贴收入越高，企业用地效率也越高呢？模型（5）和模型（6）的结果表明：对于获得补贴的企业来说，企业补贴收入越多，用地效率也越高。企业补贴收入每增加 1%，则企业用地效率增加 0.159%；企业人均补贴收入每增加 1%，则企业用地效率增加 0.173%。总之，我们的回归结果表明，企业是否获得补贴，以及补贴收入的多少，均能显著影响企业的用地效率。

三、稳健性检验

为了考察上述结果的稳健性。本书进行了四个方面的稳健性检验。

第一，政府补贴是表征政企关系或企业政治关联的重要变量，然而，相关研究也有将企业是否获得银行贷款作为表征政企关系的另一个重要代理变量。对于企业来说，与政府关系密切，往往意味着企业更容易从银行获得贷款。一是因为在中国，大多数银行均有深厚的政府背景，或者本身即为国有银行，即使是那些商业银行，也与地方政府保持着千丝万缕的联系，因此，企业若想获得银行贷款，与政府建立良好的联系是重要的途径。二是，与政府保持政治关联的企业，在向银行贷款过程中，甚至可以获得银行的担保，这也进一步缓解了企业向银行贷款的难度。因此，本书将企业是否获得银行贷款作为是否获得补贴的代替变量，考察政企关系对用地效率的影响。

表8-5列出了回归结果。结果显示，就仅仅将是否获得银行贷款引入模型，或者控制年份效应时，是否获得银行贷款显著影响企业用地效率，补贴企业用地效率比非补贴企业用地效率高出0.751%。然而，但我们将企业投入，集聚经济变量引入模型时，是否获得银行贷款的回归系数虽然仍为正向，但不再显著，表明与其他控制变量相比，是否获得银行贷款的作用相对较小。这一结果也表明，相对于是否获得银行贷款，是否获得政府补贴对企业用地效率的影响更大。

表8-5 是否获得银行贷款与企业用地效率差异

变量	(1)	(2)	(3)	(4)	(5)
银行贷款	0.751***	0.751***	0.0363	0.0586	0.0513
lnAGGLOM					0.104***
AGE			0.00407	0.00814**	0.00903***
lnCAPITAL			0.174***	0.154***	0.149***
lnLABOR			0.595***	0.588***	0.567***
年份	否	是	是	是	是
所有制	否	否	否	是	是
_cons	10.05***	10.19***	5.908***	5.897***	5.260***
N	4 529	4 529	4 529	4 529	4 529
R^2	0.039	0.044	0.369	0.374	0.382

注：* $p<0.1$，** $p<0.05$，*** $p<0.01$。

第二，企业用地效率可能受到更多因素的影响。比如，企业的区位条件：区位条件越好的企业，往往可以获得更大的外部经济效益；政策环境：如果企业位于开发区，那么企业可能获得更多其他方面的政策支持；企业的类型：创新企业或出口企业均有可能在用地效率方面表现不一致。因此，本研究引入更多的可能影响企业用地效率的控制变量，结果并没有改变是否获得补贴对企业用地效率差异的显著影响。如表 8-6 所示，我们以 2005 年的数据为例进行回归，发现在控制企业区位条件、政策环境和企业类型等因素后，是否获得补贴（DSUBSIDY）对企业用地效率的影响仍然是显著的。

表 8-6 单年回归（2005 年）

变量	(1)	(2)	(3)	(4)	(5)
DSUBSIDY	0.286**	0.289**	0.312**	0.280**	0.311**
lnAGGLOM	0.0881***	0.0948**	0.0596	0.0852**	0.0716*
AGE	0.00912	0.00888	0.00341	0.00818	0.00290
lnCAPITAL	0.138***	0.139***	0.160***	0.134***	0.156***
lnLABOR	0.609***	0.608***	0.602***	0.616***	0.604***
所有制	是	是	是	是	是
开发区		0.0431			0.0595
与高速公路距离			-0.0161		-0.0249
与区县中心距离			-0.116		-0.120
与最近港口距离			0.0943		0.0810
与火车站距离			0.0232		0.0440
与飞机场距离			0.331**		0.326**
与城市中心距离			-0.472**		-0.457*
是否为创新企业				0.345**	0.272
是否为出口企业				-0.131	-0.106
_cons	4.942***	4.905***	6.467***	4.963***	6.349***
N	794	794	794	794	794
R^2	0.388	0.388	0.404	0.392	0.407

注：*$p<0.1$，**$p<0.05$，***$p<0.01$。

第三，由于我们的数据中没有包括企业获得补贴的具体类型，因此，我们不能肯定，企业获得补贴的具体原因是什么。也许在很多情况下，企业是否获得补贴仅仅是依据公正而正式的制度安排的结果（比如，出口补贴、研发补贴等）（杨其静，2010），即并不反映企业与政府具有某种特殊的政治关联。为了验证这一问题，表8-7对全部样本进行了分组回归。由于2003～2004年和2008年创新支出数据的缺失，在回归分析中，我们仅选用了2005～2007年的样本数据。

表8-7　是否获得补贴与企业用地效率差异—分组回归（2005～2007）

变量	（1）非出口企业	（2）出口企业	（3）非创新企业	（4）创新企业	（5）非出口—创新企业
DSUBSIDY	0.290***	0.156	0.283	0.163**	0.0897
lnAGGLOM	0.137***	0.0245	0.0108	0.0931***	0.0341
AGE	0.0134**	0.0110	0.0141**	0.00465	0.00177
lnCAPITAL	0.0716**	0.149***	0.174***	0.114***	0.137***
lnLABOR	0.726***	0.431***	0.556***	0.587***	0.429***
DZ	0.0560	-0.0365	0.0829	-0.0133	-0.0617
所有制	是	是	是	是	是
年份	是	是	是	是	是
_cons	4.359***	6.161***	5.574***	5.281***	6.272***
N	1 279	1 111	326	2 064	1 017
R^2	0.441	0.174	0.478	0.349	0.160

注：$*p<0.1$，$**p<0.05$，$***p<0.01$。

（1）根据是否有出口将全部企业样本分为两组：非出口企业和出口企业。结果表明，是否获得补贴对能提高这两组企业的用地效率，但对非出口企业的影响显著，而对非出口企业的影响不显著。表明，补贴更有利于非出口企业的用地效率。这也表明出口补贴并没有在提高企业用地效率方面发挥显著作用。

（2）根据是否有创新支出将全部企业样本分为两组：非创新企业和创新

企业。结果表明，是否获得补贴对也能提高这两组企业的用地效率，但对创新口企业的影响显著，而对非创新企业的影响不显著。表明，补贴更有利于创新企业的用地效率。作为正式制度安排之一的研发补贴，可以发挥提高企业用地效率的作用。

（3）剔除那些可能通过出口和研发获得补贴的企业后，即对非出口—创新企业样本进行回归，我们发现，虽然政府补贴的影响不显著，但是补贴企业用地效率高于非补贴企业8个百分点。这一结果表明，在剔除一些正式的制度安排后，政府补贴仍然在一定程度上影响了企业用地效率的差异，这种差异可能是特殊的政企关系带来的结果。

第四，我们对是否获得补贴对企业用地效率差异的影响进行分位回归。分位回归一般有两个优点：一是通过对不同的分位数进行回归，我们可以对条件分布的不同位置进行分析；二是如同中值对于异常值的敏感程度小于均值一样，分位数对于异常值的敏感程度也远小于均值，分位回归只受到是否存在异常值的影响，而与其具体位置无关。因此，分位回归是稳健性强于OLS的回归技术之一。分位回归估计的是出于条件分布的某个分位点的样本如何受到各个变量的影响，这可以使我们在一定程度上了解不同效率的企业如何受补贴的影响。本书选取0.10、0.25、0.50、0.75、0.90五个分位点进行探讨。

表8-8显示了分位回归结果。结果表明，除了0.25分位点的回归，是否获得补贴对用地效率的影响不显著外，其他分位点的回归均表明是否获得补贴具有显著影响。该结果表明，总体上看，对于不同用地效率的企业来说，获得政府补贴均能提高企业用地效率。这也表明，政府补贴对不同用地效率企业的影响都是显著的，政企关系确实是影响企业用地效率的一个原因。

表8-8   是否获得补贴与企业用地效率差异—分位回归

变量	0.10	0.25	0.50	0.75	0.90
DSUBSIDY	0.164**	0.0771	0.0896*	0.143***	0.217**
lnAGGLOM	0.134***	0.0904***	0.0945***	0.0959***	0.0744**

续表

变量	0.10	0.25	0.50	0.75	0.90
AGE	0.00935**	0.0115**	0.00834***	0.00264	−0.00592
lnCAPITAL	0.0950***	0.124***	0.160***	0.180***	0.231***
lnLABOR	0.678***	0.596***	0.558***	0.517***	0.499***
所有制	是	是	是	是	是
年份	是	是	是	是	是
_cons	3.307***	4.495***	5.122***	6.115***	6.864***
N	4 529	4 529	4 529	4 529	4 529

注：$*p<0.1$，$**p<0.05$，$***p<0.01$。

第四节 建立开发区真的能提高土地的产出效率吗？

通过上节的研究，我们发现，政府补贴作为地方政府—企业关系的代理变量，能够显著提高企业的用地效率。这在一定程度上验证了本书的理论逻辑：由于地方政府的积极干预，企业所具备的特殊的政治关联使得这些企业能够从政府那里得到廉价的资源（包括土地资源）和特殊的保护，从而享受到额外的"政治租金"，有助于提高经济绩效，包括企业用地效率。在下面的研究中，本书引入另一个代理变量——企业是否位于开发区内，研究企业位于开发区内是否具有更高的土地产出效率。与上一个代理变量不同的是，"企业是否位于开发区内"这一变量具有明显的空间属性。

一、数据的描述性分析

本节所使用的数据仍然为上海市电子产业微观企业数据（2003~2008年），由上海市地质调查研究院提供。该数据以上海市国有及规模以上非国有工业企业的调查数据库为基础，与上海市电子工业企业用地数据相匹配获得的。本书研究的开发区包括上海市的国家级开发区和省级开发区。经过2003年开始的开发区整顿，国家资源部发布了中国开发区四至范围公告目录（2006年版）。该目录公布了国务院批准设立的开发区222家，省（自治区、直辖市）人民政府批准设立的开发区1 346家。其中，上海市国家级开发区共12家，省级开发区共26家。因此，本书以该目录为基础，共收录了上海市38家开发区。通过该目录划定的四至范围，将开发区的边界矢量化，从而形成了开发区变量。然后，将企业用地区位与开发区边界范围相匹配，如果企业位于开发区边界范围内，赋值为1；如果企业位于开发区边界范围外，则赋值0。据此，获得企业是否位于开发区内的属性变量。

首先，我们将2003~2008年共6年的上海市电子企业用地效率进行空间展示。通过观察发现，2003年电子产业企业主要分布在内城区以及浦东新区，而郊区区县分布较少。随着时间的推移，郊区区县的电子产业企业逐渐增多，呈现出上海市电子产业不断向郊区拓展的趋势。至2008年，电子产业企业已经基本覆盖上海市所有区县。这一现象也基本符合目前城市产业的变迁趋势：由于城市内部土地和其他有关生产要素价格的上升，以及城市内部可发展空间的有限性，再加上政府的规划引导，使得现有企业以及新成立企业往往选择在城市外围郊区布局。

电子企业空间布局的另外一个特点是，开发区内集聚着大量的电子产业企业。根据测算，历年开发区内企业个数所占比例在50%左右，而且2004~2008年都超过一半以上的企业布局在开发区内（表8-9）。这也表明，开发区作为政策环境较为有利的地区，吸引了大量的企业，使开发区内企业密度远大于开发区外。开发区内由于政府的鼓励政策，能够改善地方政府—企业关系，这也是吸引企业入驻的重要原因。从开发区内外不同企业所有制类型来看（表8-10），开发区内的外资企业比例（60%左右）远高于开发区外（30%左右），表明开发区是吸引外资的主要区域；而开发区外的私营企业比例和集体企业比例远高于开发区内，则表明开发区较高的门槛可能限制了这些企业的入驻。对于国有企业比例来说，开发区外略高于开发区内，表明开发区对于国有企业的吸引力不强，这可能与国有企业本身就享有较多的政策优势有关。而港澳台企业的分布比例，在开发区内外差异不明显。此外，开发区内大企业布局的比例也高于开发区外，这也验证了开发区选择效应的存在。

表8-9　　　　　　　　　　开发区内企业比例表　　　　　　　　　　单位：%

年份	2003	2004	2005	2006	2007	2008
开发区内企业比例	49.62	51.90	52.39	52.67	51.97	51.58

资料来源：根据企业数据库整理。

表8-10　　　　　　　开发区内外企业的企业情况对比　　　　　　　单位：%

年份	企业分类	国有企业	集体企业	私营企业	港澳台资企业	外资企业	大企业
2003	开发区内	12.18	5.58	5.58	11.68	64.97	11.68
	开发区外	20.50	16.00	10.50	16.50	36.50	4.50
2004	开发区内	8.10	4.81	12.41	14.68	60.00	10.13
	开发区外	13.66	12.02	24.32	16.67	33.33	5.19
2005	开发区内	10.58	3.37	16.59	13.22	56.25	12.50
	开发区外	14.02	6.08	32.01	14.55	33.33	4.76
2006	开发区内	8.72	3.63	15.01	15.01	57.63	12.59
	开发区外	13.48	7.55	29.65	13.75	35.58	5.39
2007	开发区内	8.53	2.37	14.93	15.64	58.53	30.81
	开发区外	11.54	7.44	31.79	13.59	35.64	15.38
2008	开发区内	7.91	1.58	20.36	16.60	53.56	13.24
	开发区外	9.05	4.00	40.42	10.95	35.58	4.42

资料来源：根据企业数据库整理。

通过观察企业用地效率的空间分布，我们可以发现效率较高的企业基本布局在城市内部或浦东新区及金山区。同时，进一步分析也表明，用地效率较高的企业区位与开发区基本吻合，表明这些企业基本分布在开发区内。为了进一步观察企业用地效率的空间部分，我们应用Getis-OrdGi空间统计方法，对用地效率进行了热点分析（Hotspot Analysis），并绘制了热点分布图。Getis – OrdGi 空间统计方法的具体表达式如下：

$$G_i^*(d) = \frac{[\sum_j w_{i,j}^*(d) x_j]}{\sum_j X_j}$$

其中 $G_i^*(d)$ 为 G 统计量，代表高值或低值样本是否集聚在一个特定的区域。表达式中，i 和 j 表示区域内的 N 个企业，满足 $j \neq i$。X_j 表示企业 j 的一个观测值。$[w_{ij}^*(d)]$ 是空间权重矩阵。d 则是一个设定的距离值。

如果一个企业用地效率较高，而且其周边企业的用地效率也较高，那么这就是一个热点区域。这里引入一个 Z^* 统计量，表示 G 统计量与随机期望分布的 G 统计量是否有显著性差异，其计算公式如下：

$$Z_i^* = \frac{[G_i^*(d) - E(G_i^*(d))]}{[Var(G_i^*(d))]^{\frac{1}{2}}}$$

其中 $E(\cdot)$ 和 $Var(\cdot)$ 分别表示 G 统计量的期望值和方差。

通过观察企业用地效率热点图，可以看出上海市电子产业企业用地效率具有显著的集聚效应。其中，用地效率高值分布在浦东新区内，且主要分布在浦东新区的张江、金桥、外高桥等国家级开发区内；用地效率的低值则主要分布在上海市西部的几个区县内（2005 年、2006 年、2008 年）。这也表明开发区的企业用地效率较开发区外的企业更高，而且用地效率较高的企业具有集聚在开发区内的特征。

为了进一步验证分析的准确性，我们进行开发区内外企业主要变量的对比（表 8 – 11）。结果表明，开发区内企业的地均产出、地均投入均远高于开发区外企业。以 2005 年为例，开发区内企业的平均地均产出为 46.93 万元/平方米，是开发区外企业均值的 3 倍；开发区内企业的平均地均劳动力投入为 1 305 人/公顷，是开发区外企业均值的 4 倍；开发区内企业的平均地均资本投入为 12.48 万元/平方米，也约为开发区外企业均值的 4 倍。而从用地面积来看，开发区内企业的平均用地面积也高于开发区外，这可能与开发区内土地较高的可获得性有关。此外，开发区内创新企业的比例，出口企业的比例也高于开发区外。而且，开发区内获得政府补贴和获得银行贷款的比例也高于开发区外,这也在一定程度上反映出开发区内企业较为良好的地方政府—企业关系。

表8-11　　　　　　　　开发区内外企业的主要变量对比

年份	企业分类	地均产出（万元/平方米）	地均劳动力（人/公顷）	地均资本（万元/平方米）	用地面积（平方米）	创新企业比例（%）	出口企业比例（%）	补贴企业比例（%）	获得银行贷款比例（%）
2003	开发区内	227.93	3 551	43.22	30 189	12.18	71.57	26.90	49.24
	开发区外	23.45	448	3.03	23 720	11.00	44.00	17.50	37.00
2004	开发区内	46.76	966	13.73	29 360	—	63.80	29.11	44.05
	开发区外	15.38	352	4.00	26 286	—	44.26	27.87	37.98
2005	开发区内	46.93	1 305	12.48	29 336	15.38	59.86	26.20	43.27
	开发区外	15.43	334	3.97	26 061	11.11	41.53	19.05	34.39
2006	开发区内	58.93	1 472	15.11	29 889	13.80	62.71	24.46	39.47
	开发区外	16.72	335	3.68	28 935	13.48	46.63	19.41	34.77
2007	开发区内	65.76	1 757	15.12	31 062	16.35	64.22	22.75	40.28
	开发区外	11.66	284	2.36	28 377	11.28	43.59	22.31	36.41
2008	开发区内	29.11	1 108	7.32	30 739	—	62.45	20.75	32.21
	开发区外	9.01	199	1.76	28 430	—	46.32	17.26	28.84

注：因为2004年后，工业数据库使用了普查数据，增加了不少企业。这些企业很大部分是中等规模的企业。同时，2004年有大量的国企重组改制完成，也使得一些传统大型国有企业退出统计数据库。这些原因可能是导致2003~2004年的数据发生突变的主要原因。

资料来源：根据企业数据库整理。

以上分析表明，较开发区外企业而言，开发区内企业具有较高的土地产出效率，但同时也表现出较高的土地的资本投入和土地的劳动力投入。那么，这种较高的产出效率是通过什么样的途径获得的呢？其内部机制如何？是否如前述理论分析，是通过选择效应、要素累积效应和集聚经济效应所获得的吗？对这些问题的回答，有助于了解在大规模的开发区建设中，地方政府的土地出让所表现出的土地要素绩效。

二、模型与变量设定

本节旨在研究开发区内企业比开发区外企业是否具有更高的土地产出效率。为此,本书引入道格拉斯函数(C-D函数)进行分析:

$$Y_{it} = AK_{it}^{\alpha}L_{it}^{\beta}S_{it}^{\gamma}e^{\varepsilon_{it}}$$

式中 Y 代表企业的工业总产出,K 代表资本投入,L 代表劳动力投入,S 代表土地要素投入,i 和 t 分别代表企业和年份。A 为常数项。对两边取对数,得到以下函数:

$$\ln Y_{it} = \ln A + \alpha \ln K_{it} + \beta \ln L_{it} + \gamma \ln S_{it} + \varepsilon_{it}$$

该式表明,企业的总产出为企业资本、劳动力和土地要素的函数。本书感兴趣的是土地要素对产出的影响,即 γ 值。如果 γ 值显著为正,说明土地要素对产出具有显著的贡献,数值越大,说明贡献越大。如果 γ 值不显著,说明土地要素对产出没有显著的贡献,即土地要素可以忽略不计。企业的总产出可能还有其他一些,因此本书引入其他一些控制变量 X,函数转变为如下:

$$\ln Y_{it} = \ln A + \alpha \ln K_{it} + \beta \ln L_{it} + \gamma \ln S_{it} + \delta \ln X_{it} + \varepsilon_{it}$$

为了考察开发区的影响,我们还引入了开发区与土地要素的交叉项。其中 ϑ 为回归系数,ϑ 显著为正,则表明开发区的设立能够显著提高土地要素的产出效率。DZ 为开发区虚拟变量。

$$\ln Y_{it} = \ln A + \alpha \ln K_{it} + \beta \ln L_{it} + \gamma \ln S_{it} + \vartheta DZ * \ln S_{it} + \delta \ln X_{it} + \varepsilon_{it}$$

对开发区企业效率的研究可能存在一个显著的选择过程。因为,在开发区引入企业项目时,往往会设置一定的入区门槛,尤其是对于一些经济较发达的地区,如上海市。入区门槛的设立往往使得进入开发区的企业存在一定的选择效应,即进入园区的企业本身就具有较强的资本实力和经济实力,有可能造成企业较高的产出效率。因此,为了识别并控制由于选择效应可能带来的误差,在对开发区企业进行回归分析时,我们引入了两阶段回归方法:

首先,在第一阶段,我们进行一个二项式选择回归模型估计:

$$DZ_{it} = \beta_0 + \beta_1 \ln K_{it} + \beta_2 \ln L_{it} + \varepsilon_{it}$$

 DZ 表示企业是否在开发区内,如果在,则赋值为 1,如果不在开发区内,则赋值为 0。K 和 L 分别为企业的资本投入和劳动力投入。我们使用 Probit 模型对以上模型进行估计。然后,根据 Heckman (1979) 提出的统计方法,计算选择效应 (Inverse Mill's Rate)。

其次,在第二阶段,我们将选择效应 (Mill) 加入到对开发区内企业的估计模型中,以控制开发区的选择效应。如下式:

$$\ln Y_{it} = \ln A + \alpha \ln K_{it} + \beta \ln L_{it} + \gamma \ln S_{it} + \delta \ln X_{it} + \theta Mill_{it} + \varepsilon_{it}$$

式中 θ 为选择效应的回归系数,如果 θ 显著为正,说明开发区确实存在着显著的选择效应,也就是说规模较大的企业往往选择进入开发区,而规模较小的企业则更容易留在开发区外。如果 θ 不显著,则说明不存在显著的选择效应,企业进入开发区具有随机性。在控制了选择效应以后,我们再考察土地要素的回归系数 γ,如果 γ 仍然显著为正值,那么我们可以认为开发区土地要素对企业产出具有显著的贡献。反之则没有显著贡献。

模型变量选择以下:因变量为企业工业总产值;自变量为企业资本投入 (CAPITAL),企业劳动力投入 (LABOR) 和土地投入 (LAND)。控制变量选择企业运营年限 (AGE) 和企业离市中心的距离 (DISTANCE)。所有的连续变量都取了自然对数。本书采取年度截面数据进行回归,分别对 2003~2008 年历年样本进行回归分析。

三、实证结果

表 8-12 显示的模型的回归结果。首先,模型(1)中,我们引入了资本投入、劳动力投入、土地投入,以及两个控制变量。结果显示,模型的 R^2 达到 0.6 以上,表明回归模型拟合得较好,解释力度较高。对历年的回归结果来看,除了 2003 年土地要素的回归系数不显著以外,其他年份的回归结果均表明土地要素产出具有显著影响,即土地投入越大的企业,其产出越高。以 2008 年为例,土地投入每增加 1%,企业的产出增加 0.13%。从另外

表 8-12　开发区与土地产出效率

变量	2003 年				2004 年			
	(1)	(2)	(3)	(4)	(1)	(2)	(3)	(4)
lnLAND	0.0674	0.0418	0.0677	0.00470	0.0856***	0.0665**	0.0400	0.0953**
lnCAPITAL	0.325***	0.299***	0.815**	0.323***	0.291***	0.275***	1.300***	0.247***
lnWORKER	0.734***	0.744***	0.604***	0.645***	0.631***	0.637***	0.117	0.594***
AGE	-0.0191***	-0.0166***	-0.0107	-0.0176**	-0.0110**	-0.00866*	-0.00491	-0.00806
lnDISTANCE	-0.298***	-0.284***	-0.899***	-0.0702	-0.305***	-0.278***	-0.417***	-0.173**
lnLAND * DZ		0.0345***				0.0278***		
Mill			4.020				10.48***	
_cons	6.632***	6.729***	5.464	5.345***	7.183***	7.056***	-5.692	6.184***
N	397	397	197	200	761	761	395	366
R²	0.663	0.670	0.704	0.588	0.646	0.651	0.676	0.583

变量	2005 年				2006 年			
	(1)	(2)	(3)	(4)	(1)	(2)	(3)	(4)
lnLAND	0.0986***	0.0847***	0.0731*	0.0860***	0.0502*	0.0458	0.00122	0.0720
lnCAPITAL	0.239***	0.229***	1.161***	0.219***	0.275***	0.272***	1.444***	0.267***
lnWORKER	0.755***	0.754***	0.666***	0.707***	0.693***	0.690***	1.432***	0.618***
AGE	-0.0130***	-0.0110**	-0.00646	-0.0116***	-0.0112***	-0.0104**	0.000305	-0.0123***
lnDISTANCE	-0.223***	-0.202***	-0.204*	-0.169***	-0.245***	-0.234***	-0.221***	-0.205**
lnLAND × DZ		0.0213***				0.0100		

续表

变量	2005年				2006年			
	(1)	(2)	(3)	(4)	(1)	(2)	(3)	(4)
Mill			11.68***				22.73***	
_cons	6.086***	5.976***	-10.50*	5.959***	6.891***	6.811***	-24.52***	6.676***
N	794	794	416	378	784	784	413	371
R^2	0.670	0.673	0.718	0.570	0.674	0.675	0.737	0.574

变量	2007年				2008年			
	(1)	(2)	(3)	(4)	(1)	(2)	(3)	(4)
lnLAND	0.0889***	0.0861***	0.0410	0.116***	0.130***	0.129***	0.0998***	0.127***
lnCAPITAL	0.262***	0.259***	0.872***	0.256***	0.244***	0.243***	1.107***	0.200***
lnWORKER	0.709***	0.706***	1.676***	0.603***	0.713***	0.712***	0.872***	0.698***
AGE	-0.0128***	-0.0124**	-0.00434	-0.0148***	-0.0118***	-0.0116***	-0.00348	-0.0126***
lnDISTANCE	-0.257***	-0.251***	-0.251***	-0.211***	-0.282***	-0.278***	-0.304***	-0.228***
lnLAND × DZ		0.00680				0.00302		
Mill			13.05***				10.84***	
_cons	6.753***	6.719***	-13.47***	6.580***	6.753***	6.723***	-9.579***	6.681***
N	812	812	422	390	981	981	506	475
R^2	0.711	0.711	0.761	0.616	0.734	0.734	0.761	0.678

注：* $p<0.1$，** $p<0.05$，*** $p<0.01$。

两个投入要素来看，历年的回归结果均表明，资本投入和劳动力投入均显著正向影响企业产出。AGE 的系数为负，表明运营时间越长的企业，产出越低。这可能与电子产业是属于技术密集型产业有关，技术的更新换代增加了老企业升级成本，不利于增加产出。lnDISTANCE 显著为负，表明距离市中心越远的企业，产出越低。这可能也与电子产业的技术密集型有关，因为远离中心将使企业很难吸引到技术较高的从业人员，从而不利于提高产出。

其次，在模型（2）中，我们引入了土地与开发区的交叉项，衡量开发区对企业土地产出效率的影响。结果发现，前三年（2003~2005年）开发区对企业土地产出效率的影响显著为正，后三年（2006~2008年）其影响不显著，表明开发区可以在一定程度提高企业土地的产出效率，但是这种影响并不稳定。企业投入的年际差异有可能导致开发区的影响出现差异。

再次，在模型（3）中，我们仅对开发区内的企业进行回归分析。为了控制企业进入开发区过程可能出现的选择效应，我们进行了二阶段回归。第一阶段为 Probit 模型，考察企业进入开发区是否具有显著的偏向性。第二阶段，在模型中加入了 Mill 系数，以控制选择效应。如果 Mill 回归系数显著为正，则说明企业进入开发区确实存在选择效应，在模型中应该加以控制。模型（3）结果表明，除了 2003 年，其他年份 Mill 回归系数均显著为正，也就证实了选择效应的存在。当控制选择效应之后，大部分年份的 lnLAND 回归系数变得不再显著，表明对于开发区内的企业来说，在控制选择效应以后，土地对产出的影响减弱或消失。以 2007 年为例，在加入 Mill 系数之后，lnLAND 回归系数变得不显著，说明土地对开发区内的产出没有显著影响。

最后，在模型（4）中，我们对在开发区外的样本进行回归分析，结果表明 lnLAND 回归系数基本显著为正，表明对于开发区外的企业来说，土地要素的投入仍然非常重要。在与模型（3）的结果比较后，可以进一步看出，除 2003 年样本外，其他年份开发区外的 lnLAND 回归系数均较开发区内显著,即使不显著,回归系数也较大,这在一定程度上表明就土地要素的产出效率而言,位于开发区内的企业低于位于开发区外的企业。而对于资本投入和劳动力投入来看,其结果恰恰相反。即使在控制的选择效应之后,开发区内企业资本投入和劳动力投入的产出效率都要显著高于开发区外,表明开发区的设立有助于提高资本和劳动力的产出效率。

如何来解释开发区设立没有提高土地的产出效率,而提高了资本和劳动力的产出效率呢?可能的解释有以下两种:第一种解释是相对于开发区外的企业来说,开发区内的企业在优惠政策的支持下,能够更容易获得更大规模的用地,使得对开发区内的企业来说,土地已足够使用,不再是产出的约束,从而土地对产出效率的影响不再显著;而恰好在这种情况下,企业提高产能的途径转为增加资本和劳动力的投入(即要素累计效应),进而表现为资本和劳动力投入对产出的显著影响。而对于开发区外的企业来说,土地可能仍然是约束产出的一个因素,使得增加用地规模有可能显著提升产能。这种解释的核心是开发区的设立提高了企业的资本和劳动力的土地投入效率,进而提高了企业用地效率。第二种可能的解释来自集聚经济理论。集聚经济能够提高企业产出效率已经被诸多理论和实证研究所证实。那么开发区的设立是否通过增强区域内的集聚经济,从而提高企业的产出效率,进而提高了企业用地效率的呢?为了验证这一解释,我们将集聚经济和土地要素的交叉变量引入到模型中,观察这一交叉变量对产出的影响。

表 8 – 13 显示了引入集聚经济和土地要素的交叉变量($lnLAND \times lnAGG$)的回归结果。结果与预期相一致,$lnLAND \times lnAGG$ 的回归系数显著为正,表明集聚经济效应能够显著提高企业的用地效率。对比开发区内外集聚经济的影响,开发区内集聚经济的作用不仅表现出更为显著的影响(2006 年样本),而且影响也更大(2003 年、2005 年、2007 年、2008 年样本)。因此,这也验证了我们的第二个解释,即集聚经济效应的存在确实是开发区内企业提高企业用地效率的途径之一。

表8-13 开发区与土地产出效率—加入集聚经济变量后

变量	2003年				2004年			
	(1)	(2)	(3)	(4)	(1)	(2)	(3)	(4)
lnLAND	-0.141**	-0.144**	-0.130	-0.149*	-0.0640*	-0.0597	-0.0905	-0.0299
lnCAPITAL	0.278***	0.280***	0.710*	0.294***	0.267***	0.265***	1.186***	0.239***
lnWORKER	0.712***	0.710***	0.613***	0.612***	0.605***	0.607***	0.148	0.561***
lnLAND × lnAGG	0.0238***	0.0245***	0.0221***	0.0216***	0.0162***	0.0153***	0.0141***	0.0150***
AGE	-0.0168***	-0.0170***	-0.00932	-0.0188***	-0.00765*	-0.00741*	-0.00191	-0.00758
lnDISTANCE	-0.161	-0.158	-0.592**	-0.0181	-0.152*	-0.155**	-0.219*	-0.0991
lnLAND × DZ		-0.00322				0.00502		
Mill			3.258				9.390**	
_cons	5.940***	5.913***	4.016	5.199***	6.133***	6.164***	-5.925	5.803***
N	397	397	197	200	761	761	395	366
R^2	0.688	0.688	0.717	0.604	0.663	0.663	0.686	0.595

变量	2005年				2006年			
	(1)	(2)	(3)	(4)	(1)	(2)	(3)	(4)
lnLAND	-0.0264	-0.0253	-0.0371	-0.0361	-0.0301	-0.0329	-0.0956*	0.0188
lnCAPITAL	0.221***	0.220***	1.044***	0.202***	0.266***	0.266***	1.362***	0.263***
lnWORKER	0.726***	0.726***	0.647***	0.682***	0.668***	0.667***	1.361***	0.601***
lnLAND × lnAGG	0.0134***	0.0132***	0.0119***	0.0145***	0.00895***	0.00940***	0.00996***	0.00659
AGE	-0.00954**	-0.00948**	-0.00433	-0.0101**	-0.00906**	-0.00920**	0.00249	-0.0117**
lnDISTANCE	-0.0941	-0.0948	-0.0426	-0.0902	-0.160**	-0.159**	-0.106	-0.166*
lnLAND × DZ		0.00118				-0.00294		

续表

变量	2005年				2006年			
	(1)	(2)	(3)	(4)	(1)	(2)	(3)	(4)
Mill			10.22***				21.23***	
_cons	5.211***	5.218***	-9.837*	5.554***	6.248***	6.239***	-23.40***	6.403***
N	794	794	416	378	784	784	413	371
R^2	0.681	0.681	0.725	0.580	0.680	0.680	0.742	0.576

变量	2007年				2008年			
	(1)	(2)	(3)	(4)	(1)	(2)	(3)	(4)
lnLAND	0.0540*	0.0537*	-0.0131	0.107**	0.0670**	0.0597**	0.00391	0.0827*
lnCAPITAL	0.257***	0.257***	0.853***	0.255***	0.232***	0.234***	1.047***	0.193***
lnWORKER	0.695***	0.695***	1.633***	0.601***	0.695***	0.693***	0.838***	0.685***
lnLAND × lnAGG	0.00433**	0.00438**	0.00629**	0.00114	0.00730***	0.00867***	0.0106***	0.00554*
AGE	-0.0120**	-0.0121**	-0.00269	-0.0148**	-0.0106**	-0.0112***	-0.00247	-0.0124**
lnDISTANCE	-0.213***	-0.213***	-0.182*	-0.202**	-0.222***	-0.224***	-0.216***	-0.202***
lnLAND × DZ		-0.000431				-0.00904		
Mill			12.69***				10.15***	
_cons	6.419***	6.417***	-13.52***	6.519***	6.355***	6.370***	-9.227***	6.548***
N	812	812	422	390	981	981	506	475
R^2	0.713	0.713	0.764	0.616	0.738	0.738	0.767	0.680

注：* $p<0.1$，** $p<0.05$，*** $p<0.01$。

第五节 讨论与小结

企业用地效率差异是一个普遍存在的现象。如何提高企业用地效率是至关重要的话题，因为这不仅关系到企业的经济绩效与正常成长，也关系到我国有限土地资源的可持续利用。现有研究表明，企业所在城市的发展水平、企业的区位条件以及企业的投入水平均是企业用地效率差异的重要原因。不过，我们的研究发现，在中国特殊的转型背景下，地方政府—企业关系是解释企业用地效率差异的关键原因之一。

本章首先，以企业是否获得政府补贴为地方政府—企业关系的代理变量。一方面，政府发放补贴是地方政府干预企业和经济活动的重要体现之一；另一方面，获得政府补贴，往往也是企业具有更强政治关联的表现。研究表明，在控制了企业资本投入、劳动力投入，企业运营时间以及集聚经济作用后，是否获得政府补贴仍是企业用地效率差异的重要原因。其次，企业获得补贴越多，企业用地效率也越高。这也进一步验证了政府补贴是企业政治关联的合理的代理变量，具有较强的政治关联使企业能够获得廉价的资源和特殊的政治庇护，从而有利于减少成本，增加产出效率。政企关系是工业企业用地效率差异的重要影响因素。

既然政府补贴能够提高企业用地效率，那么是否意味着我们的政策应该鼓励增加政府补贴呢？这又回到前面关于政府补贴和企业政治关联作用的讨论中。其一，企业政治关联在一定程度上破坏了市场的公平竞争机制，使得部分具有政治关联的企业获得了额外的"政策租金"，而对于不具有政治关联的企业来说，它们可能失去了市场公平竞争的机会，企业绩效提高受阻。显然，政府补贴所带来的用地效率提升并不遍及所有企业，而是片面性的、局部的。其二，从整体经济发展来看，企业政治关联所获得的政府补贴是暂时性的，不利于长期经济绩效提高。从长远来看，这种政企关系所表现出来的对特定企业的保护和支持是不可持续的。政策导向更重要的是减少政府干预，营造公平竞争环境，不断完善市场机制，从区域与产业层面提出相应政策措施，提高企业经济绩效和用地效率，从而实现合理调控工业产业用地快速扩张的目的。

其次，本章引入企业是否位于开发区内作为地方政府—企业关系的代理变量。因为，位于开发区的企业往往可以获得地方政府更多的财税支持，以及更多政策支持，从而表现出更紧密的地方政府—企业关系。研究结果表明，开发区内企业用地效率显著高于开发区外企业，开发区内企业用地效率甚至达到开发区外企业的4倍之多。是什么原因导致了开发区内企业用地效率显著高于开发区外企业呢？我们的研究发现，首先，企业的选择效应发挥着重要作用。正是由于投资强大、劳动力更多的大型企业进入了开发区，使得开发区内企业用地效率表现得更为乐观。这也可以从地方政府在开发区内的招商引资政策获得验证。尤其在东部地区，这种选择效应可能更为显著。其次，要素累计效应是另一个发挥作用的途径。由于中国特殊的土地制度，开发区内企业往往使用国有土地，而开发区外企业使用集体土地的比例较大。由于国有土地和集体土地在产权权能上的差异，使得开发区在一定程度上发挥了"产权安全岛"的作用，促进了企业加大要素投入，包括资本和劳动力投入。本章的实证研究研究了资本、劳动力对产出的显著贡献。

最后，本章还验证了集聚经济效应可能发挥的作用。开发区以优惠的政策和政府的支持，集聚了一些效率高的同行业企业或上下游企业。这些企业的集聚所带来的外部性是企业用地效率提高的重要原因。

该部分的研究具有重要的政策启示，作为地方政府—企业关系的空间载体，开发区的设立可以提高企业用地效率，促进土地资源高效利用。（1）完善工业向工业园区集中的政策，引导发展潜力较好的高效率企业进入园区。严格执行《工业用地建设用地控制标准》有关规定，不断提高工业用地的利用率。（2）遵循《物权法》等法律规定，保障开发区内企业的合法产权，发挥好开发区"产权安全岛"的作用，引导企业加大对土地的资本和劳动力投入，提高资本、劳动力的产出效率。（3）加强开发区内产业发展规划，增强开发区集聚经济效应，促进园区内企业之间的沟通交流，促进知识溢出，进而提高了园区内企业的经济绩效。（4）最为核心的是建立良性的政企关系，构建政企合作机制，增强政府部门的服务功能，从而真正提高企业的财富创造能力。

本章的贡献在于，从微观角度，考察了企业用地效率的影响因素。相对于现有文献关注城市、区域或省区尺度的用地效率，本章的探索显得更为细致，也更有针对性。本章的贡献还在于，系统分析了开发区用地绩效，指出开发区企业用地效率提高的深层次原因，为开发区用地管理提供了借鉴。

本章参考文献

［1］陈伟，彭建超，吴群．中国省域工业用地利用效率时空差异及影响因素研究．资源科学，2014，36（10）：2046－2056.

［2］陈冬华．地方政府，公司治理与补贴收入．财经研究，2003（9）：15－21.

［3］高佳，李世平，李文婷．辽宁省土地经济密度时空特征及驱动力分析．中国农业资源与区划，2014，35（5）：30－37.

［4］郭贯成，熊强．城市工业用地效率区域差异及影响因素研究．中国土地科学，2014，28（4）：45－52.

［5］贾宏俊，黄贤金，于术桐，等．中国工业用地集约利用的发展及对策．中国土地科学，2010（9）：52－56.

［6］李伦，郝前进．上海市工业园区土地利用相对绩效实证研究．中国土地科学，2014，28（2）：53－58.

［7］罗党论，唐清泉．中国民营上市公司制度环境与绩效问题研究．经济研究，2009，2（108）：106－118.

［8］孟媛，张凤荣，赵婷婷，等．北京市顺义区工业用地集约度评价及影响因素分析．中国土地科学，2011，25（2）：11－17.

［9］王克强，熊振兴，高魏．工业用地使用权交易方式与开发区企业土地要素产出弹性研究．中国土地科学，2013，27（8）：4－9.

［10］王珺．政企关系演变的实证逻辑：经济转型中的广东企业政策及其调整．中山大学出版社，2000.

［11］吴文锋，吴冲锋，芮萌．中国上市公司高管的政府背景与税收优惠．2009（3）：135－142.

[12] 杨其静，卓品，杨继东. 工业用地出让与引资质量底线竞争——基于 2007~2011 年中国地级市面板数据的经验研究. 管理世界，2014（11）：24-34.

[13] 杨其静. 市场，政府与企业：对中国发展模式的思考. 中国人民大学出版社，2010.

[14] 赵小风，黄贤金，李衡，等. 基于 RAGA-AHP 的工业行业土地集约利用评价——以江苏省为例. 自然资源学报，2011，26（8）：1269-1277.

[15] 郑江淮，高彦彦，胡小文. 企业"扎堆"、技术升级与经济绩效——开发区集聚效应的实证分析. 经济研究，2008（5）：33-46.

[16] 邹伟，赵杰，吴群. 土地保有税对工业企业土地利用效率影响研究——基于江苏省的典型企业调查. 中国土地科学，2014，28（1）：60-67.

[17] Claessens S, Feijen E, Laeven L. (2008). Political connections and preferential access to finance: The role of campaign contributions. Journal of Financial Economics, 88 (3): 554-580.

[18] Faccio M. (2006). Politically connected firms: Can they squeeze the State? American Economic Review, 96: 369-386.

[19] Fisman R. (2001). Estimating the value of political connections. American Economic Review, 1095-1102.

[20] Louw E, Van Der Krabben E, Van Amsterdam H. (2012). The Spatial Productivity of Industrial Land. Regional Studies, 46 (1): 137-147.

[21] Meng Y, Zhang F R, An P L, et al., (2008). Industrial land-use efficiency and planning in Shunyi, Beijing. Landscape and Urban Planning, 85 (1): 40-48.

[22] Tu F, Yu X, Ruan J. (2014). Industrial land use efficiency under government intervention: Evidence from Hangzhou, China. Habitat International, 43: 1-10.

第九章 结论与展望

第一节 主 要 结 论

以土地为中心的城镇化是改革开放以来中国经济社会转型的重要特征。土地城镇化是中国特色城镇化的重要特征：城市土地扩张不仅是经济增长和城镇化的结果，同时也是推动城市经济增长和城镇化的原因。在这一背景下，中国城市土地扩张迅速，成为制约中国土地利用效益提升和土地资源可持续利用的重要因素。在城市土地利用类型中，工业用地的扩张尤为迅速，城市用地结构中工业用地比例居高不下，工业用地利用效率总体低下。如何合理调控工业用地扩张，同时提高工业用地利用效率已经成为贯彻节约集约用地基本国策的关键点。

本书基于地方政府—企业关系视角，构建包含地方政府干预和企业政治关联在内的理论框架，对中国转型时期工业用地进行了研究。具体来说，本书研究了转型时期，地方政府—企业关系对中国工业产业用地扩张、工业企业用地行为和工业企业用地效率的影响，得到的主要结论如下：

第一，从宏观层面看，随着我国改革开放的推进，市场化改革的不断深化，地方政府—企业关系出现了明显的从"地方保护"、"地方竞争"再到"地方引导"三阶段演化过程。"地方保护"主要为早期市场体系不发达阶段地方政府—企业关系的特征；"地方竞争"主要为市场化改革深化期地方政府—企业关系的特征；"地方引导"则是在经济进一步转型和资源环境约束加强的背景下地方政府—企业关系出现的新特征。研究发现，地方政府—企业关系的转变带来工业用地不同的扩张与使用特征。早期工业用地扩张主要表现为国有企业和集体企业对工业用地的大量占有；市场化深化改革之后，工业用地扩张主要表现为开发区的扩张和FDI及私营企业的大量土地使用；现阶段"地方引导"的地方政府—企业关系则有助于工业用地效益提升。

第二，本书采用2005~2008年土地利用变更调查数据，从地方政府—企业关系的角度探讨了地方政府干预与企业政治关联对工业产业用地扩张的影响。统计结果显示，地方政府干预能够显著促进工业产业用地的扩张，但具体来说，地方政府干预动机、干预能力和干预水平对工业产业用地扩张的影响程度不同。计量结果还显示全球力量和市场力量是推动工业产业用地扩张的重要推动力。地方政府—企业关系的影响存在显著的区域差异。对于东部地区而言，地方政府干预的产能贡献动机和企业政治关联是工业产业用地扩张的关键因素；对于中部地区而言，地方政府干预能力是工业产业用地扩张的主要因素，而企业政治关联所表现的作用不明显；对于西部地区来说，地方政府干预的产能贡献动机、是否设立开发区以及企业政治关联均是重要的影响因素。空间探索性分析发现了空间自相关效应的存在，以及高值集聚和低值集聚地区。空间回归模型进一步验证了工业产业用地扩张的空间相关，邻近地级市单元工业用地的扩张能显著带动本单元用地的扩张，一定程度上验证了地方政府竞争的存在。在控制空间自相关效应以后，地方政府—企业关系框架仍能较好地解释工业产业用地的扩张。最后，多层模型回归结果显示了不同层级地方政府干预均能带动工业产业用地的扩张。省级政府通过财政支持和政策支持，同样可以显著促进工业用地扩张。

第三，基于地方政府—企业关系视角，本书以无锡市钱桥街道企业为案例，分析了工业企业用地行为的差异及其影响因素。通过案例分析，本研究发现工业企业的用地来源存在着差异性。概括起来，现有工业企业用地来源主要有3类，分别为租赁村集体用地、购买国有土地、租赁其他工业企业用地。工业企业用地来源的差异与地方政府—企业关系具有重要联系。随着地方政府—企业关系的转变，工业企业用地行为也发生了演变。工业企业用地行为主要包括四类：一是，企业为了上市需要，将企业用地性质转性为国有土地，从而解决企业用地的长期保障；二是，具有政治关联的企业，往往容易获得更多的土地资源，它们往往通过转租的方式将土地租给其他中小企业，以获得土地租金；三是，通过从地方政府出让获得土地的企业，基本上都保持土地的长期使用，四是，对于国有土地来说，那些具有政治关联的企业，在获得土地要素的便利后，也容易将多余的土地要素转租给中小企业，成为一部分中小企业用地和厂房的主要来源。本研究还发现了不同区域地方政府—企业关系对工业企业用地行为影响的差异性。对于东部地区来说，地方政府干预的重要性减弱，而企业政治关联的重要性增强；而对于西部地区来说，地方政府干预的重要性增强，而企业政治关联的重要性还没有显著体现。不同地区地方政府—企业关系影响的差异性，也带来了工业企业用地行为的差异性。

第四，本研究发现，在中国特殊的转型背景下，地方政府—企业关系是解释企业用地效率差异的关键原因之一。以企业是否获得政府补贴为地方政府—企业关系的代理变量，研究表明，在控制了企业资本投入、劳动力投入，企业运营时间以及集聚经济作用后，是否获得政府补贴仍是企业用地效率差异的重要原因。而且，企业获得补贴越多，企业用地效率也越高。这也进一步验证了政府补贴是企业政治关联的合理的代理变量，具有较强的政治关联使企业能够获得廉价的资源和特殊的政治庇护，从而有利于减少成本，增加产出效率。以企业是否位于开发区内作为地方政府—企业关系的代理变量，研究表明，开发区内企业用地效率显著高于开发区外企业，开发区内企业用地效率甚至达到开发区外企业的4倍之多。进一步的研究表明，开发区内企业用地效率的提高可能来源于开发区选择效应的贡献，以及来自资本、劳动力等要素累积效应的贡献，或者来自集聚经济效应的贡献。总之，作为地方政府—企业关系的空间载体，开发区的设立，通过选择效应，提高资本、劳动力的产出效率，以及增强区域集聚经济，进而提高了企业用地效率。

综上所述，中央—地方关系和地方政府竞争约束下的地方政府与全球力量和市场力量共同作用下的工业企业之间的结合，不仅是推动中国工业化和城镇化快速发育和国家及区域经济快速发展的基本动源，同时也是推动中国城市土地利用空间重组的核心动力。地方政府和工业企业围绕工业用地的供给和需求，形成了独特的政企关系网络和政企关系空间，深刻影响着现阶段工业用地快速扩张和利用效率的提升。

第二节 研究展望

本书尝试从政企关系的视角解读中国城市工业用地扩张和利用效率，鉴于研究条件的限制，使得本书也存在一些研究不足，主要包括：

一是由于数据可得性限制，本书基于计量模型的实证研究所采取的数据年份相对较老，主要年份是在 2003～2008 年。这与案例研究的时间（2015 年）相差较远，可能在一定程度上影响计量模型研究结论与案例研究结论的衔接程度。但本书也认为，中国在转型期所建立起来的制度环境具有较强的稳定性，在一定的发展阶段内并不会发生显著的改变。而且我们也可以观察到的现实是，近十年来中国经济体制和政治体制总体保持稳定，没有出现具有深刻影响的变革或改革，因此本书认为数据限制所带来的影响是在一个可控的范围内。

二是本书选择的两个研究案例分别在无锡市和上海市，它们均属于东部沿海发达地区。这样得到的研究结论在放到全国范围进行应用时，可能会有一定的偏差。无锡市和上海市经济发展水平较高，市场化程度较高，土地资源管理较为规范，因此其工业用地有其自身的特点。然而，在中部、西部地区，经济发展水平较低，市场化水平较低，工业用地可能出现其他的特点。但我们仍需要看到的是，东部发展的轨迹很可能是中部、西部地区未来发展的路径，因此研究东部案例，也可以在一定程度上为中部、西部发展提供借鉴。当然，在将来的研究中开展区域间的案例比较也是必要的。

总之，工业用地是产业发展和土地利用的交叉性问题，不仅关系到中国产业升级与结构调整，也直接关系到中国土地资源的可持续利用。现有研究更多地从地方政府这一单一主体进行研究，而忽视了企业这一重要主体的反馈机制。本书尝试从地方政府—企业关系这一视角切入研究，得到了相关结论。但是地方政府—企业关系是一个非常复杂的问题。本书仅从地方政府干预和企业政治关联，及其相互作用的角度提出了理论分析框架，只是对分析这一关系的初步尝试。未来的研究可以进一步深化和细化对地方政府—企业关系的认识，从而从更加整体的视角研究工业用地的影响因素。

  工业用地是城市土地利用类型的一部分，但不是全部。深入探讨中国现阶段城市土地利用的内在机制，需要拓展对不同用地类型的研究，如商服用地、房地产用地、基础设施用地、农村居民点用地以及城镇居民点用地等。了解这些用地类型的扩展机制和利用机制，就能够有针对性地对不同类型用地进行合理的规划布局，为优化国土空间、提高国土利用效益提供依据。